W0307026

Das Einsteigerseminar

JavaScript

4., überarbeitete Auflage

Michael Seeboerger-Weichselbaum

# Das Einsteigerseminar JavaScript 4., überarbeitete Auflage

Die Informationen im vorliegenden Buch werden ohne Rücksicht auf einen eventuellen Patentschutz veröffentlicht.

Warennamen werden ohne Gewährleistung der freien Verwendbarkeit benutzt.

Bei der Zusammenstellung von Texten und Abbildungen wurde mit größter Sorgfalt vorgegangen. Trotzdem können Fehler nicht vollständig ausgeschlossen werden. Verlag, Herausgeber und Autoren können für fehlerhafte Angaben und deren Folgen weder eine juristische Verantwortung noch irgendeine Haftung übernehmen.

Für Verbesserungsvorschläge und Hinweise auf Fehler sind Verleger und Herausgeber dankbar.



Dieses Buch wurde der Umwelt zuliebe auf chlorfrei gebleichtem Papier gedruckt.



11 10 09 08 07

10 9 8 7 6 5 4 3 2 1

4., überarbeitete Auflage

ISBN: 978-3-8266-7472-3

Printed in Germany

# Inhaltsverzeichnis

# Vorwort

Zusammen mit der Programmiersprache Java erblickte JavaScript Ende 1995 das Licht der Welt. Zunächst war es lange im Schatten des großen Bruders Java verborgen. Doch mittlerweile ist aus der einfachen Skriptsprache JavaScript fast eine komplette Programmiersprache geworden, die durch ihre Einfachheit besticht. Im Gegensatz zu Java brauchen Sie keine komplizierten Routinen der API (Application Programming Interface) zu erlernen.

Mit JavaScript können Sie sehr schnell faszinierende Effekte in Ihre Homepage integrieren. Sie werden im Folgenden lesen, wie Sie schnell und unkompliziert interessante Elemente auf Ihre Webseite bringen. Einfache Dialogboxen, verschiedene Fenster und Layer werden Ihnen in diesem Einsteigerseminar Schritt für Schritt beigebracht. Sie werden sehen, dass JavaScript eine hervorragende Erweiterung von HTML darstellt. Moderne Ajax-Anwendungen, die auf JavaScript und XML basieren, können Sie somit schnell und einfach umsetzen. Viele neue Möglichkeiten werden sich Ihnen mit JavaScript eröffnen. Sie werden schnell erkennen, dass es nicht unbedingt notwendig ist, eine große Programmiersprache wie Java zu erlernen, um die eigene Webseite mit schönen Effekten aufzupeppen. Die einzige Voraussetzung, die Sie für JavaScript benötigen, sind HTML-Kenntnisse. Dieses Buch bietet jedoch keine Einführung in HTML.

Der überragende Erfolg dieses Einsteigerseminars, das erstmalig im Frühjahr 1998 erschien, ist bis heute ungebrochen. Es wurde im Laufe der Jahre mehrfach aktualisiert und an neue Trends angepasst. Dies verdeutlicht das enorme Interesse an JavaScript und dessen Einsatz für das Webdesign. Viele Elemente des Webdesigns sind ohne JavaScript nicht denkbar. Das vorliegende Buch erleichtert Ihnen den Einstieg und zeigt Ihnen die Möglichkeiten, die diese Skriptsprache bietet. Die hier vorgestellten Skripte laufen in den aktuellen Browsern (Firefox

2 und 3, Netscape 9, Mozilla 1.x, Internet Explorer 7 und Opera 9), aber auch in älteren Versionen (z.B. Internet Explorer 4, Netscape Navigator 3 und Communicator 4).

Ich lade Sie auch zu einem Besuch meiner Webseite im Internet ein:

*http://www.seebi.de*

Auf der Seite haben Sie die Möglichkeit, Fragen zu stellen und auch die Beispielcodes aus diesem Buch herunterzuladen. Und jetzt heißt es:

```
<script type="text/javascript">
```

*Michael Seeboerger-Weichselbaum*

# Einleitung und Ziel des Buches

JavaScript ist in der neuesten Fassung 1.7 sehr leistungsfähig geworden. Mit JavaScript sind mittlerweile Möglichkeiten gegeben, die sonst nur Programmiersprachen wie Java oder C++ bieten. JavaScript ist aber gegenüber Java eine wesentlich kompaktere Sprache. Es ist kein Compiler, Parser, Linker usw. wie bei anderen Programmiersprachen notwendig. Dies ist ein großer Vorteil von JavaScript. Sie können praktisch sofort loslegen.

In diesem Einsteigerseminar bekommen Sie eine Einführung in JavaScript. Andere Programmierhandbücher beginnen mit endlosen Kapiteln über Variablen, Methoden, Objekte, Schleifen und Statements, bevor die ersten echten JavaScripts erstellt werden. In diesem Einsteigerseminar werden Sie anhand von konkreten Elementen für die eigene Website in JavaScript eingeführt. Sie werden sehen, wie Sie Dialogboxen auf Ihre Homepage bringen. Dabei wird Ihnen erläutert, was eine *if*-Abfrage ist, wie Sie *while*-Schleifen einsetzen und warum eine *for*-Schleife nützlich ist. Diese Bestandteile, die in fast jeder Programmiersprache vorhanden sind, sollen Ihnen anhand von konkreten Beispielen erläutert werden. Die Programmiersprache soll nicht Selbstzweck sein, sondern ein klares Instrument für die Erstellung von Webseiten.

In einem Einsteigerseminar können daher nicht alle möglichen Aspekte von JavaScript angesprochen werden. Möchten Sie tiefer einsteigen, empfehle ich Ihnen mein umfangreiches Buch *JavaScript - Das bhv-Taschenbuch*, das eine komplette JavaScript-Referenz enthält. Im Anhang dieses Einsteigerseminars finden Sie umfangreiche Listen mit Webadressen, über die Sie im WWW mehr zu JavaScript erfahren. Dort sind Adressen aufgelistet, die freie JavaScripts anbieten oder über neue Trends informieren. Ein Besuch dieser Seiten lohnt sich allemal.

Die einzigen Kenntnisse, die Sie für JavaScript und für dieses Buch benötigen, sind Kenntnisse in HTML. Dieses Buch bietet keine Einführung in HTML. Dies würde vom eigentlichen Thema des Buches ablenken. Für dieses Buch setze ich grundlegendes Wissen in HTML voraus, z.B. die Arbeit mit Frames, Formularen, Grafiken und Cascading Style Sheets (CSS).

## Schreibweisen

In diesem Buch finden Sie viele Programmierbeispiele. Diese Listings heben sich durch ihre Schrift vom restlichen Text deutlich ab:

```
// Ein Programmierbeispiel
```

Variablen, Funktionen und Methoden werden im Text kursiv gesetzt. *Bild1_verstecken ()* ist beispielsweise eine JavaScript-Funktion, die Sie noch kennenlernen werden. Ebenfalls kursiv stehen Dateinamen, die für JavaScript bzw. die Webseiten benötigt werden. *Sun.gif* bezeichnet eine Datei.

Mit Tippkästchen werden Sie auf Besonderheiten hingewiesen, die Sie bei der Arbeit mit JavaScript beachten sollten. Sie sind grau unterlegt und sehen wie in dem folgenden Beispiel aus:

**TIPP**

> So sieht ein Tippkästchen aus.

Oftmals müssen Sie Funktionen von Programmen über eine Tastenkombination aufrufen. Die Tastenkombinationen werden über spezielle Tastensymbole dargestellt:

[Strg] + [C]

Die verbreitetsten Webbrowser werden im Buch öfter abgekürzt:

- IE: Abkürzung für Microsoft Internet Explorer
- MOZ: Abkürzung für Mozilla 1.x
- FF: Abkürzung für Firefox
- N6, N7, N8, N9: Abkürzung für Netscape 6/7/8/9
- NC 4: Abkürzung für Netscape Communicator 4
- OP: Abkürzung für Opera

## Die Beispiele aus dem Buch

Die Beispiele dieses Buches finden Sie auf meiner Homepage im Internet. Dort können Sie sich die Beispieldateien herunterladen, sie ausprobieren und verwenden. Diese Dateien sollen Ihnen helfen, tiefer in die Möglichkeiten von JavaScript einzusteigen und die Beispiele nachvollziehen zu können. Die Webadresse lautet:

*http://www.seebi.de/*

Klicken Sie auf der Homepage auf den Link *Support*, und Sie gelangen auf die Seite, von der Sie die Dateien herunterladen können. Um die Site betreten zu können, benötigen Sie einen Webbrowser (Microsoft Internet Explorer oder Netscape Communicator) ab Version 4.

Ich kann Ihnen nur empfehlen, die Quellcodes herunterzuladen. Denn aufgrund der Länge der Codes ist es hier im Einsteigerseminar nicht immer möglich, den kompletten Code abzudrucken. Vielmehr baut dieses Buch auf den jeweils vorhergegangenen Kapiteln auf, deshalb werden oftmals nur die Neuerungen gegenüber den bisherigen Kapiteln abgedruckt.

Auf meiner Site finden Sie auch ein JavaScript-Diskussionsforum. Haben Sie Schwierigkeiten mit einem Code oder eine Frage zum Buch, ist dies der ideale Ort, Ihre Fragen oder Probleme vorzustellen. Ich schreibe selbst regelmäßig in das Forum (und andere Foren auf meiner Site).

# 1 JavaScript und HTML – was ist das?

In diesem Kapitel finden Sie detaillierten Hintergrund zu HTML und JavaScript.

## HTML

Die Mutter aller Webseiten ist die Beschreibungssprache HTML: Hypertext Markup Language. Durch einfache Befehle werden die einzelnen Elemente erzeugt. HTML ist keine Programmiersprache im eigentlichen Sinne, auch wenn sie auf den ersten Blick so aussieht. Sie ist noch einfacher als BASIC. HTML verzichtet auf Variablen, mathematische Rechnungen und komplizierte Syntax.

Im März 1989 begann am europäischen Großforschungsinstitut CERN bei Genf eine kleine Gruppe von Programmierern, die ersten Ideen für das WWW konkret auszuarbeiten. Das CERN, in dem sonst kleinste Materiebausteine in Beschleunigerringen nahezu auf Lichtgeschwindigkeit gebracht werden und wo deren Verhalten studiert wird, war die Ideenschmiede für das WWW. Tim Berners-Lee stellte damals in einem Vorschlag die wesentlichen Elemente für eine grafische Bedienung des Internets vor. Der Benutzer soll sich selbst durch die Informationen hangeln können. Er wird hierbei von Texten und Grafiken unterstützt. Dieses Prinzip wurde als »Hypertext« bezeichnet. Im Mai 1990 wurde der erste Browser programmiert. Die Version lief damals nur auf den NEXTStep-Rechnern von Steven Jobs und konnte gegen Weihnachten 1990 fertiggestellt werden.

Am 17. Mai 1991 schlug dann die Stunde des World Wide Web. Unter diesem Namen wurde das System offiziell am CERN eingeführt. Viele »Webadressen« gab es damals noch nicht. Lediglich die Großrechner am CERN waren miteinander verbunden. Es folgte jedoch eine explosionsartige Entwicklung. Neben weltweiten Konferenzen, die zunächst rein wissenschaftlichen Charakter hatten und sich mit der programmiertechnischen Weiterentwicklung des WWW befassten, schossen an den Universitäten weltweit die Webserver aus dem Boden.

Im Februar 1993 wurde dann der erste WWW-Browser für PCs vorgestellt: Mosaic hieß das kleine Programm. Der amerikanische Programmierer saß damals im »National Center for Supercomputing Applications« (NCSA) in Urbana Champagne, Illinois und hieß Marc Andreesen. Ein Jahr später gründete er zusammen mit Jim Clark die Firma Netscape. Innerhalb kürzester Zeit avancierte der Netscape Navigator zum Standardbrowser im WWW. Marc Andreesen hatte damals den Mosaic-Browser im Internet frei zur Verfügung gestellt - inklusive Sourcecode. Alle heute gebräuchlichen Browser basieren auf dem Programmcode von Andreesens Mosaic. Gegen Ende des Jahres 1993 wurde die »Sprache« des World Wide Web in der Fassung HTML 1.0 (Hypertext Markup Language) spezifiziert. Damit war eine allgemeine Grundlage vorhanden.

Ende 1993 gab es weltweit 200 Webserver. Mosaic war mittlerweile für verschiedene Computerplattformen verfügbar. Im Jahr 1994 ging es Schlag auf Schlag. An der ersten internationalen WWW-Konferenz am CERN nahmen über 800 Programmierer teil. Unter den Zuhörern kursierte der Satz »This is the Woodstock of the Web«. Mitte des Jahres war die Anzahl der Webserver auf über 1500 gestiegen. Es wurde Zeit, die Weiterentwicklung des WWW zu organisieren. Vom CERN und dem amerikanischen Forschungsinstitut MIT (Massachusetts Institute of Technology) wurde die W3-Organisation gegründet. Die Tagespresse nahm das World Wide Web nun flächendeckend zur Kenntnis und berichtet seit 1994 regelmäßig über neue Entwicklungen und Webseiten. Im Juni 1994 wurde HTML 2.0 spezifiziert, Formulare und interne Grafiken kamen hinzu. Im Herbst 1994 erschien die erste Fassung des Netscape Navigator, dessen Code teilweise auf Andreesens Mosaic-Programm basiert. Im März 1995 wurde HTML in einer neuen Fassung offiziell angekündigt. HTML 3.0 war nun der Standard im WWW und HTML 2.0 veraltet. Ende 1995 erschien die Version Netscape Navigator 2, und etwa 85 Prozent aller Internetsurfer benutzten diesen Browser. Es war auch der erste Browser, der HTML 3.0 verstand und die neuartigen Frames darstellen konnte. Zu dieser Zeit veröffentlichte Sun Microsystems erste Details zu einer neuen Programmiersprache für das WWW: Java. Mit dieser neuen Sprache, die sich sehr von HTML unterscheidet, sollten ganze Computerprogramme aus dem Internet abrufbar sein. Java wurde zu einem der meistdiskutierten Trends im Frühjahr. Im Mai 1996 kam es zu einer weiteren Revision von HTML. Die Version 3.2 war veröffentlicht und wurde im Januar 1997 als Standard angenommen. Der Begründer des WWW, Tim Berners-Lee, war mittlerweile Direktor des W3-Konsortiums geworden. Über ein Jahr später erfolgte eine erneute Verbesserung von HTML, die in der Version HTML 4.0 vorgestellt wurde. Neu hinzugekommen waren die Cascading Style Sheets (CSS), und aus JavaScript wurden die Eventhandler übernommen.

Im Spätsommer 1997 erschienen der Netscape Communicator 4 und der Microsoft Internet Explorer 4. Beide Browser enthielten zahlreiche Änderungen, beispielsweise DHTML und CSS-Unterstützung. Sie lieferten sich ein Kopf-an-Kopf-Rennen; der Browserkrieg war in vollem Gange. Anfang 1998 wurde der Nachfolger des Netscape-4-Browsers unter dem Codenamen Mozilla als Open Source entwickelt. Ziel war es, einen sehr stabilen und schlanken Webbrowser zu entwickeln. Dieser wurde endlich im November 2000 fertig und hieß schlicht Netscape 6. Erst diese Netscape-Version bot komplette HTML-4- und CSS-Unterstützung an. Die Version 5 wurde übersprungen. Die aktuelle Fassung (August 2007) von Netscape (9) und Mozilla 1.7 bietet eine hervorragende Plattform für JavaScript.

Allerdings hat der Netscape- und Mozilla-Browser im Laufe der Jahre zunächst immer mehr an Popularität verloren. Doch mit der Veröffentlichung des Firefox-Browsers Ende 2004 wurde dieser Trend umgekehrt. Firefox liegt mittlerweile in der Version

3.0 vor (August 2007) und basiert auf Mozilla, besitzt aber nur den Webbrowser und kein Mailmodul.

Microsoft, die im Frühjahr 1999 die Version 5 des IE herausbrachten und die leicht verbesserte Fassung 5.5 im Herbst veröffentlichten, gingen als Sieger aus dem Browserkrieg hervor. Mittlerweile nutzen etwa 80 bis 90 Prozent aller Internetsurfer den Microsoft Internet Explorer 6, der im Sommer 2001 veröffentlicht wurde. Sechs Jahre später wurde der IE 7 veröffentlicht.

Still und leise entwickelte sich ein alternativer Webbrowser aus Norwegen: Operasoftware brachte regelmäßig verschiedene Fassungen seines Opera-Browsers heraus. Aber erst die Versionen 4.0 und 5.0 aus dem Herbst 2000 enthielten eine umfangreiche HTML-4-Unterstützung sowie CSS-Kompatibilität und führten auch JavaScripts aus. Die aktuelle Version 9.2 (August 2007) ist sehr stabil und für verschiedene Betriebssysteme und Mobiltelefone erhältlich.

# JavaScript

Ende 1995 erblickte JavaScript (Codename: LiveScript) das Licht der Welt, als der Netscape Navigator 2 veröffentlicht wurde. Dies vollzog sich ungefähr parallel zur Veröffentlichung der Programmiersprache Java. JavaScript wurde damals in der Version 1.0 veröffentlicht und war fest in den Navigator 2 eingebaut. Nur der Browser von Netscape konnte JavaScript interpretieren bzw. ausführen. Als im Spätsommer 1996 der Navigator 3 erschien, war JavaScript ebenfalls eingebunden und in der etwas verbesserten Fassung 1.1 herausgekommen. Parallel erschien der Internet Explorer von Microsoft, der ebenfalls JavaScript verstand. Knapp ein Jahr später veröffentlichte Netscape den Communicator 4. JavaScript hatte sich inzwischen stark im Netz verbreitet. Sun und Netscape erweiterten JavaScript in erheblichem Maße zur Version 1.2. Es kamen neue Eventhandler hinzu. Eine große Erweiterung war DHTML, das auf JavaScript basiert und ein Verändern der Webseite ermöglicht. JavaScript 1.3 – das ab Netscape Communicator 4.06 existierte – war nur ein kleiner Zwischenschritt. JavaScript wurde nur in Details verbessert, große Neuerungen gab es nicht. Einen weiteren Schritt stellte JavaScript 1.5 dar. Die Version 1.4 wurde übersprungen und 1.5 ist nur im Netscape-6-Browser (oder höher sowie Mozilla 1.x) ausführbar.

Mit den beiden Firefox-Version 1.x und 2.x sind zwei kleine JavaScript-Updates erschienen, nämlich JavaScript 1.6 und 1.7, doch die Neuerungen liegen nur im Detail. JavaScript 1.7 ist bis heute das Maß der Dinge bei den Webbrowsern. Mit IE 5 und N 6 kam noch das *Document Object Model* (DOM) hinzu, ein weiterer vom W3-Konsortium festgelegter Standard, wie Programmier- und Skriptsprachen auf HTML-Tags (und auch XML-Tags) zugreifen sollen.

Ähnlich wie Java ist JavaScript plattformunabhängig. Es läuft unter jedem Betriebssystem, auf dem der Netscape-, Mozilla- oder Opera-Browser bzw. der Internet Explorer zur Verfügung stehen: Win 95/98/ME/2000/NT/XP/2003, Win 3.x, OS/2, Mac OS Classic und X, Linux, IRIX, AIX und Solaris.

# Ajax

Seit 2005 gibt es eine neue Trendtechnologie, die eng an JavaScript gebunden ist. Sie nennt sich Ajax, das steht für *Asynchronous JavaScript and XML*. JavaScript wird hierbei benutzt, um über das Internet eine Datei im XML-Format anzufordern, deren Inhalte auszulesen und dynamisch in die HTML-Datei einzufügen.

Dieses Verfahren beschleunigt die Darstellung von Webseiten und sorgt dafür, dass nur Teile einer Datei erneuert werden müssen anstelle eines kompletten Refresh einer ganzen Seite.

Nachdem Sie in diesem Buch die wichtigen Technologien JavaScript und DOM kennengelernt haben, werden Sie in Kapitel 15 auch einiges über die Ajax-Technologie erfahren.

## Java und JavaScript – wo sind die Unterschiede?

Vom Namen her scheinen Java und JavaScript zusammenzuhängen. Dies ist jedoch nur ein Zufall. JavaScript unterscheidet sich in einigen wesentlichen Punkten von Java:

- JavaScript wird anders als Java direkt in den HTML-Code geschrieben. Für Java ist es notwendig, mit dem JDK (Java Development Kit) oder einem grafischen Tool zu programmieren. Dann wird der Code kompiliert, und das Applet liegt als Bytecode in einem sogenannten *class*-File vor.
- Für JavaScript ist es nicht notwendig, den Code zu kompilieren. Es werden keine separaten Dateien wie bei Java (**.java* und **.class*) benötigt.
- JavaScript-Code läuft immer nur in einem Webbrowser ab. Dies ist ähnlich wie bei Java-Applets. Eigenständige Applikationen wie mit Java sind derzeit mit JavaScript nicht möglich.
- JavaScript kann ganz einfach analysiert werden. Der JavaScript-Code steht direkt im HTML-Code der Webseite. Er steht dort im Klartext, während ein Java-Applet oder eine Java-Applikation als *class*-Datei überspielt werden, die man nicht analysieren kann. Hat man dazu nicht den originalen Java-Sourcecode, kann man sich die Tricks der Programmierer nicht abschauen.
- JavaScript ist kompakter als Java. Es verzichtet auf einen großen Überbau. Im Gegensatz zu Java ist kein JDK oder Ähnliches erforderlich. Selbst ein grafisches Entwicklertool ist überflüssig; die Codes sind relativ einfach und können direkt in den HTML-Code geschrieben werden.
- JavaScript ist in vielen Teilen einfacher konzipiert als Java. Beispielsweise werden Variablen pauschal über *var* definiert – unabhängig davon, ob in dieser Variablen eine Zahl, ein Zeichen oder ein Wahrheitswert gespeichert wird.

Ebenso sind die Funktionsdefinitionen einfacher als in Java. Dort werden keine komplizierten Klassen, Schnittstellen und Methoden erzeugt. Es gibt keine Unterscheidung der Sichtbarkeit nach *public, protected, private* und *private protected.*

JavaScript besitzt einige deutliche Beschränkungen. So ist Folgendes nicht möglich:

- JavaScript kann keine Dateien dauerhaft auf der Festplatte des Internetsurfers speichern (Ausnahme: Cookies).
- JavaScript kann auch keine Dateien dauerhaft auf dem Server speichern. Bekannte Anwendungen wie Gästebücher, Chatrooms oder Besucherzähler sind mit JavaScript nicht möglich.
- JavaScript kann nicht dauerhaft den Inhalt von HTML-Dateien ändern. Es ist nur möglich, den Inhalt von HTML-Dateien dynamisch zu verändern.
- Eine Anbindung an eine Datenbank ist mit JavaScript nicht möglich. Es können keine Datenbanken via JavaScript abgefragt werden.

Wenn Sie diese vier Punkte umsetzen möchten, ist JavaScript nicht die richtige Sprache. Sie müssten dann eher zu einer sogenannten serverseitigen Programmier- oder Skriptsprache greifen, z.B. zu JavaServer Pages (JSP), PHP oder ASP.

## Was kann man mit JavaScript alles machen?

Sie können Farben verändern, Text ausgeben und Fenster anzeigen lassen, die Menüs und Dialogboxen enthalten. Mit JavaScript ist sehr vieles möglich. Typische Anwendungen, die in JavaScript erstellt werden, sind:

- sich beim Überfahren mit der Maus verändernde Buttons (sogenannter Rollover-Effekt)

- Laufschriften, die in der Statusleiste oder in einem Formularfeld durchlaufen
- kleine Popup-Fenster, die separaten Inhalt enthalten können
- Dialogboxen, die zur Eingabe von Daten genutzt werden können
- Auswertung von Formularen
- automatische Erkennung des Browsers
- dynamische Anwendungen auf der Basis von XML, bekannt als Ajax

Diese Standardanwendungen werden Sie in diesem Einsteigerseminar kennenlernen. Darüber hinaus bietet JavaScript aber noch mehr: Der japanische Programmierer Kazuhiro Moriyama hat eine Menge bekannter Spiele wie Pac-Man und Tetris in einer JavaScript-Fassung erstellt *(http://plaza.harmonix.ne.jp/~jimmeans/)*.

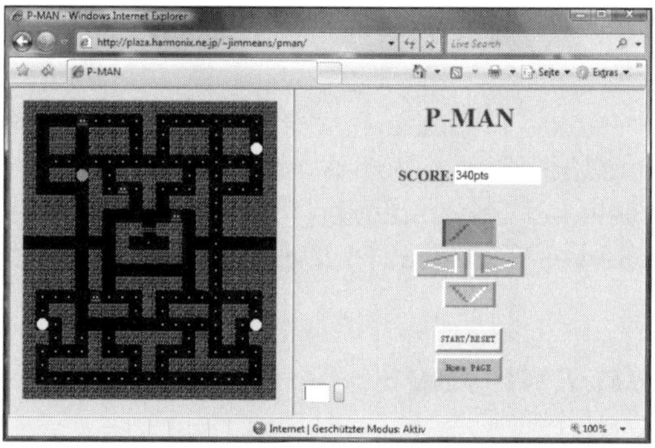


**Abb. 1.1: PacMan in der Java-Fassung**

Der Windows-Explorer zeigt die Verzeichnisstruktur der Festplatte und der darin enthaltenen Dateien an. Dies gibt es auch als freies JavaScript für die Homepage. Hier wird jedoch nicht der Inhalt der Festplatte angezeigt, sondern dieser »Homepage-Explorer« dient der besseren Navigation in Webseiten *(http://www.ivanpeters.com/)*.

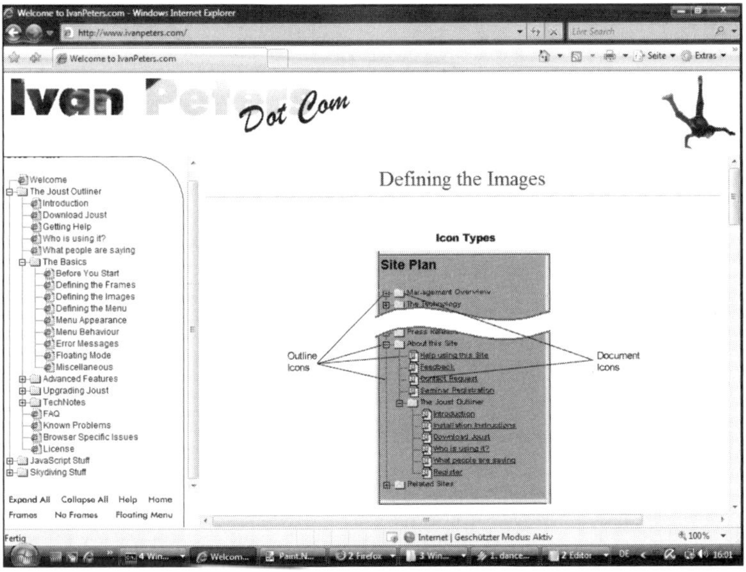


**Abb. 1.2: Der Homepage-Explorer JOUST**

Dies verdeutlicht, wie leistungsstark eine einfache Skriptsprache wie JavaScript ist. Es macht sehr viel Spaß, mit JavaScript zu arbeiten. Sie benötigen eine kurze Einarbeitungszeit und sehen die Früchte der Programmierung praktisch sofort – anders als bei Java, wo der Programmcode erst kompiliert und dann im Browser bzw. mit dem Interpreter ausgeführt wird. Sicherlich werden in den nächsten Monaten noch mehr Anwendungen mit JavaScript erzeugt, die wir uns derzeit noch nicht vorstellen können. Selbst Applikationen innerhalb eines Webbrowsers mit Menüs, weiteren Fenstern und Dialogboxen sind möglich.

# Was braucht man für JavaScript?

Im Prinzip brauchen Sie gar nicht viel für JavaScript. Das Minimum sind ein Text-Editor und ein Webbrowser. Sie können den JavaScript Code direkt in eine HTML-Datei schreiben. Dies können Sie mit einem normalen Text-Editor durchführen.

## Der Text-Editor

Die vorhandenen Text-Editoren eines Betriebssystems reichen völlig aus! Wenn Sie LINUX mit der KDE-Oberfläche verwenden, können Sie den Editor *Kedit* benutzen, der dem Betriebssystem beigegeben ist. Verwenden Sie Windows, könnten Sie *Notepad* einsetzen. Wenn Sie unter Mac OS Classic programmieren wollen, dann ist *SimpleText* ein interessanter Editor.

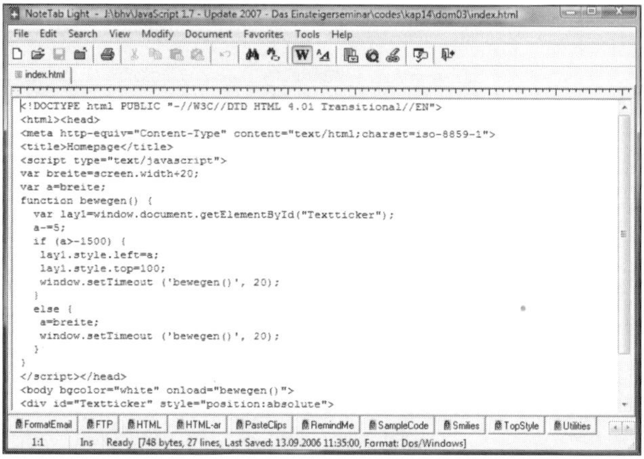


**Abb. 1.3: Ein JavaScript-Code innerhalb einer HTML-Datei im Text-Editor NoteTab unter Windows**

Es gibt aber noch eine Vielzahl anderer Text-Editoren mit sinnvollen Funktionen, die Ihnen das Programmieren erleichtern. In der nachfolgenden Tabelle finden Sie eine Liste von verschiedenen Text-Editoren für die Betriebssysteme Windows, LINUX und Mac OS inklusive Bezugsadresse aus dem Internet.

| Betriebssystem | Editor | Webadresse |
|---|---|---|
| Windows 95/98/ME/NT/2000/XP/2003/Vista | NoteTab | *http://www.notetab.com* |
| | TextPad | *http://www.textpad.com* |
| | UltraEdit | *http://www.ultraedit.com* |

| Betriebssystem | Editor | Webadresse |
|---|---|---|
| | EditPad | *http://www.editpadpro.com/* |
| LINUX | Edith | *http://www.zfc.nl/* |
| | VIM | *http://www.vim.org/* |
| | Emacs | *http://www.gnu.org/software/emacs/* |
| Mac OS X | BBEDit | *http://www.barebones.com/* |
| | Tex-Edit | *http://www.tex-edit.com/* |
| | JJEdit-32 | *http://homepage.mac.com/jmacmullin/* |
| | Jedit | *http://www.artman21.net/product/ Jedit4/index_E.html* |
| Java | JEdit | *http://www.jedit.org/* |
| | Jext | *http://www.jext.org* |

**Tab. 1.1: Verschiedene Text-Editoren zum Programmieren**

## Der Webbrowser

Sie benötigen einen Webbrowser, mit dem Sie Ihre JavaScripts auf der Homepage ansehen können.

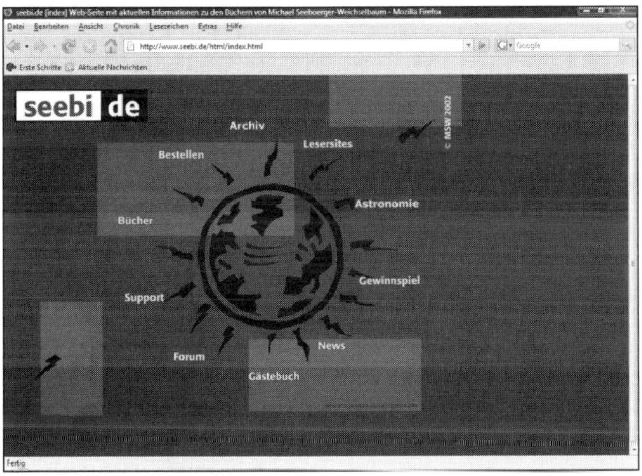


**Abb. 1.4: Auf dieser Seite bewegt sich viel: *http://www.seebi.de*, hier im IE 7**

Welchen Browser Sie dazu benutzen, ist mittlerweile schon zu einer Glaubensfrage geworden. Microsofts Internet Explorer 7 ist der verbreitetste Browser, während der Marktanteil von Mozilla/ Netscape stetig zurückgegangen ist. Seitdem allerdings Ende 2004 der Firefox-Browser veröffentlicht wurde, steigen die Marktanteile von Mozilla wieder. Einen Browser benötigen Sie, um Ihre erstellten Seiten anzusehen, zu kontrollieren und um im Netz zu surfen. Im nachfolgenden Abschnitt finden Sie eine Liste der aktuellen Webbrowser inklusive Bezugsadressen im Netz.

## Welche Webbrowser führen JavaScript aus?

JavaScript ist neben HTML und Java eine der etablierten Sprachen im Internet, an der kein Browser mehr vorbeikommt. Fast alle Browser beherrschen JavaScript.

### Firefox, Mozilla, SeaMonkey, Netscape

Die Browser Firefox, Mozilla, SeaMonkey und Netscape hängen alle zusammen. Sie basieren alle auf dem Mozilla-Browser und dessen Code. Mozilla ist ein Browser, der neben dem reinen Webbrowsing auch ein Mail-Modul, einen HTML-Editor und ein Kalenderprogramm enthält. Wer dieses nicht benötigt, kann zum schlankeren Firefox-Browser greifen. Netscape basiert auf Firefox und wird mittlerweile nur in Englisch herausgegeben. Die 8er-Version gab es nur für Windows, während alle früheren Versionen für diverse Betriebssysteme verfügbar waren. Seit der 9er-Version werden wieder alle Betriebssysteme unterstützt.

Der Nachfolger von Mozilla heißt SeaMonkey. Er besitzt ebenfalls zusätzlich den HTML-Editor, das E-Mail-Programm und ein Adressbuch.

## Netscape

Der Netscape Navigator 2.0 war der erste Browser, der JavaScript ausführen konnte. Jede nachfolgende Version kann ebenfalls JavaScript verstehen. Mit jeder neuen Version wurde JavaScript erweitert und verbessert. JavaScript 1.0 – das im Netscape Navigator 2.0 enthalten war – beinhaltete aber schon alle wichtigen Bestandteile, mit denen Sie auch im Laufe dieses Buches Kontakt haben werden. Alle weiteren Versionen (3.x, 4.x, 6.x, 7.x) können JavaScript ausführen, der aktuelle Netscape-Browser (August 2007) in der Version 9 selbstverständlich auch. Der Browser ist für diverse Betriebssysteme erhältlich:

- Windows 95/98/ME/NT/2000/XP/2003/Vista
- LINUX
- Mac OS X

Über die folgende Adresse können Sie sich jederzeit die neueste Version des Browsers herunterladen:

*http://channels.netscape.com/ns/browsers/default.jsp*

## Mozilla und SeaMonkey

Die Namen Mozilla und Gecko werden Ihnen im Zusammenhang mit dem Netscape-Browser häufig begegnen. Anfang 1998 wurde von Netscape die Entwicklung des Netscape-6-Browsers als Open Source organisiert, d.h., jeder kann den Quellcode zum Browser verwenden und sich an der Weiterentwicklung dieses Browsers beteiligen. Dieses Open-Source-Projekt nennt sich Mozilla Gecko. Der Browser Netscape 6 ist im Prinzip mit Mozilla Gecko identisch. Die Basis für Netscape 6 war die Version M18 vom September 2000. Für die Updates des Netscape-Browsers wurden die jeweils aktualisierten Mozilla-Fassungen verwendet. Gegenüber Mozilla wurde nur die Oberfläche ausgetauscht und die Installation vereinfacht. Mozilla kann selbstverständlich JavaScript ausführen. Die gegenwärtige Version (August 2007) von Mozilla ist 1.7. Dieser

Browser wird nicht mehr weiterentwickelt, stattdessen ist die fortgeführte Entwicklung unter dem Browsernamen SeaMonkey bekannt. Beide Browser sind für diverse Betriebssysteme erhältlich:

- Windows 95/98/ME/NT/2000/XP/2003/Vista
- LINUX
- Mac OS X
- OS/2
- Solaris
- diverse UNIX-Varianten

Über die folgende Adresse können Sie sich jederzeit die neueste Version der beiden Browser herunterladen:

*http://www.mozilla.org*

## Weitere Mozilla-basierte Browser

Auf der Basis des Mozilla-Browsers haben sich weitere Browser entwickelt.

### Firefox

So ist der Browser Firefox identisch mit Mozilla, besitzt aber nur die Rendering Engine und verfügt über kein Mail-Modul, Newsgroups-Modul, Composer-Modul usw. Dadurch ist Firefox schlanker als der Mozilla- und der Netscape-Browser. Die aktuelle Fassung (August 2007) von Firefox ist 3.0 und für diese Betriebssysteme verfügbar:

- Windows 95/98/ME/NT/2000/XP/2003/Vista
- LINUX
- Mac OS X
- diverse UNIX-Varianten

Der Browser kann über die Mozilla-Seite heruntergeladen werden:

*http://www.mozilla.org/products/firefox/*

### Camino

Speziell für das Betriebssystem Mac OS X existiert eine Portierung von Mozilla, die den Namen Camino trägt. Ähnlich wie Firefox besitzt Camino nur die Rendering Engine. Die aktuelle Version (August 2007) ist 1.5:

*http://www.caminobrowser.org/*

### Galeon

Arbeiten Sie mit der grafischen Oberfläche Gnome für LINUX, dann steht Ihnen der Web- und Dateibrowser Konqueror nicht zur Verfügung. Stattdessen gibt es für Gnome den Browser Galeon, der ebenfalls auf der Rendering Engine von Mozilla basiert. Die aktuelle Version (August 2007) ist 2.0.2 und nur für LINUX/Gnome verfügbar:

*http://galeon.sourceforge.net/*

## Microsoft Internet Explorer

Der IE 7 ist derzeit der beliebteste und am meisten eingesetzte Webbrowser. Dies war 1996 noch nicht der Fall, als die Version 3.0 des IE erschien, die erste Fassung des IE, die JavaScript ausführen konnte. Alle weiteren Versionen (4.x, 5.x) sind ebenfalls JavaScript-fähig. Im Unterschied zu Netscape ist der IE nicht für eine breite Zahl von Betriebssystemen verfügbar, sondern nur für Windows. Es gibt auch noch alte Fassungen für Mac OS Classic und Mac OS X. Jedoch hat Microsoft die Entwicklung für das Apple-Betriebssystem eingestellt. Über die folgende Adresse können Sie sich jederzeit die neueste Version des Browsers herunterladen:

*http://www.microsoft.com/windows/products/winfamily/ie/default.mspx*

## Opera

Neben den etablierten Browsern entwickelte sich über die Jahre ein kleiner Browser aus Norwegen: Opera von Operasoftware. Dieser ist ebenfalls seit der Version 3.2 aus dem Jahre 1998 JavaScript-fähig. Die aktuelle Version 9.2 (August 2007) führt selbstverständlich auch JavaScript aus. Das Programm ist für folgende Betriebssysteme verfügbar:

- Windows 95/98/ME/NT/2000/XP/2003/Vista
- LINUX
- Mac OS Classic und Mac OS X
- diverse UNIX-Varianten (Solaris, FreeBSD)

Über die folgende Adresse können Sie sich jederzeit die neueste Version des Browsers herunterladen:

*http://www.opera.com*

## Safari

Apple hat für sein UNIX-basiertes Betriebssystem Mac OS X einen eigenen Webbrowser entwickelt, der sich Safari nennt. Seit 2007 ist auch eine Fassung für Windows erhältlich. Aktuelle Fassungen können von dieser Site geladen werden:

*http://www.apple.com/safari/*

## Konqueror

Der Konqueror ist in der grafischen Oberfläche KDE für LINUX enthalten und so etwas wie die eierlegende Wollmilchsau: Er ist Dateibrowser, Viewer und Webbrowser in einem. Eine separate Installation ist ohne KDE nicht möglich. Bei jeder aktuellen LINUX-Distrubution ist KDE mit Konqueror enthalten.

## Ältere Versionen

Der Nachteil bei Microsoft, Netscape und Opera ist, dass Sie immer nur die aktuelle Version über deren Webseite beziehen können. Ältere Versionen werden dort nicht mehr zum Download angeboten. Im Internet gibt es aber ein Browserarchiv, über das Sie ältere Versionssnummern bekommen können:

*http://browsers.evolt.org/*

# Informationen aus dem Internet

Im Anhang finden Sie eine umfangreiche Liste mit Online-Quellen rund um das Thema JavaScript und HTML. Es gibt einige wichtige Adressen, die Sie sich unbedingt merken sollten. Mozilla bietet auf seiner Homepage eine Online-Dokumentation zu JavaScript, Ajax und XML an. Diese sollten Sie unbedingt besuchen. Dort finden Sie auch weitere Tipps und Tricks:

*http://developer.mozilla.org/*

**Abb. 1.5: Mozilla bietet auf seinen Developer-Seiten viele Informationen zu JavaScript**

Unter der Adresse

*http://www.javascripts.com*

finden Sie eine Vielzahl von vorbereiteten JavaScript-Codes, die Sie direkt verwenden können. Alle Bereiche von JavaScript werden abgedeckt, u.a. Grafikmanipulation, Mathematik, Cookies, Formulare, Spiele und und und ...

Ein deutschsprachiges JavaScript-Codearchiv finden Sie unter dieser Adresse:

*http://www.jswelt.de*

## Zusammenfassung

In diesem Kapitel wurden folgende Themen behandelt:

- was HTML ist,
- wo die Grenzen von HTML liegen,
- was JavaScript ist,
- wie sich JavaScript von Java unterscheidet,
- was Sie für den Einsatz von JavaScript brauchen.

## Fragen und Übungen

1. Laden Sie von der Homepage von Microsoft oder Netscape den aktuellen Browser herunter und installieren Sie ihn.
2. Laden Sie über dieselbe Homepage von Netscape die komplette Dokumentation von Netscape zu JavaScript (JavaScript Reference) herunter.

# 2 JavaScripts einbinden

JavaScript besteht aus zwei Elementen: aus einer (oder mehreren) Funktionen, die eine bestimmte Funktionalität ausführen (z.B. ein Fenster öffnen, Formulare auswerten), innerhalb des *<script>*-Tags notiert und zu einem bestimmten Zeitpunkt gestartet werden müssen, sowie den sogenannten *Eventhandlern*. Das sind Attribute zu HTML-Tags, die bei bestimmten Ereignissen (z.B. Laden der Seite, eine Grafik mit der Maus anklicken, mit der Maus über einen Text fahren) aktiv werden und die JavaScript-Funktionen aufrufen. In diesem Abschnitt sehen wir uns an, wie Eventhandler arbeiten und wie JavaScript-Funktionen allgemein eingebunden werden.

## Der Eventhandler onMouseOver

Eine Funktion kennen Sie bereits aus vielen Windows-Programmen: Wenn Sie mit der Maus auf ein Icon gehen, taucht in der Statusleiste des Programms ein Text auf, der die Funktion dieses Icons erläutert. Sie können die Statusleiste des Webbrowsers für solche Texte nutzen, indem Sie mehr Informationen zum Link geben. Setzt der Internetsurfer die Maus auf einen Link, erscheint ein Text in der Statusleiste. Er weiß dann sofort Bescheid und kann sich mit diesem Text darüber informieren, ob der Link für ihn interessant ist.

TIPP

Sollte der nachfolgende Code in Ihrem Browser nicht ausgeführt werden, beachten Sie bitte die Sicherheitseinstellungen Ihres Browsers. Lesen Sie dazu auch bitte den nachfolgenden Abschnitt »Sicherheit bei JavaScript und im Browser« in Kapitel 2.

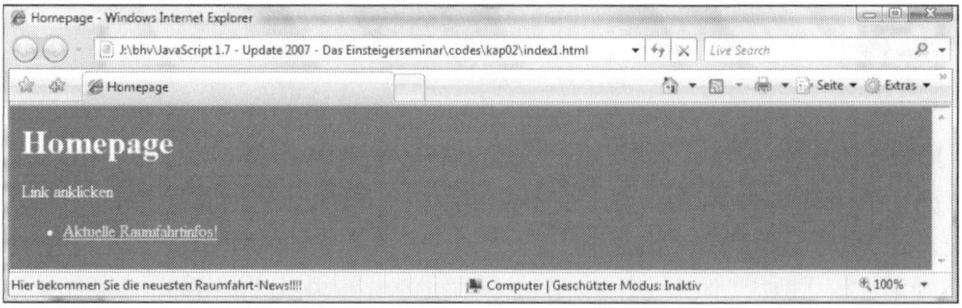


**Abb. 2.1: In der Statusleiste des Webbrowsers taucht ein erläuternder Text auf, wenn die Maus auf den ersten Link gefahren wird**

```
<!DOCTYPE html PUBLIC "-//W3C//DTD HTML 4.01
  Transitional//EN" "http://www.w3.org/TR/html4/
  loose.dtd">
<html><head>
<meta http-equiv="Content-Type" content="text/
  html;charset=iso-8859-1">
<title>Homepage</title></head>
<body link="yellow" vlink="lime" bgcolor="#0080ff"
  text="#ffffff">
<h1>Homepage</h1><p>Link anklicken</p>
<ul><li>
<a href="space.htm" onmouseover="window.status='Hier
  bekommen Sie die neuesten Raumfahrt-News!!!!'; return
  true">Aktuelle Raumfahrtinfos!</a>
</li></ul></body></html>
```

Dieser Code erzeugt die Links, die Sie in der Abbildung sehen, ebenso wie die Hintergrundfarbe und die Überschrift. Für uns ist zunächst nur der Hyperlink wichtig:

```
<a href="space.htm" onmouseover="window.status='Hier
    bekommen Sie die neuesten Raumfahrt-News!!!!'; return
    true">Aktuelle Raumfahrtinfos!</a>
```

Das HTML-Tag *<li>* erzeugt einen neuen Listeneintrag (dies ergibt vor dem Link den kleinen schwarzen Punkt). Danach folgt *<a href="space.htm">*. Damit beginnt der Link. Das *a* steht für Anchor (engl.: Anker) und leitet den Link ein, danach folgt *href* (Hypertext Reference). Dies gibt die Webseite (oder eine andere Webadresse) an, die beim Anklicken des Links geladen wird. Danach kommt ein langer Befehl *onmouseover*. Dies ist unser erster »JavaScript-Code« und ein echter Eventhandler - dazu gleich mehr. Dieser Code wird durch eine spitze Klammer beendet (>). Danach folgt der Text, der als Link unterstrichen dargestellt wird und angeklickt werden soll (hier: *Aktuelle Raumfahrtinfos!)*. Der Anker wird beendet *(</a>)* und ebenfalls der Listeneintrag *(</li>)*.

Der Hilfetext in der Statusleiste wird über einen Eventhandler erstellt: *onMouseOver*. Hiermit wird dem Browser mitgeteilt, dass der nachfolgende Text in der unteren Statusleiste ausgegeben werden soll, wenn sich die Maus auf dem Textlink befindet. In diesem Fall wird der Text *Hier bekommen Sie die neuesten Raumfahrt-News!!!!* ausgegeben. Am Anfang steht der Befehl *onMouseOver*, gefolgt von dem Gleichheitszeichen und den Anführungsstrichen. Es folgt *window.status='Hier bekommen Sie die neuesten Raumfahrt-News!!!!'*. Dieser Text wird ausgegeben. Es folgt ein Semikolon zum Abschluss und *return true* mit Anführungsstrichen am Ende. Was ist damit gesagt? Steht die Maus auf dem Link, so wird der Text über *window.status* in der Statusleiste ausgegeben. Der entsprechende Text steht in Anführungszeichen. Am Ende wird der Wahrheitswert *true* zurückgegeben. Das klingt kompliziert, muss aber am Ende stehen. Kopieren Sie einfach die Zeile in Ihren Textlink und ändern Sie nur den Text ab, der in der unteren Leiste ausgegeben werden soll. Das ist im Prinzip alles.

*onMouseOver* ist einer der Eventhandler, die eine bestimmte Aktion auslösen. Der Eventhandler *onMouseOver* führt hier eine Aktion aus, wenn sich die Maus auf dem Link befindet. Der Eventhandler ist innerhalb des Links, d.h. des *<a>*-Tags, vorhanden. Es gibt noch weitere Eventhandler, beispielsweise *onClick*, *onLoad* und *onSubmit.* Später werden Sie noch lernen, wie Sie über *onMouseOver* JavaScript-Funktionen aufrufen.

Der Teil *return true* mag zunächst etwas abstrakt klingen. Der Grund, warum Sie ihn hier hinzusetzen müssen, ist ganz einfach. Gehen Sie mit der Maus auf einen Link, wird die genaue

URL (d.h. Webadresse) in der Statusleiste angegeben. Genau hier wird auch der Text via *windows.status* ausgegeben. Wenn Sie bei *windows.status* auf *return true* verzichten, überschreibt der Link den Ausgabetext in der Statusleiste, da dieser eine höhere Priorität hat. Die Folge: Der Text, der eigentlich erscheinen sollte, wird nicht angezeigt.

**TIPP**

Der Browser achtet hier nicht auf die Groß- und Kleinschreibung. Sie können auch *OnMouseOver* schreiben, oder *ONMOUSEOVER* oder *onmouseover*. Auch ist die Variante *onmouseOver* möglich. Der Browser erkennt alle diese Schreibweisen. In diesem Buch werden Ihnen diese unterschiedlichen Schreibweisen öfters begegnen. Stören Sie sich nicht daran, sie sind alle in Ordnung.

## Sicherheit bei JavaScript und im Browser

Beim Ausführen von JavaScript wird die Sicherheit des Browsers wichtig genommen. Was vor zehn Jahren problemlos ausgeführt wurde, wird heutzutage der Entscheidung des Anwenders überlassen.

Microsoft Internet Explorer verhindert standardmäßig das Ausführen von JavaScript-Code und blendet diesen im Browser durch eine zusätzliche Textleiste ein.

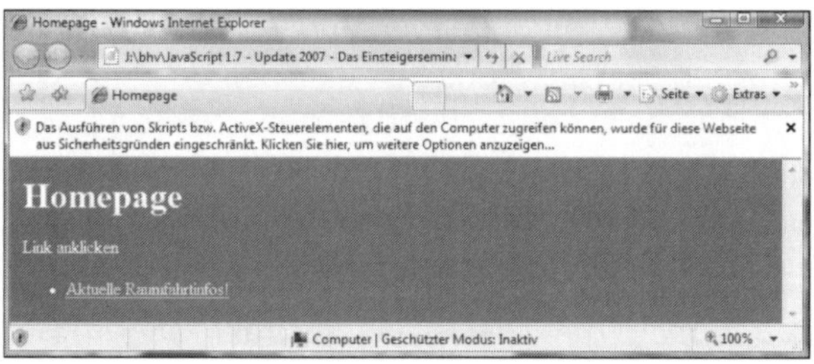


**Abb. 2.2: Der IE hat JavaScript-Code geblockt**

Sie können jedes Mal selbst entscheiden, ob der JavaScript-Code ausgeführt werden soll oder nicht. Dazu können Sie in die Leiste klicken und den Eintrag *Geblockte Inhalt zulassen* auswählen. Die Auswahl ist so lange gültig, wie der Browser geöffnet bleibt. Schließen Sie diesen und starten Sie ihn anschließend neu, muss das Prozedere erneut durchlaufen werden – was durchaus nervig sein kann.

Auch das Ändern der Statusleiste wird unter dem Aspekt der Sicherheit gesehen. Im Firefox-Browser kann man standardmäßig den Inhalt der Statusleiste nicht ändern. Dazu müssen Sie eine Option einschalten: Rufen Sie das Menü *Extra / Einstellungen* auf. Klicken Sie im Dialog auf *Inhalt* und bei dem Eintrag *JavaScript* auf die Schaltfläche *Erweitert*. Wählen Sie anschließend den Eintrag *Statuszeilentext ändern* aus. Für Mozilla, SeaMonkey und Netscape befindet sich dies im Menü *Bearbeiten / Einstellungen / Erweitert / Skripte & PlugIns*.

Im IE ist dies ähnlich. Wählen Sie das Menü *Extras / Internetoptionen* aus und klicken Sie auf *Sicherheit*. Wählen Sie anschließend *Stufe anpassen* aus und aktivieren Sie den Eintrag *Statuszeilenaktualisierung über Skript zulassen*.

## onMouseOut

Wenn Sie mit der Maus auf den Link des letzten Beispiels gehen, dann wird der Text in der Statusleiste ausgegeben. Setzen Sie die Maus an eine andere Stelle auf der Site, dann bleibt der Text in der Statusleiste stehen. Dies darf nicht sein, denn der Text sollte ja nur erscheinen, wenn die Maus sich auf dem Link befindet.

Hier bietet sich eine einfache Lösung an. Der Text in der Statusleiste muss nur gelöscht werden, wenn die Maus von dem Link wegbewegt wird. Dazu kommt ein neuer Eventhandler zum Einsatz: *onMouseOut*. Dieser Eventhandler führt einen JavaScript-Code aus, wenn die Maus von einem Element der Seite (in unserem Beispiel dem Hyperlink) wegbewegt wird.

Sie müssen nun Ihren ersten JavaScript-Code ein wenig erweitern. Dazu schreiben Sie in die Codezeile, die den Eventhandler *onMouseOver* enthält, folgenden zusätzlichen Code:

```
OnMouseOut="window.status=' '; return true"
```

Wird die Maus von dem Hyperlink wegbewegt, registriert der Webbrowser das Ereignis *onMouseOut* und führt den Code aus, der bei diesem Eventhandler in Anführungsstrichen steht. In diesem Fall ist es wieder *window.status.* Achten Sie darauf, dass zwischen den einfachen Anführungszeichen ein Leerzeichen steht. Es folgt das Semikolon und *return true.* Die gesamte Codezeile lautet demnach:

```
<a href="space.htm" onmouseover="window.status='Hier
    bekommen Sie die neuesten Raumfahrt-News!!!!'; return
    true" onmouseout="window.status=' '; return
    true">Aktuelle Raumfahrtinfos!</A>
```

Wenn Sie dieses Beispiel nachvollziehen, erscheint der Text in der Statusleiste nur dann, wenn Sie die Maus auf den Link setzen. Befindet sich die Maus nicht auf dem Link, wird der Text in der Statusleiste gelöscht. Dieses Skript funktioniert in allen Browsern.

Sie können nun für jeden weiteren Link auf der Seite einen eigenen Text festlegen, der in der Statusleiste ausgegeben werden soll. Gehen Sie für jeden einzelnen Link so vor wie in diesem Kapitel beschrieben.

# Es geht auch mit Grafiken ...

Texte in der Statusleiste können Sie auch zusammen mit Grafiken einsetzen. Wird die Maus auf die Grafik gefahren, dann erscheint ein Text in der Statusleiste. »Hinter« der Grafik befindet sich ein Link, der auf eine andere Webseite zeigt. Es muss ein sogenannter grafischer Link vorliegen. Im nachfolgenden Beispiel wird ein Grafikbild in die Webseite eingefügt. Wird das Bild angeklickt, wird eine andere Webseite aufgerufen (dies ist der grafische Link). Gleichzeitig wird der JavaScript-Eventhandler *onmouseover* eingesetzt, um einen Text in der Statusleiste auszugeben.

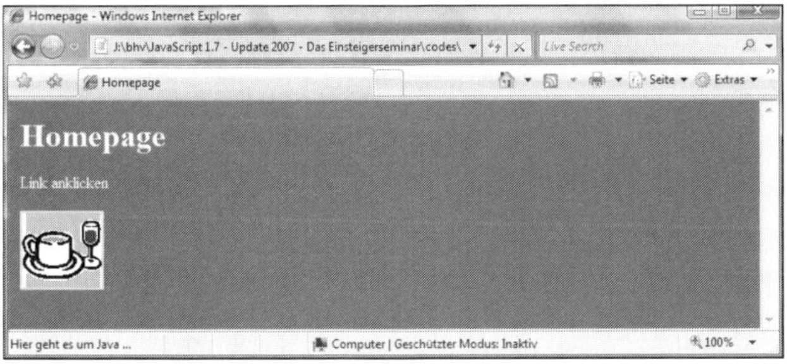


**Abb. 2.3: Befindet sich die Maus auf der Grafik, wird in der Statusleiste ein Text ausgegeben**

Um einen solchen Effekt zu erzielen, müssen Sie eine Grafik einbinden, einen Link erzeugen und *onmouseover* einsetzen. Die entscheidende Codezeile sieht folgendermaßen aus:

```
<a href="http://java.sun.com/"
     onmouseover="window.status='Hier geht es um Java ...';
     return true" onmouseout="window.status=' '; return
     true"><img src="kaffee.gif"></a>
```

Sehen Sie sich den Code ganz genau an. Ihnen begegnen nur bekannte Elemente. Zuerst kommt der Link. Es wird der Anker ausgeworfen *(<a>)*, danach folgt die Webadresse, die beim Anklicken des Bildes aufgerufen werden soll *(href="http://www.java.sun.com")*. Es folgt der Eventhandler *onmouseover* mit dem Text für die Statusleiste. Danach wird der Anker noch nicht aufgehoben, sondern jetzt folgt das Bild. Wenn Sie sich erinnern: Bei einem »normalen« Textlink wäre jetzt der Text gekommen, den der Internetsurfer hätte anklicken müssen. Hier wird jetzt aber das Bild über *<img>* eingebunden. Erst danach wird der Anker über *</a>* aufgehoben. Das ist alles.

Sie können auch auf den Hyperlink verzichten und die beiden Eventhandler direkt in das *<img>*-Tag schreiben:

```
<img src="kaffee.gif" onmouseover="window.status='Hier geht
     es um Java ...'; return true"
     onmouseout="window.status=' '; return true">
```

## JavaScript-Funktionen einbinden

Das Tag zum Einbinden von JavaScript-Funktionen lautet *<script>* und ist streng genommen erst ab HTML 4.0 enthalten. In HTML 3.2 war es reserviert, aber nicht spezifiziert. Netscape führte das Tag als Erweiterung (Extension) zu HTML 2 ein. Dieses *<script>*-Tag ist bis heute unverändert geblieben und kann auch im Zeitalter von HTML 4.0 und XHTML weiter eingesetzt werden. Obwohl zunächst kein HTML-Standard, hat es sich mit seinen Attributen —eingebürgert und kann von fast allen Browsern verstanden werden.

Ein JavaScript-Code steht in der Regel vor dem *<body>*-Tag, innerhalb von *<head> ... </head>* oder erst nach dem *</head>*-Tag. Auch ein Skriptcode innerhalb von *<body> .... </body>* ist möglich. Der JavaScript-Code wird eingeleitet durch das HTML-Tag

```
<script type="text/javascript">
```

Damit wird dem Browser mitgeteilt, dass jetzt ein Skriptcode folgt. Es schließt sich die nachfolgende Zeile an:

```
<!--
```

Das Wichtige sind hier die Zeichen *<!--*, die den Beginn eines Kommentars signalisieren und erst kurz vor dem Ende des Skripts (*</script>*) mit

```
//-->
```

enden. Dies ist für Browser gedacht, die kein JavaScript verstehen können. Solche Browser interpretieren den JavaScript-Code als Kommentar und ignorieren ihn. Alle JavaScript-fähigen Browser sehen den JavaScript-Code jedoch nicht als Kommentar an, sondern führen das Skript aus.

Der JavaScript-Code wird beendet über das Tag

```
</script>
```

Kurz vorher endet der Kommentar über -->. Der gesamte JavaScript-Code steht zwischen den beiden Tags *<script>* und *</script>*. JavaScript sieht vom Code also folgendermaßen aus:

```
<!DOCTYPE html PUBLIC "-//W3C//DTD HTML 4.01
  Transitional//EN" "http://www.w3.org/TR/html4/
  loose.dtd">
<html><head>
<meta http-equiv="Content-Type" content="text/
  html;charset=iso-8859-1">
<title></title></head>
<script type="text/javascript">
<!-- Diese Zeile ist für alle, die kein JavaScript
  können ...
// Jetzt würde der JavaScript-Code folgen
-->
</script>
<body>
</body></html>
```

Da sich aber der IE und der Netscape-/Mozilla-Browser allgemein durchgesetzt haben und die wenigsten Internetsurfer einen anderen Browser verwenden, kann die Zeile *<!--* und *//-->* für die Browser, die kein JavaScript können, auch wegfallen. Der Code lautet dann:

```
<!DOCTYPE html PUBLIC "-//W3C//DTD HTML 4.01
  Transitional//EN" "http://www.w3.org/TR/html4/
  loose.dtd">
<html><head>
<meta http-equiv="Content-Type" content="text/
  html;charset=iso-8859-1">
<script type="text/javascript">
// Jetzt würde der JavaScript-Code folgen
</script>
</head>
<body>
</body></html>
```

Diesen Code können Sie als unseren »Basiscode« für JavaScript ansehen. In den folgenden Kapiteln wird auf diesem Code aufgebaut.

TIPP

> Die Schreibweise des *<script>*-Tags ist ebenfalls wie die der Eventhandler flexibel. Die Browser erkennen folgende Schreibweisen, die alle korrekt sind:
>
> <script type="text/JavaScript">
>
> <script type="text/javascript">
>
> <script type="text/Javascript">
>
> <script type="text/JAVASCRIPT">

### Ältere Browser

Ältere Webbrowser (Netscape 4.x, IE 4) kennen noch das *language*-Attribut im *<script>*-Tag statt des *type*-Attributs:

<script language="JavaScript">

Aktuelle Webbrowser beherrschen diese Fassung ebenfalls. Nach dem HTML-4.01-Standard (und allen nachfolgenden XHTML-Spezifikationen) sollte diese Fassung jedoch nicht mehr verwendet werden.

### JavaScript 1.2, 1.3 und 1.5 ausführen

Mit dem Erscheinen des Netscape 6 wurde JavaScript in der Version 1.5 vorgestellt, und mit dem Netscape Communicator 4.06 kam die Version 1.3 heraus. JavaScript wurde erweitert, beispielsweise um Eventhandler, die in den vorherigen Versionen 1.0 (wurde vom Netscape Navigator 2.x verstanden) und 1.1 (wurde vom Netscape Navigator 3.x verstanden) nicht vorhanden sind. Sollten Sie einen Eventhandler dieser Version verwenden (oder auch einen DOM-Befehl, der erst ab JavaScript 1.5 funktioniert), können Sie direkt die unterstützte Versionsnummer angeben:

```
<script language="JavaScript1.3">
```

Dies funktioniert jedoch nur in Zusammenarbeit mit dem *language*-Attribut des *<script>*-Tags und nicht mit dem *type*-Attribut.

# XHTML

Die Entwicklung von HTML schreitet weiter voran, und der Nachfolger von HTML 4.0 heißt *XHTML*. Die aktuellen Versionen sind XHTML 1.0 und 1.1. Dabei handelt es sich im Prinzip nicht um ein »neues« HTML, in dem neue Tags und Attribute eingeführt werden. XHTML 1.0 ist HTML 4.0, jedoch neu definiert in *XML*. Die Abkürzung XML steht für *Extensible Markup Language* und dient als Grundlage zur Definition von HTML. Ziel soll es nämlich sein, den XHTML-Code einheitlicher und präziser zu erstellen.

Die wichtigsten Unterschiede zwischen XHTML und HTML sind:

- Alle Tags in XHTML müssen kleingeschrieben werden: statt *<APPLET>* also nur *<applet>* bzw. *<object>* statt *<OBJECT>*.
- Der Wert eines Attributs innerhalb eines Tags muss in Anführungsstriche gesetzt werden: statt *width=300* nun *width="300"*.
- Leere Tags werden wie in XML durch ein End-Tag in sich selbst beendet, beispielsweise: *<br/>*.

An dieser Stelle kann nicht auf die XML-Elemente eingegangen werden. Wenn Sie mehr darüber wissen möchten, empfehle ich Ihnen mein Buch *XML – Das Einsteigerseminar*. Mehr Infos zu XHTML bekommen Sie über:

*http://www.w3c.org/TR/xhtml1/*

XHTML enthält drei sogenannte *DTDs (Document Type Definition)*, die die Tag-Definitionen enthalten. Dies ist eine sinnvolle Angelegenheit, denn der Webautor kann dann immer auf die XHTML-DTDs zugreifen bzw. diese einbinden. Gleichzeitig bieten die drei DTDs die Möglichkeit, Verbesserungen und Erweiterungen leichter durchzuführen. Ein XHTML-Dokument mit einem eingebundenen JavaScript sieht folgendermaßen aus:

```
<?xml version="1.0" encoding="iso-8859-1"?>
<!DOCTYPE html PUBLIC "-//W3C//DTD XHTML 1.0 Strict//EN" "DTD/xhtml1-strict.dtd">
<html xmlns="http://www.w3.org/1999/xhtml" xml:lang="de" lang="de">
<head>
  <title>XHTML</title>
  <script type="text/javascript">
    <![CDATA[
       alert ("Hallo XHTML!");
    ]]>
  </script>
  </head>
  <body>
    <p>Dies ist ein einfacher XHTML-Test mit einem JavaScript-Code ...</p>
  </body>
</html>
```

in XHTML kommt ebenfalls das *<script>*-Tag zum Einsatz. Es muss kleingeschrieben und das Attribut *language* darf nicht mehr verwendet werden. Sattdessen muss das Attribut *type* verwendet werden, das die Skriptsprache festlegt. Die wichtigste Änderung besteht aber darin, dass der konkrete Skriptcode in einen sogenannten *CDATA*-Abschnitt geschrieben wird:

```
  <script type="text/javascript">
    <![CDATA[
       alert ("Hallo XHTML!");
    ]]>
  </script>
```

*CDATA* steht für *Character Data* und bewirkt, dass der Browser die Korrektheit des Codes beim Laden der Datei **nicht** prüft. Die XHTML-Tags dagegen werden beim Laden direkt vom Browser auf korrekte Syntax geprüft – man spricht hier davon, dass die Datei geparst wird. Dazu kommt der sogenannte Parser zum Einsatz, der im Browser enthalten ist. Sie merken nichts davon, dass er im Hintergrund abläuft. Der Inhalt, der sich zwischen *<![CDATA[* und *]]>* befindet, wird vom Parser übersprungen.

## Und noch mehr Sicherheit: JavaScript im Browser ein- und ausschalten

JavaScript kann vom Anwender im Browser ganz gezielt ein- und ausgeschaltet werden. Im Internet Explorer 5.x, 6 und 7 unter Windows geschieht dies durch das Menü *Extras / Internetoptionen.* In dem Register *Sicherheit* klicken Sie die Schaltfläche *Stufe anpassen* an. Dort können Sie in der Rubrik *Active Scripting* JavaScript explizit ein- oder ausschalten. Im IE 4 unter Windows geschieht dies über das Menü *Bearbeiten / Optionen*. Verwenden Sie den IE unter Mac OS, wird dies bei allen Versionen über das Menü *Bearbeiten / Optionen* in der Rubrik *Webinhalt* erledigt.

Im Netscape-Browser ab Version 4 und in Mozilla 1.x sowie SeaMonkey geschieht dies über das Menü *Bearbeiten / Einstellungen* in der Rubrik *Erweitert*. Unabhängig von Java kann hier auch JavaScript ein- und ausgeschaltet werden. In allen früheren Versionen erfolgte dies über das Menü *Optionen / Netzwerk-Einstellungen* innerhalb des Registers *Sprachen*. Im Opera-Browser geschieht das Deaktivieren über das Menü *Datei / Einstellungen / Multimedia*. Beim Firefox-Browser verbirgt sich das Ein- und Ausschalten im Menü *Extras / Einstellungen / Inhalt / JavaScript aktivieren.*

Die Möglichkeit, JavaScript auszuschalten, führt aber zu einem Problem: Was passiert, wenn Sie Skripte auf Ihrer Homepage haben, aber der Internetsurfer JavaScript deaktiviert hat? Er kann die Anwendung dann nicht sehen. Dieses Problem lässt sich leider nicht umgehen. Das Gleiche ist übrigens auch bei Java der Fall. Sie müssen immer damit rechnen, dass Internetsurfer JavaScript deaktiviert haben. Am besten ist es, auf der Homepage einen Hinweis zu geben, dass JavaScript eingeschaltet sein sollte, um die Website korrekt ansehen zu können.

## Zusammenfassung

In diesem Kapitel wurden folgende Themen behandelt:

- wie ein Text in der Statusleiste eines Browsers ausgegeben wird,
- um einen Text auf der Statusleiste auszugeben, müssen Sie den Eventhandler *onmouseover* und den JavaScript-Befehl *window.status* verwenden,
- Texte in der Statusleiste können nur in Zusammenhang mit einem Text- oder Grafiklink eingesetzt werden,
- wie typischer JavaScript-Code aussieht,
- wie JavaScript-Code in eine Webseite eingebunden wird,
- wozu das *<script>*-Tag notwendig ist,
- dass es unterschiedliche Versionen von JavaScript gibt.

## Fragen und Übungen

1. Was genau bewirkt *onmouseover?*
2. Was genau bewirkt *window.status?*
3. Wie werden die Hilfetexe in der Statusleiste programmiert?
4. Wie erscheint ein JavaScript innerhalb einer HTML-Datei?
5. Wo sollten JavaScripts innerhalb der HTML-Datei stehen?
6. Wie werden Kommentare in JavaScript eingefügt?

# 3 Erste Schritte mit JavaScript

In diesem Kapitel machen Sie Ihre ersten echten Schritte mit JavaScript. Anhand von konkreten Beispielen, die gleichzeitig Ihre Homepage aufpeppen, lernen Sie die Struktur von JavaScript kennen.

## Eine einfache Dialogbox

In diesem Kapitel werden Sie eine einfache Dialogbox kennenlernen, die auf Ihrer Homepage erscheint. Mit JavaScript ist es einfacher, denn JavaScript verfügt über mehrere vordefinierte Dialogboxen. Sie werden diese Boxen nacheinander kennenlernen. Dadurch erfahren Sie auch gleich die wichtigsten Grundbegriffe von JavaScript.

**Abb. 3.1: Die Homepage mit einer Dialogbox**

Wird die Webseite aufgerufen, erscheint eine Dialogbox. Erst wenn der Internetsurfer auf *OK* klickt, geht es weiter.

### Der Programmcode

Der JavaScript-Code für eine solche Dialogbox ist ganz simpel. Der Code der HTML-Datei lautet:

```
<!DOCTYPE html PUBLIC "-//W3C//DTD HTML 4.01
  Transitional//EN" "http://www.w3.org/TR/html4/
  loose.dtd">
<html><head>
<meta http-equiv="Content-Type" content="text/
  html;charset=iso-8859-1">
<title>Homepage</title></head>
<script type="text/javascript">
function dialog() {
   alert ("Sie betreten meine Homepage ...");
 }
</script>
<body onload="dialog()">
<h1>Homepage</h1>
</body></html>
```

## Der JavaScript- und HTML-Code

Der Code ist relativ simpel. Nach dem HTML-Tag *<script type="text/javascript">* folgt der Kern dieses JavaScript-Codes. Durch *function dialog()* wird eine Funktion definiert, die den Namen *dialog* trägt. Nach diesem Schema beginnt immer eine JavaScript-Funktion (wobei sich natürlich der Name der Funktion ändert). Es folgt die geöffnete geschweifte Klammer (*{*), dann der eigentliche Kern dieser Funktion:

```
alert ("Sie betreten meine Homepage ...");
```

*alert* erzeugt die vordefinierte Dialogbox. Sie enthält einen *OK*-Knopf und ein Symbol (das Ausrufezeichen). In Klammern folgt der Text, der in der Dialogbox ausgegeben wird ("Sie betreten meine Homepage ..."). Abgeschlossen wird die Zeile durch ein Semikolon. In der nächsten Zeile folgt eine geschlossene geschweifte Klammer (*}*). Diese deutet an, dass die Funktion *dialog()* zu Ende ist. Alles, was in den geschweiften Klammern steht, gehört zu der Funktion *dialog()*. Dann schließt sich das HTML-Tag *</script>* an, das das JavaScript beendet.

Jetzt muss der JavaScript-Code noch gestartet werden. Dies geschieht wieder im *<body>*-Tag:

```
<body onload="dialog()">
```

Dort steht der Eventhandler *onload* und in Anführungszeichen die Funktion *dialog*, die aufgerufen werden soll. Wird die Webseite geladen, dann wird der Eventhandler im *<body>*-Tag ausgeführt. Dort steht *onload,* und die angegebene Funktion wird aufgerufen. Dann stellt der Browser die Dialogbox dar. Dies ist der gesamte Code, der dazu notwendig ist. Einfach, nicht wahr?

## Funktionen

Funktionen sind der Kern von JavaScript. In einer jeden Funktion steckt der eigentliche Programmcode, der ausgeführt wird und etwas bewirken soll. Jede Funktion wird innerhalb der HTML-Tags *<script>* und *</script>* definiert sowie über *function* eingeleitet. Dann folgt der Name der Funktion und in den geschweiften Klammern steht der Code. Profis bezeichnen dies als *Funktionsdefinition*, denn die Funktion wird genau beschrieben – durch den Namen und einen Inhalt.

Die geschweiften Klammern umschließen den Inhalt der Funktion. Es hat sich dabei eingebürgert – auch um Platz zu sparen –, dass die geöffnete geschweifte Klammer direkt nach dem Funktionsnamen geschrieben wird:

```
function dialog() {
```

Natürlich kann die geschweifte Klammer auch in der nachfolgenden Zeile stehen:

```
function dialog()
 {
```

Jede Codezeile innerhalb einer Funktion wird mit einem Semikolon abgeschlossen. Dies ist ein Relikt aus den Zeiten der C- und C++-Programmierung. Sie haben das bei der Dialogbox *alert* gesehen. Am Ende steht ein Semikolon:

```
alert ("Sie betreten meine Homepage ...");
```

In einigen Situationen fällt dieses Semikolon weg. Sie werden noch im Laufe des Kapitels sehen, wo kein Semikolon gesetzt wird. Eine solche Situation ist genau hinter der Funktion:

```
function dialog()
```

In diesem sogenannten *Funktionskopf* wird am Ende der Zeile kein Semikolon geschrieben. Ansonsten würde dies zu einer Fehlermeldung führen. Bespielsweise wird bei *if*-Abfragen und bei *while*-Schleifen ebenfalls kein Semikolon gesetzt. Ich will hier aber nicht vorgreifen. Sie werden dies an den entsprechenden Stellen noch kennenlernen.

TIPP

> Der Teil einer Funktion, der innerhalb der geschweiften Klammern steht, wird als *Programmblock* bezeichnet.

## Funktionsnamen und Schreibweisen

Den Namen einer Funktion können Sie fast beliebig vergeben. Es gibt jedoch ein paar Regeln, an die Sie sich halten müssen. Fast jedes Wort ist als Funktionsname verwendbar. Die oben angesprochene Funktion *dialog* hätte auch *dialogbox* heißen können. Ein Funktionsname besteht aus:

- Buchstaben
- Ziffern
- Unterstrich

Dies können Sie alles miteinander kombinieren. Eine Funktion mit dem Namen *dialog_box* ist möglich, ebenso wie auch folgende Varianten:

- Dialog32_box
- Dialog_box_neu
- Dialog_box_alt3
- DialogBox
- DialogBox9

Achten Sie beim Programmieren mit JavaScript auf die genaue Schreibweise. Eine Funktion *dialog* ist nicht identisch mit *Dialog.* Dies gilt auch für Objekte und Variablen, die Sie später noch kennenlernen werden. Achten Sie hier immer auf die Groß- und Kleinschreibung. Ansonsten führt dies im Webbrowser zu einer Fehlermeldung.

Bei der Vergabe eines Namens für eine Funktion dürfen Sie bestimmte Sonderzeichen und deutsche Umlaute nicht verwenden. Folgende Zeichen dürfen nicht im Funktionsnamen auftauchen:

Ä ö ü Ö ä Ü ß * + ! " § $ % & / ( ) = ? \ ~ # , . ; : ^ ° @
µ < > | -,

> Es gibt in JavaScript einige reservierte Wörter, die Sie nicht als Funktionsnamen verwenden können. In Abschnitt 4.10 werden diese reservierten Wörter aufgelistet.

## Vermeiden Sie Tippfehler!

Achten Sie beim Programmieren mit JavaScript auf die genaue Schreibweise der Funktionen. Eine Funktion wird über *function* eingeleitet und nicht über *Function* oder gar *funktion*. Tippfehler können überall im Code entstehen. Achten Sie beispielsweise darauf, dass der Name einer Funktion im Eventhandler *onload* identisch ist mit dem Namen der Funktion, der in *function* deklariert wurde.

Gehen Sie Ihren Code immer ganz genau durch. In einem Code könnten Sie das Semikolon am Zeilenende vergessen haben, ein anderes Mal die geschlossene geschweifte Klammer. Tippfehler sind bei den ersten Programmierschritten ganz normal. Aber je mehr Sie programmieren, desto mehr Erfahrung gewinnen Sie. Damit sinkt mit der Zeit auch die Rate der Tippfehler.

In den aktuellen Browsern wird der Fehler nicht mehr angezeigt, wie dies in den alten Fassungen (IE 4, NC4) noch der Fall war. Der Netscape-Browser ab der Version 4.06 sowie die Firefox- und Mozilla-Browser besitzen die sogenannte *Fehler-Konsole* oder *JavaScript-Konsole*. Diese ist für Mozilla, SeaMonkey und Netscape über das Menü *Extras / Web-Entwicklung / Fehler-Konsole* erreichbar. In Firefox geschieht dies über das Menü *Extras*. Je nach Versionsnummer heißt der Menüeintrag *JavaScript-Konsole* oder *Fehler-Konsole*.

Alternativ können Sie die Konsole auch erhalten, wenn Sie in das Eingabefeld für die Webadresse das Schlüsselwort *javascript:* eingeben.

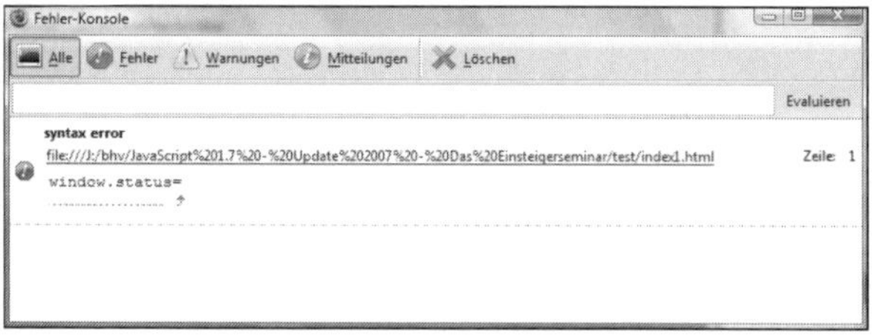


**Abb. 3.2: Die Fehler-Konsole des Firefox-Browsers mit einer Fehlermeldung**

Fehler werden hier untereinander mit der Zeilennummer im Code aufgelistet. Auf diese Art können Sie leichter einen Skriptfehler finden.

Der IE besitzt keine derartige Konsole. In den Versionen 5.0, 5.5 und 6 werden die Fehlermeldungen nur durch ein kleines Symbol links unten in der Statusleiste des Browsers angezeigt. Ab IE 7 ist dies nicht mehr der Fall. Die Anzeige von konkreten JavaScript-Fehlern muss explizit über das Menü *Extras / Internetoptionen / Erweitert / Skriptfehler anzeigen* aktiviert werden. Dann zeigt der Microsoft Internet Explorer einen Fehler im Skriptcode sofort durch eine Dialogbox an. Die Ausführung des weiteren Codes kann gestoppt werden.

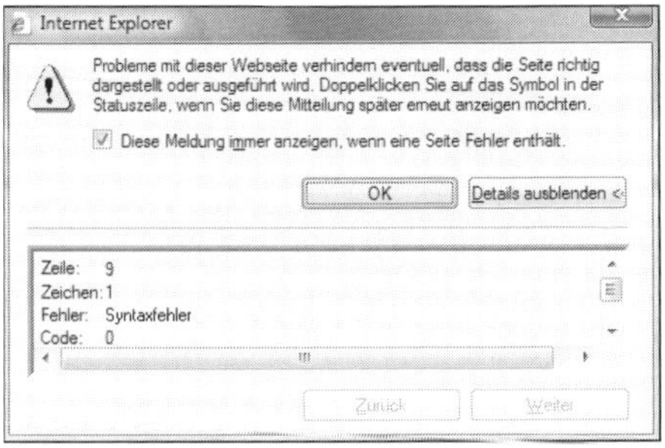


**Abb. 3.3: Der IE 7 zeigt Fehler in einem Dialog an**

## Beliebte Tippfehler

Es gibt typische Tippfehler, die bei den ersten Schritten mit JavaScript auftauchen. Achten Sie besonders auf folgende Fehler:

- Eine Funktion wird über *function* definiert und nicht über *funktion.*
- Bei einer Funktionsdefinition wird am Ende der Zeile kein Semikolon geschrieben, also nicht: *function test();.*
- Oftmals wird das Start-Tag *<script type="text/javascript">* vergessen.
- Oftmals wird das End-Tag *</script>* weggelassen.
- Ein häufiger Fehler ist die falsche Schreibweise von JavaScript im *<script>*-Tag, z.B. *<script language="javasript">* (hier fehlt das c).
- Ein anderer häufiger Fehler ist die falsche Schreibweise von *script* oder *language* im *<script>*-Tag, z.B. *<srcipt type="text/javascript">* (das c und r sind vertauscht) oder *<script langauge="javascript">* (das a und u sind verdreht).
- Achten Sie auch auf die geschweiften Klammern. Häufig werden diese vergessen. Prüfen Sie, ob Sie die geschlossene geschweifte Klammer eingegeben haben.

# Kommentare in JavaScript

Den JavaScript-Code können Sie mit Kommentaren versehen. Diese Kommentare erleichtern das Lesen des Codes. So verstehen andere Webprogrammierer den Code besser, und Sie finden sich auch noch nach Monaten in Ihrem JavaScript-Code zurecht. Sie haben zwei Möglichkeiten für Kommentare:

- Mehrzeilige Kommentare werden durch /* .... */ eingeschlossen. Der Kommentar steht zwischen den beiden Sternchen.
- Einzeilige Kommentare werden durch // eingeleitet. Der Kommentar darf nur eine Zeile lang sein und steht direkt nach den beiden Schrägstrichen.

Bei der Ausführung des JavaScript-Codes werden die Kommentarzeilen ignoriert. Die erste Möglichkeit stammt aus der Programmiersprache C und bringt die Kommentare zwischen /* und */. Beispiel:

```
function Demo () {
   /* Ziel dieses Beispiels ist die Darstellung
      mehrzeiliger Kommentare in JavaScript
   */
}
```

Eine letzte Möglichkeit, Kommentare in den Text einfließen zu lassen, ist an C++ angelehnt und erlaubt die Eingabe eines Kommentars bis zum Ende der jeweiligen Zeile. Der Kommentar wird durch das Zeichen // eingeleitet. Diese Variante ist sehr hilfreich, wenn lediglich kurze Anmerkungen zum Sourcecode gemacht werden sollen. Formale Darstellung:

```
function Demo () {
   // Einzeiliger Kommentar in JavaScript
}
```

Gewöhnen Sie es sich an, Ihre JavaScript-Codes mit Kommentaren zu versehen.

Kommentare im JavaScript-Code über /* ... */ und // können Sie nur innerhalb der Tags *<script>* .... *</script>* verwenden.

TIPP

# Eine Dialogbox mit zwei Schaltflächen

Nun lernen Sie eine Dialogbox kennen, die zwei Schaltflächen enthält: *OK* und *Abbruch.* Je nach Sprachfassung des Brosers kann hier auch *OK* und *Cancel* stehen.

**Abb. 3.4: Die Homepage mit einer Dialogbox mit zwei Schaltflächen**

Wird die Webseite aufgerufen, erscheint eine Dialogbox. Erst wenn der Internetsurfer auf *OK* klickt, geht es weiter.

## Der Programmcode

Der Programmcode ist fast identisch mit dem Code für die Dialogbox im letzten Kapitel:

```
<!DOCTYPE html PUBLIC "-//W3C//DTD HTML 4.01
  Transitional//EN" "http://www.w3.org/TR/html4/
  loose.dtd">
<html><head>
<meta http-equiv="Content-Type" content="text/
  html;charset=iso-8859-1">
<title>Homepage</title>
```

```
<script type="text/javascript">
function dialog() {
   confirm ("Sie betreten meine Homepage ...");
 }
</script></head>
<body onload="dialog()">
<h1>Homepage</h1>
</body></html>
```

Wenn Sie sich den Code ansehen, fällt nur eine Änderung auf: In der Funktion *dialog* steht nicht mehr *alert,* sondern *confirm.* Dies ist die einzige Änderung gegenüber dem vorherigen Code. Schreiben Sie in Ihren JavaScript-Code einfach nur *confirm* statt *alert.* Dies erzeugt wieder eine vordefinierte Dialogbox, diesmal mit zwei Schaltflächen. In Klammern nach *confirm* steht der Text, der in der Dialogbox oberhalb der Schaltflächen steht. Die Funktion *dialog* wird wieder im *<body>*-Tag über den Eventhandler *onLoad* aufgerufen.

## Die OK-Schaltfläche aktivieren

Es wäre nun sinnvoll, die beiden Schaltknöpfe *OK* und *Abbruch* mit einer Funktion zu belegen. Drückt der Internetsurfer auf *OK,* wird die eigentliche Homepage aufgerufen. Klickt der Surfer hingegen auf *Abbruch,* wird die Homepage nicht aufgerufen, sondern der Surfer bleibt auf einer nichtssagenden Seite. Der Programmcode muss gar nicht besonders modifiziert werden:

```
<!DOCTYPE html PUBLIC "-//W3C//DTD HTML 4.01
  Transitional//EN" "http://www.w3.org/TR/html4/
  loose.dtd">
<html><head>
<meta http-equiv="Content-Type" content="text/
  html;charset=iso-8859-1">
<title>Homepage</title>
<script type"text/javascript">
function dialog() {
   var Eingabe;
   Eingabe=confirm ("Sie betreten meine Homepage ...");
      if (Eingabe==true) {
```

```
            window.open ("test.html");
        }
}
</script></head>
<body onload="dialog()">
<h1>Homepage</h1>
</body></html>
```

## Der JavaScript-Code

Die Änderungen befinden sich nur in der Funktion *dialog.* Gleich nach der geöffneten geschweiften Klammer wird über die Zeile

```
var Eingabe;
```

eine Variable definiert. *var* ist das Schlüsselwort zur Definition einer Variablen, danach folgt der Name der Variablen *Eingabe.* In der nächsten Zeile taucht *confirm* auf, jedoch haben wir diese Zeile abgeändert:

```
Eingabe=confirm ("Sie betreten meine Homepage ...");
```

Was besagt diese Zeile? *confirm* erzeugt die Dialogbox mit zwei Schaltflächen. In Klammern und Anführungsstrichen folgt der Text, der in der Dialogbox ausgegeben werden soll. Hat der Anwender auf einen dieser Schaltknöpfe geklickt, liefert *confirm* ein Ergebnis zurück, und zwar *true,* wenn auf *OK* geklickt wurde. *confirm* liefert *false* zurück, wenn auf *Abbruch* geklickt wurde. Und dieses Ergebnis speichern wir in der Variablen *Eingabe.* Dies wird als Rückgabewert bezeichnet. *alert* liefert beispielsweise immer *true* zurück.

Im nächsten Schritt müssen wir entscheiden, was passieren soll. Wurde auf *OK* geklickt, soll eine neue Webseite aufgerufen werden. Das bedeutet, wenn die Variable *Eingabe* den Wert *true* hat, soll die neue Seite aufgerufen werden. Ansonsten, d.h., wenn Sie auf *Abbruch* geklickt haben und damit die Variable *Eingabe* den Wert *false* hat, passiert gar nichts. Dies wird über eine *if*-Abfrage realisiert, die sich gleich nach *confirm* anschließt:

```
if (Eingabe==true) {
    window.open ("test.html");
 }
```

Zuerst steht die *if*-Abfrage: Wenn *(if)* die Variable *Eingabe* den Wert *true* hat *(Eingabe == true)*, dann soll etwas passieren. Dies folgt danach. Es wird eine neue geschweifte Klammer geöffnet als Zeichen dafür, dass ein weiterer Block beginnt. Und danach folgt ein neuer Befehl: *window.open ("test.html")*. Dies ist ein JavaScript-Befehl. *window.open* öffnet ein neues Browserfenster. Das heißt, es wird ein zweiter Webbrowser neben dem ersten Browser erzeugt, und in diesem zweiten Browserfenster wird die neue Webseite (hier: *test.html)* angezeigt. Danach wird die geschweifte Klammer geschlossen. Damit ist alles erledigt. Im HTML-Code wird nun noch die geschweifte Klammer der Funktion *dialog* geschlossen. Im weiteren Code werden keine Änderungen vorgenommen.

> Sie dürfen natürlich nicht vergessen, die Seite noch zu erstellen, die über *window.open()* aufgerufen wird.

## Sicherheit: Popup-Blocker

Bei dem Ausführen des letzten Codes kann Ihr Browser das Öffnen eines neuen Fensters verhindern. Dies liegt einerseits an den integrierten Popup-Blockern im Browser. Andererseits kann dies durch ein entsprechendes externes Programm verhindert werden.

Sowohl der IE wie auch die Browser Mozilla, SeaMonkey, Firefox und Netscape unterdrücken die Anzeige eines neuen Fensters. Es wird eine Textleiste eingeblendet, die darauf hinweist, dass das Fenster geblockt wurde.

**Abb. 3.5: Firefox hat ein Fenster geblockt**

Sie können dies zulassen, indem Sie in den Browsern in die entsprechende Leiste klicken und die Popup-Fenster erlauben.

Sollte nach dieser Änderung das Fenster immer noch geblockt werden, so liegt dies mit hoher Wahrscheinlichkeit an einem externen Programm, das bei Ihnen installiert ist und diese Popup-Fenster unterdrückt. Kontrollieren Sie in diesem Fall auch die Einstellungen des von Ihnen verwendeten Programms.

# Variablen

Variablen sind eine der wichtigsten Eigenschaften einer Programmiersprache. In JavaScript ist es aber viel einfacher als in C, C++, Pascal, Fortran usw. Eine Variable wird pauschal über *var* definiert. Und dies erfolgt auch gleich zu Beginn einer Funktion, nachdem die geschweifte Klammer geöffnet wurde. Dies ist sehr praktisch und hat sich eingebürgert. Auf diese Weise sehen Sie gleich am Anfang einer Funktion, welche Variablen in dieser Funktion verwendet werden. Eine Variable kann Folgendes enthalten:

- Zahlen
- Buchstaben
- Wahrhoitcwort

Sie können in einer Variablen eine Zahl speichern, beispielsweise 19:

```
var x;
x=19;
```

Auf diese Weise wird in der ersten Zeile die Variable *x* definiert und in der zweiten Zeile der Variablen *x* der Wert *19* zugewiesen. Dies können Sie auch in einer Zeile zusammenfassen:

```
var x=19;
```

Profis bezeichnen dies als Variableninitialisierung. Es wird eine Variable definiert und diese auch gleich mit einem Wert belegt (initialisiert). Später können Sie dann mit dieser Variablen mathematische Rechnungen durchführen. Sie können auch Buchstaben in einer Variablen speichern:

```
var x="Hallo";
```

Hier wird das Wort *Hallo* in der Variablen *x* gespeichert. *Hallo* ist ein so genannter *String*. Weil es sich um Buchstaben handelt, wird dieser in Anführungszeichen gesetzt.

Die dritte Möglichkeit einer Variablen ist der Wahrheitswert. In diesem Fall wurde in der Variablen *Eingabe* ein Wahrheitswert *(true* oder *false)* gespeichert.

```
var x=true;
```

bedeutet, dass *x* den Wert *true* hat. Dies hatten wir in unserem Beispiel mit der Dialogbox angewendet.

Anders als in der Java-Programmiersprache brauchen Sie bei JavaScript nicht darauf zu achten, was in der Variablen gespeichert wird. Normalerweise gibt es verschiedene Typen von Variablen, in denen Zahlen, Texte und Wahrheitswerte gespeichert werden. In anderen Programmiersprachen wie C oder C++ kann in einer Variablen, die vom Typ Zahl ist, kein Text gespeichert werden (sondern nur Zahlen). Es würde mit einer Fehlermeldung quittiert, wenn in dieser Variablen vom Typ Zahl ein Text gespeichert würde. Dies gilt auch umgekehrt. Es muss immer genau angegeben werden, welchen Typ eine Variable hat. In JavaScript gibt es diese Einschränkung nicht. Sie brauchen nicht darauf zu achten, ob in der Variablen ein Text oder eine Zahl gespeichert wird. Dies ist sehr praktisch.

### Variablennamen

Den Namen einer Variablen können Sie ebenfalls fast beliebig vergeben, wie bei einer Funktion. In unserem Beispiel hieß die Variable *Eingabe.* Ein Variablenname besteht aus:

- Buchstaben
- Ziffern
- Unterstrich

Dies können Sie alles miteinander kombinieren. Eine Variable mit dem Namen *Eingabe_Neu* ist möglich, aber auch folgende Varianten:

- EingabeAlt
- Eingabe12_Neu
- Eingabe23

Achten Sie beim Programmieren mit JavaScript auf die genaue Schreibweise. Eine Variable *Eingabe* ist nicht identisch mit der Variablen *eingabe.* Achten Sie immer auf die Groß- und Kleinschreibung.

Bei der Vergabe eines Namens dürfen Sie bestimmte Sonderzeichen und deutsche Umlaute nicht verwenden:

```
Ä ö ü  Ö ä Ü ß * + ! " § $ % & / ( ) = ? \ ~ # , . ; : ^ ° @
µ < > | -,
```

> Es gibt in JavaScript einige reservierte Wörter, die Sie nicht als Funktionsnamen verwenden können. In Kapitel 4 werden diese reservierten Wörter aufgelistet.

TIPP

TIPP

*var* ist ein reserviertes Wort und kann nicht für einen Variablennamen verwendet werden.

## if-Abfrage

In diesem Kapitel lernen Sie die *if*-Abfrage kennen, die Sie noch oft benötigen werden. Bei einer *if*-Abfrage wird eine Variable auf einen bestimmten Wert geprüft. In unserem Fall war es der Wahrheitswert *true.* Wenn die Variable *(if)* den Wert *true* enthält *(Eingabe==true)*, dann soll etwas Bestimmtes passieren. Ist dies nicht der Fall, ist in der Variablen *Eingabe* der Wert *false* gespeichert, dann ist die Abfrage *Eingabe==true* falsch und der Programmcode in den nachfolgenden geschweiften Klammern wird nicht ausgeführt. Klingt abstrakt, nicht wahr? Genaueres zu den Bedingungen und warum in der Abfrage ein doppeltes Gleichheitszeichen steht (und nicht nur ein einfaches), erfahren Sie weiter hinten im Kapitel.

Allgemein sieht eine *if*-Abfrage folgendermaßen aus:

```
if (bedingung) {
   // es käme hier der Programmcode
}
```

*if* ist das Schlüsselwort, mit dem die Abfrage eingeleitet wird. In Klammern steht dann die Bedingung. Es öffnet sich die geschweifte Klammer. Der gesamte Code, der nun folgt, bevor die geschweifte Klammer wieder schließt, wird ausgeführt, wenn die geprüfte Bedingung in der *if*-Zeile wahr ist. Ansonsten wird dieser Teil übersprungen. Im nachfolgenden Abschnitt werden wir die *if*-Abfrage noch erweitern.

Sehr wichtig ist die Bedingung, die geprüft wird. In unserem Beispiel stand in Klammern: *Eingabe==true.* Die beiden Gleichheitszeichen hintereinander deuten an, dass geprüft werden soll, ob dieser Wert in der Variablen steht. Das doppelte Gleichheitszeichen unterscheidet sich von dem einfachen Gleichheitszeichen, das Sie in Zusammenhang mit den Variablen kennengelernt haben. Mit dem einfachen Gleichheitszeichen wird einer Variablen ein Wert zugewiesen (z.B. *var Zahl=15)*. Darum heißt das einfache Gleichheitszeichen auch Zuweisungsoperator. Das doppelte Gleichheitszeichen hingegen ist ein Vergleichsoperator. Hier wird der Inhalt der Variablen verglichen bzw. geprüft. Es gibt mehrere Vergleichsoperatoren, die Sie im nachfolgenden Abschnitt und Kapitel noch detaillierter kennenlernen werden.

> **TIPP** Die *if*-Abfrage wird nicht mit einem Semikolon abgeschlossen.

> **TIPP** *if* ist ein reserviertes Wort und kann nicht für einen Variablen- und Funktionsnamen verwendet werden.

Bei der *if*-Abfrage gibt es noch eine verkürzte Schreibweise. Prüfen Sie wie in unserem Fall auf den Wert *true* einer Variablen

```
if (Eingabe==true) {
```

so kann dies verkürzt werden zu:

```
if (Eingabe) {
```

## Die Abbruch-Schaltfläche aktivieren

Nun werden Sie noch den *Abbruch*-Knopf aktivieren. Wird dieser Knopf gedrückt, wird nicht die eigentliche Webseite aufgerufen. Stattdessen erscheint auf der Seite der Text *Schade, dass Sie meine Homepage nicht sehen wollen*.

Dazu sind auch wieder nur kleine Änderungen am Code notwendig. Denn man kann nun noch einen sogenannten *else*-Block in der *if*-Abfrage der Funktion *dialog* festlegen. Dies ist ein Code, der ausgeführt wird, wenn die Variable *Eingabe* nicht den Wert *true* enthält, also die *if*-Bedingung nicht zutrifft. Und der Code sieht so aus:

```
<!DOCTYPE html PUBLIC "-//W3C//DTD HTML 4.01
  Transitional//EN" "http://www.w3.org/TR/html4/
  loose.dtd">
<html><head>
<meta http-equiv="Content-Type" content="text/
  html;charset=iso-8859-1">
<title>Homepage</title>
<script type="text/javascript">
function dialog() {
   var Eingabe;
   Eingabe=confirm ("Sie betreten meine Homepage ...");
      if (Eingabe==true) {
       window.open ("test.html");
        }
      else{
       window.document.write("<h3>Schade, dass Sie
  meine Homepage nicht sehen wollen</h3>");
      }
}
</script></head>
<body onload="dialog()">
<h1>Homepage</h1>
<body></html>
```

## Der JavaScript-Code

Die Änderungen befinden sich nur in der Funktion *dialog()*. Nach der *if*-Abfrage kommt der *else*-Block:

```
else {
   window.document.write("<h3>Schade, dass Sie meine
     Homepage nicht sehen wollen</h3>");
}
```

Wenn die Variable *Eingabe* nicht den Wert *true* enthält (also *false*), wird der Programmblock ausgeführt, der auf *else* folgt. Zuerst wird die Bedingung in der *if*-Zeile geprüft. Da diese Bedingung nicht erfüllt ist, d.h., die Variable *Eingabe* enthält nicht den Wert *true,* wird dieser Block übersprungen und der

Programmteil nach *else* ausgeführt. Es öffnet sich wieder eine geschweifte Klammer, und dort steht *window.document.write.* Dies ist ein neuer JavaScript-Befehl. Damit wird ein Text in das aktuelle Fenster geschrieben. In Klammern steht dann der Text, der angezeigt werden soll (hier: *Schade, dass Sie meine Homepage nicht sehen wollen)*. Nach dem ersten Anführungszeichen steht noch das Tag *<h3>.* Damit wird der Text als Überschrift ausgegeben. Am Ende vor dem letzten Anführungszeichen steht *</h3>.* Hiermit wird die Überschrift beendet. Wenn jetzt also der Internetsurfer in der Dialogbox auf *Abbruch* drückt, bekommt die Variable *Eingabe* den Wert *false,* und es wird der Programmteil ausgeführt, der in dem *else*-Block steht. Die Webseite wird gelöscht, und der Text *Schade, dass Sie meine Homepage nicht sehen wollen* erscheint.

## Die if-Abfrage mit else erweitern

Die Abfrage *if-else* ist in vielen anderen Programmiersprachen (BASIC, FORTRAN, C, C++, PASCAL ...) vorhanden. *if-else* ist ein wichtiger Bestandteil der Sprachen. Profis sprechen hier von einer bedingten Anweisung: Ein bestimmter Programmteil soll ausgeführt werden, wenn eine bestimmte Bedingung erfüllt ist, andernfalls wird ein anderer Programmblock (gekennzeichnet durch *else)* ausgeführt. Die allgemeine Schreibweise:

```
if (bedingung) {
  /* es käme hier der Programmcode, der ausgeführt werden
     soll, wenn die Bedingung zutrifft */
}
else {
  /* es käme hier der alternative Code, der ausgeführt
     werden soll, wenn die Bedingung NICHT zutrifft */
}
```

*else* enthält keine Parameter. Es schließt sich in geschweiften Klammern der Programmblock an, der ausgeführt werden soll, wenn die Bedingung nicht erfüllt ist, die in der *if*-Zeile geprüft wird.

**TIPP**

*else* ist ein reserviertes Wort und kann nicht für einen Variablen- oder Funktionsnamen verwendet werden.

**TIPP**

Innerhalb einer *if*-Abfrage wird der Befehl *else* nicht mit einem Semikolon abgeschlossen.

## Eine Dialogbox mit Eingabefeld

Jetzt werden Sie eine komfortablere Dialogbox kennenlernen. Der Internetsurfer muss einen Namen eingeben und gelangt dann auf die Homepage, wenn der Name korrekt eingegeben wurde. Der Code basiert auf dem Code der Dialogbox aus dem letzten Kapitel.

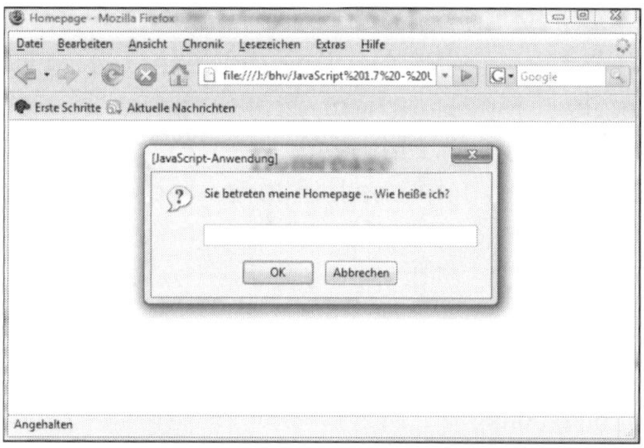


**Abb. 3.6: Abb. 3.6: Dialogbox mit Eingabefeld**

### Der Programmcode

Im JavaScript-Code ist eine solche Dialogbox mit Eingabefeld einfach zu erstellen. Der Code muss gegenüber dem letzten nur ein wenig verändert werden:

```
<!DOCTYPE html PUBLIC "-//W3C//DTD HTML 4.01
  Transitional//EN" "http://www.w3.org/TR/html4/
  loose.dtd">
<html><head>
<meta http-equiv="Content-Type" content="text/
  html;charset=iso-8859-1">
<title>Homepage</title>
<script type="text/javascript">
function dialog() {
   var Eingabe;
   Eingabe=prompt ("Sie betreten meine Homepage ... Wie
  heiße ich?");
      if (Eingabe=="Michael") {
           window.open ("test.html");
        }
      else {
       window.document.write("<h3>Schade, dass Sie
  meine Homepage nicht sehen wollen</h3>");
        }
}
</script></head>
<body onload="dialog()">
<h1 align="center"><font color="black">Homepage</
  font></h1>
</body></html>
```

Die Änderungen betreffen wieder nur die Funktion *dialog.* Die Dialogbox mit dem Eingabefeld ist eine von JavaScript vordefinierte Dialogbox. Sie wird über *prompt ()* erzeugt. Im Code steht:

```
Eingabe=prompt ("Sie betreten meine Homepage ... Wie heiße
    ich?");
```

Dies erzeugt die Dialogbox. In Klammern nach *prompt* steht wieder der Text, der in der Dialogbox angezeigt wird, aber nicht der Text, der im Eingabefeld steht. Anders als bei den Dialogboxen durch *confirm()* und *alert()* liefert *prompt()* den Text zurück, der im Eingabefeld eingegeben wurde. Programmierer sprechen hier von einem String (Zeichenkette), der zurückgeliefert wird. Dieser Text wird diesmal in der Variablen *Eingabe* gespeichert. Bei *alert()* und *confirm()* wurde nur *true* oder *false* zurückgegeben.

Dementsprechend müssen wir noch die *if*-Abfrage abändern. Dort darf nun nicht stehen

```
if (Eingabe==true)
```

sondern vielmehr

```
if (Eingabe=="Michael")
```

Denn wir wollen ja prüfen, ob der Name richtig eingegeben wurde. Ist der Name korrekt, wird über *window.open* die eigentliche Homepage aufgerufen, ansonsten wird der Text *Schade, dass Sie meine Homepage nicht sehen wollen* angezeigt.

## Strings in Variablen speichern

Soeben haben Sie gesehen, dass in der Variablen *Eingabe* kein Wahrheitswert mehr gespeichert wird, sondern eine Buchstabenfolge (nämlich der Text, der in der Dialogbox eingegeben wurde). Dies ist ein sogenannter *String*. In der *if*-Abfrage muss der String in Anführungszeichen stehen. JavaScript erkennt dadurch automatisch, dass es sich um einen String handelt. Sie können durchaus mehrere Wörter in einer Variablen in JavaScript speichern:

```
var Text="Viele Wörter in der Variablen";
```

In diesem Beispiel wird in der Variablen *Text* ein kompletter Satz gespeichert.

## Verfeinerungen: Kleinschreibung

Es kann vorkommen, dass der InternetsSurfer den Namen *Michael* kleinschreibt. Was würde passieren? Der Name ist korrekt eingegeben, aber in der *if*-Abfrage wird geprüft, ob die Eingabe *Michael* ist, nicht aber *michael.* Die Folge: Die Homepage würde nicht aufgerufen, sondern es würde wieder nur der Text *Schade, dass Sie meine Homepage nicht sehen wollen* angezeigt. Dies wollen wir verhindern. Wir müssen der *if*-Abfrage noch einen Zusatz hinzufügen. Die *if*-Abfrage lautet:

```
if (Eingabe=="Michael" || Eingabe=="michael")
```

Die beiden senkrechten Striche (||) symbolisieren ein *ODER:* Ist die Eingabe *Michael* oder *michael,* wird der nachfolgende Block ausgeführt. Es handelt sich um einen Operator, der für derartige Vergleiche benutzt wird. Zu den Operatoren zählt auch *UND*.

Im Nachfolgenden finden Sie eine kurze Tabelle, die die einzelnen Vergleichsoperatoren erläutert.

| Vergleichsoperator | Beschreibung |
|---|---|
| < | Kleiner als |
| <= | Kleiner oder gleich |
| > | Größer als |
| >= | Größer oder gleich |
| != | Ungleich |
| == | Gleich |

**Tab. 3.1: Die Vergleichsoperatoren**

Im Nachfolgenden finden Sie eine kurze Tabelle, die die hier angesprochenen Operatoren erläutert.

<table>
<tr><th>Operator</th><th>Beschreibung</th></tr>
<tr><td>&&</td><td>Und (AND)</td></tr>
<tr><td>| |</td><td>Oder (OR)</td></tr>
</table>

**Tab. 3.2: Die Operatoren**

# Noch mehr Verfeinerungen

Diese Dialogbox hat aber einen eindeutigen Nachteil: Was passiert, wenn der Internetsurfer den Namen aus Versehen falsch eingetippt hat? Es wird sofort der Text *Schade, dass Sie meine Homepage nicht sehen wollen* angezeigt. Wir müssen die Dialogbox verfeinern, damit nach einer falschen Eingabe die Möglichkeit besteht, den Namen noch einmal einzugeben. Wurde ein falscher Name eingegeben, taucht eine *alert*-Dialogbox auf, die darauf hinweist, dass der Name falsch eingegeben wurde.

Der Programmcode muss nun stärker verändert werden. Wir müssen nämlich eine Schleife in die Funktion *dialog()* einbauen, die so lange durchlaufen wird, bis der richtige Name eingegeben wird. Die Änderungen befinden sich nur in der JavaScript-Funktion:

```
function dialog () {
 var Eingabe;
 while (Eingabe!="Michael" && Eingabe!="michael") {
  Eingabe=prompt ("Sie betreten meine Homepage ... Wie heiße ich?");
  if (Eingabe!="Michael" && Eingabe!="michael") {
   alert ("Falscher Name eingegeben!");
  }
 }
 window.open ("test.html");
}
```

Die Analyse des JavaScript-Codes zeigt Ihnen ganz genau, was Sie ändern müssen: Nach der Definition der Variablen *Eingabe* beginnt eine Schleife. Diese wird so lange durchlaufen, bis der korrekte Name eingegeben wurde. Die Schleife wird mit *while* eingeleitet. In Klammern steht die Laufbedingung dieser Schleife. Die Schleife wird so oft durchlaufen, wie der Wert der Variablen *Eingabe* nicht *Michael* oder *michael* ist. Diese beiden Bedingungen werden über den UND-Operator (*&&*) miteinander verknüpft. Die Laufbedingung wird durch den Vergleich *!= (ungleich)* festgelegt. Danach öffnet sich die geschweifte Klammer und erst dann folgt die Erstellung der *prompt*-Dialogbox, wie Sie es bisher kennengelernt haben. Denn die Dialogbox muss immer wieder neu erzeugt werden, solange die Eingabe falsch ist!

Nach der *prompt*-Dialogbox folgt die *if*-Abfrage der Eingabe:

```
if (Eingabe!="Michael" && Eingabe!="michael") {
    alert ("Name wurde falsch eingegeben!");
  }
```

Dieser Block ist anders als derjenige im vorhergehenden Abschnitt. Es wird geprüft, ob die Variable *Eingabe* nicht den Wert *Michael* bzw. *michael* hat. Beide Bedingungen werden wieder über den UND-Operator (*&&*) miteinander verknüpft. Ist dies der Fall (weil Sie z.B. *otto* eingegeben haben), wird der Programmteil danach ausgeführt. Dort steht in den geschweiften Klammern die *alert*-Dialogbox, die darauf hinweist, dass der Name falsch eingetippt wurde. Die *while*-Schleife wird nicht verlassen, sondern wieder von Anfang an durchlaufen (da ja die Variable *Eingabe* nicht den Wert *Michael* oder *michael* hatte, was am Anfang der *while*-Schleife geprüft wird). Es wird also wieder die *prompt*-Dialogbox aufgebaut und der Internetsurfer kann erneut den Namen eingeben.

Wurde der Name dagegen korrekt eingegeben, ist das Ergebnis der *if*-Abfrage negativ und der *if*-Teil wird gar nicht betreten. Gleichzeitig wird auch die *while*-Schleife verlassen, da die Prüfung am Anfang der *while*-Schleife nun negativ ausfällt, d.h., der Name ist korrekt und nicht ungleich *Michael* oder auch nicht ungleich *michael.* Daher wird auch diese Schleife verlassen und über *window.open()* ein neues Browserfenster geöffnet.

## Die while-Schleife

In diesem Beispiel haben Sie die *while*-Schleife kennengelernt. Sie ist neben der *if*-Abfrage und der *for*-Schleife (die Sie später noch anwenden werden) eine der wichtigsten Möglichkeiten, den Ablauf eines Programms gezielt zu steuern. Die allgemeine Darstellung:

```
while (Bedingung) {
   /* es käme hier der Programmcode, der so lange
    ausgeführt wird, bis die Bedingung zutrifft */
 }
```

*while* ist das Schlüsselwort, das die Schleife einleitet. Dann folgt in runden Klammern die Bedingung. Dies ist ähnlich wie bei der *if*-Abfrage. Jetzt wird die Bedingung geprüft. Ist diese erfüllt, d.h. wahr, wird der Programmcode ausgeführt, der in den nachfolgenden geschweiften Klammern steht. Ist die Bedingung nicht erfüllt, d.h. falsch, wird der Programmblock nach *while* nicht ausgeführt. Das Programm geht dann mit den Befehlen und Kommandos weiter, die hinter der geschlossenen geschweiften Klammer der *while*-Schleife stehen.

Wenn der Programmblock der *while*-Schleife einmal ausgeführt worden ist, springt der Code wieder an den Beginn, d.h. zur *while*-Zeile, und prüft die Bedingung. Ist die Bedingung erfüllt, wird der nachfolgende Programmblock wieder ausgeführt. Die Schleife wird so lange durchlaufen, bis die Bedingung bei *while* falsch ist.

### Unterschied if und while

Der Unterschied zwischen einer *if*-Abfrage und einer *while*-Schleife liegt darin, dass bei einer *if*-Abfrage die Bedingung nur einmal geprüft ist. Die *while*-Schleife wird so lange durchlaufen, bis die Bedingung falsch ist. Die *while*-Schleife wird Ihnen noch oft begegnen. Sie existiert auch in vielen anderen höheren Programmiersprachen wie C und C++. Die Syntax ist fast identisch.

**TIPP**

*while* ist ein reserviertes Wort und kann nicht für einen Variablen- oder Funktionsnamen verwendet werden.

**TIPP**

*while* wird nicht mit einem Semikolon abgeschlossen.

## Zusammenfassung

In diesem Kapitel wurden folgende Themen behandelt:

- wie JavaScript aufgerufen wird,
- was *onload* bedeutet,
- dass es drei verschiedene Arten von Dialogboxen gibt,
- wie Variablen definiert werden,
- was Funktionen sind und wie sie aussehen,
- wie Namen für Funktionen und Variablen vergeben werden können,
- was eine *if*-Abfrage ist,
- was eine *while*-Schleife ist,
- was ein Vergleich ist,
- was ein Operator ist,
- wie eine Abbruchbedingung in der *while*-Schleife aussieht und wie sie verschachtelt werden kann.

## Fragen und Übungen

1. Ist die Variablendefinition `var Test_Variable_Bücher=34;` korrekt?
2. Wo liegt der Unterschied zwischen *alert(), prompt()* und *confirm()?*
3. Nachfolgend finden Sie einen JavaScript-Code, der eine *while*-Schleife enthält. Wann wird die Schleife abgebrochen und mit dem Code fortgefahren, der sich an die Schleife anschließt?

```
function schleife() {
  var Test=17;
  alert ("Gleich kommt eine Schleife");
```

```
  while (1!=0)   {
     Test=Test+1;
   }
  alert ("Das war die Schleife");
}
```

**4** Was bewirkt *window.open()*?

**5** Wie können Sie über einen JavaScript-Code Texte auf einer Webseite ausgeben?

# 4 Ein bisschen Theorie: Objekte, Eigenschaften und Methoden

Nachdem Sie im letzten Kapitel die ersten JavaScript-Codes kennengelernt haben, ist es an der Zeit, ein wenig Theorie und Hintergrund zu lernen, damit Sie genauer verstehen, wie Sie mit JavaScript arbeiten.

## Objekte

Wie bei allen objektorientierten Programmiersprachen (C++ und Java) arbeiten Sie in JavaScript fast nur noch mit Objekten. Ein Objekt bekommt einen eindeutigen Namen, beispielsweise *Golf*. In diesem Beispiel handelt es sich um ein Auto. Beachten Sie unbedingt die Groß- und Kleinschreibung des Namens. Das Objekt *Golf* ist nicht identisch mit dem Objekt *golf*. Hier würde es sich um zwei Objekte unterschiedlichen Namens handeln. Ein Auto trägt generell einen Namen (Golf) und hat eine bestimmte Farbe (Grün), eine bestimmte Höchstgeschwindigkeit (160 km/h), eine bestimmte Länge (460 cm) usw. Diese Eigenschaften könnte man genauso ausdrücken wie in der JavaScript-Konvention: *Golf.Farbe* würde die Farbe bestimmen, *Golf.Höchstgeschwindigkeit* die Höchstgeschwindigkeit usw.

Gefällt Ihnen das Auto in der Farbe, könnten Sie es kaufen. In JavaScript ausgedrückt:

```
if (Golf.Farbe=="Grün")  {
     kaufen ();
  }
```

Auch wenn Sie es noch nicht gemerkt haben – Sie haben schon im letzten Kapitel mit Objekten gearbeitet. Sehen Sie sich noch einmal die folgende Zeile an:

```
window.open ("test.html");
```

Der vordere Teil vor dem Punkt, *window,* spricht das Objekt an. Hier handelt es sich um das Basisfenster, das den Namen *window* trägt. Danach folgt in diesem Fall *open.* Es handelt sich nicht um eine Eigenschaft, sondern um eine Methode. Denn mit dem Basisfenster soll etwas gemacht werden – in diesem Fall soll ein neues Fenster geöffnet werden. Gleichzeitig wird der Name der HTML-Datei, der von dem Browser angezeigt werden soll, in Klammern und in Anführungsstriche gesetzt.

Und Sie haben bereits einen weiteren JavaScript-Befehl kennengelernt:

```
window.document.write ("<h3>Schade, dass Sie meine Homepage
    nicht sehen wollen</h3>");
```

Hierbei handelt es sich auch um eine sogenannte Methode. Hier wird das Objekt *window* angesprochen, das im Fenster dargestellte Dokument *(document),* und schließlich folgt nach dem zweiten Punkt die »Aktion«, die dort durchgeführt werden soll: *write.* In dieses Dokument soll etwas hineingeschrieben werden. Was geschrieben werden soll, folgt in Klammern und in Anführungsstrichen.

## Unterschied Eigenschaft – Methode

Eine Eigenschaft (engl. property) beschreibt ein Objekt. Zu den Eigenschaften gehören beispielsweise bei einem Auto der Name, die Typenbezeichnung, die Farbe, die Höhe, die Breite, die Länge, die Höchstgeschwindigkeit, die Nutzlast und das Eigengewicht. Diese einzelnen Angaben definieren ganz exakt das Auto. Eine Methode hingegen ist eine Art Aktion, die auf das Objekt angewendet wird. Um jetzt eine Eigenschaft des

*Golf*-Objekts zu verändern, wäre folgender »Programmcode« möglich:

```
Golf.NeueFarbe ("Gelb");
```

*NeueFarbe ()* ist die Methode, die die Farbe des Objekts verändert. In Klammern steht die neue Farbe (das sogenannte Argument), das übergeben wird (hier: *Gelb)*. Oder wenn neue Sitze eingebaut werden sollen:

```
Golf.NeueSitze ("Recaro");
```

*NeueSitze ()* ist die Methode des Objekts, die die Eigenschaft *Sitze* verändert. Methode und Eigenschaft darf man nicht verwechseln. Die Sitze sind eine Eigenschaft des Autos (d.h. des Objekts). Die Methode verändert diese Eigenschaft, d.h., aus den eingebauten Sitzen werden Recaro-Sitze. Es ist in JavaScript (und generell in objektorientierten Programmiersprachen) leicht möglich, beides durcheinanderzubringen.

Um festzustellen, welche Sitze eingebaut sind, müssen wir die entsprechende Eigenschaft kennen und ausgeben. Dazu könnte folgender Code dienen:

```
var X=Golf.Sitze;
alert (X);
```

In der ersten Zeile wird eine Variable definiert, danach wird die Eigenschaft *Sitze* des Objekts *Golf* ausgelesen und in der Variablen *X* gespeichert. In der nachfolgenden Zeile wird der Inhalt dieser Variablen über eine Dialogbox angezeigt.

Objekt, Methode und Eigenschaft sind die Basis der objektorientierten Programmierung (OOP). Sie arbeiten dort nur noch mit Objekten. Sie verändern diese Objekte, indem Sie Methoden einsetzen, die die Eigenschaften des Objekts verändern. JavaScript zählt auch dazu, wenngleich viele Elemente der objektorientierten Programmierung (z.B. Vererbung) nicht vorhanden sind.

Sie werden in den nachfolgenden Kapiteln noch sehr genau die Eigenschaften und Methoden kennenlernen, die es in JavaScript gibt.

## Einschränkungen

Leider ist JavaScript nicht so konsequent objektorientiert wie andere Sprachen. Sie können die Eigenschaften auch durchaus ohne eine Methode verändern. Eine Eigenschaft, die Sie in Kapitel 3 kennengelernt haben, ist *window.status*. *status* ist die Eigenschaft des *window*-Objekts, das in der Statusleiste einen Text ausgibt. Es gibt in JavaScript keine Methode, die diese Eigenschaft ändert (man könnte beispielsweise an *window.changeStatus()* denken, die es aber nicht gibt). Um den Statusleistentext zu verändern, müssen Sie die Eigenschaft selbst ändern. Daher:

```
window.status="Hallo!";
```

Übertragen auf das Golf-Beispiel ist es in JavaScript nicht unbedingt notwendig, die entsprechende Methode *NeueSitze ()* zu verwenden, um die Sitze im Golf zu verändern, sondern Sie könnten direkt schreiben:

```
Golf.Sitze="Recaro";
```

Bisher haben Sie folgende Methoden kennengelernt:

- *open ():* Methode des *window*-Objekts
- *write ():* Methode des *document*-Objekts
- *alert ():* Methode des *window*-Objekts
- *comfirm ():* Methode des *window*-Objekts
- *prompt ():* Methode des *window*-Objekts

Folgende Eigenschaft ist Ihnen begegnet:

- *status:* Eigenschaft des *window*-Objekts

## Nicht veränderbare Eigenschaften

Sie können in JavaScript fast jede Eigenschaft direkt ohne eine Methode verändern. Es gibt jedoch einige Eigenschaften, die

Sie nur auslesen können, d.h., Sie können nur den Inhalt der Eigenschaft ermitteln, diese aber nicht verändern. Im *window*-Objekt gibt es beispielsweise folgende nicht veränderbare Eigenschaft:

- length

Die Eigenschaft *window.length* ermittelt die Anzahl der geöffneten Fenster. Diese Eigenschaft kann nachträglich nicht verändert werden. Es macht auch keinen Sinn, dies nachträglich zu ändern.

# Objekthierarchie und bestimmte Objekte

Hinter dem etwas abstrakten Begriff *Objekthierarchie* verbirgt sich nichts anderes als die Reihenfolge der Objekte, d.h., welches Objekt welchem anderen Objekt übergeordnet oder untergeordnet ist. Dies ist in JavaScript eindeutig definiert.

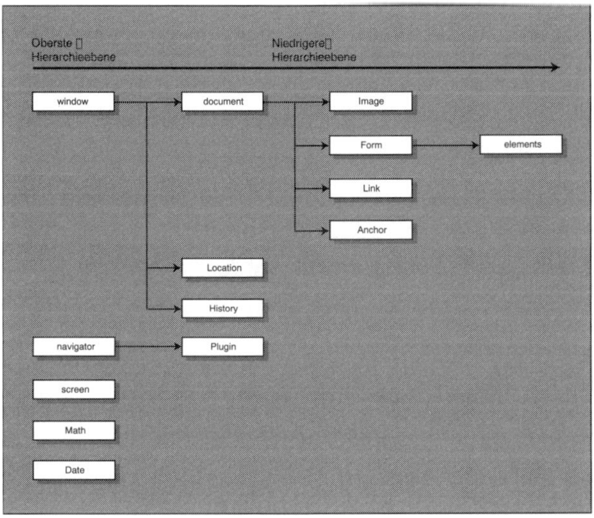


**Abb. 4.1: Einige wichtige Objekte und deren Hierarchie in JavaScript**

Das höchste Objekt in der Hierarchie ist das *window*-Objekt. Es enthält Methoden und Eigenschaften, die das Fenster bzw. dessen Inhalt verändern. Auf der nächsttieferen Hierarchieebene stehen die Objekte *Location, History* und *document.* Das *Location*-Objekt speichert die aktuelle Webadresse bzw. Sie können neue Seiten aufrufen. Das *History*-Objekt erlaubt es, bisher besuchte Seiten aufzurufen.

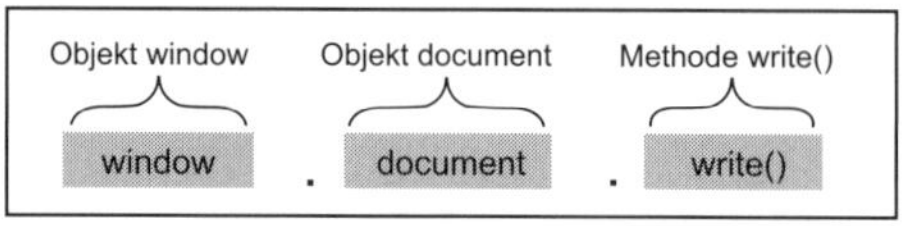


**Abb. 4.2: Die Methode *write()* des *document*-Objekts unterhalb des *window*-Objekts**

Das *document*-Objekt haben Sie bereits kennengelernt. Es ist *window* untergeordnet und beinhaltet Methoden und Eigenschaften, die das im Browserfenster angezeigte aktuelle Dokument verändern können. Sie hatten die Methode *write ()* verwendet, um einen Text auszugeben. Da es sich bei dem *document*-Objekt um eine tiefer liegende Instanz des *window*-Objekts handelt, muss die gesamte Zeile zum Ausgeben des Textes lauten:

```
window.document.write ("<h3>Schade, dass Sie meine Homepage
    nicht sehen wollen</h3>");
```

*write* ist die Methode des *document*-Objekts innerhalb des Objekts *window.* Sie werden später noch sehen, wie Sie weitere Fenster erzeugen. Beispielsweise würde die Zeile

```
win2.document.write ("<h3>Schade, dass Sie meine Homepage
    nicht sehen wollen</h3>");
```

den Text nicht im Basisfenster ausgeben, sondern in einem separat erzeugten Fenster, das den Objektnamen *win2* trägt.

Dem *document*-Objekt sind weitere Objekte untergeordnet:

- *Image:* wird zur Manipulation von Bildern benötigt
- *Form:* dient zur Manipulation und Auswertung von Formularen

Es gibt noch eine Reihe weiterer Objekte in JavaScript, die sich auf einer Ebene befinden und sich nicht in diese Hierarchie einordnen lassen. Dies sind die sogenannten Top-Level-Objekte:

- *Math:* stellt mathematische Funktionen zur Verfügung
- *Date:* Dieses Objekt ist für das Datum und die Uhrzeit zuständig
- *screen:* Dieses Objekt ermittelt alles, was die Bildschirmauflösung betrifft
- *navigator:* Dieses Objekt stellt Informationen über den verwendeten Browser zur Verfügung
- *String:* Über dieses Objekt manipulieren Sie Zeichenketten (sogenannte Strings)

Sie werden die einzelnen Objekte in diesem Buch detailliert kennenlernen.

## Statements

Die Statements sind Bestandteil der Syntax von JavaScript. Sie sind keine Objekte oder gar Variablen. Es handelt sich hierbei vielmehr um bestimmte Schlüsselwörter, die für den Verlauf des Skripts notwendig sind. Statements sind der eigentliche Kern einer jeden Programmiersprache. Sie haben bisher schon einige Statements kennengelernt:

- *function:* leitet eine Funktionsdefinition ein
- *if:* leitet eine Abfrage ein
- *else:* führt einen Programmteil aus, wenn die vorhergehende *if*-Abfrage negativ ausfällt
- *while:* leitet eine Schleife ein
- *break:* verlässt eine Schleife
- *var:* definiert eine Variable

Sie werden im Verlauf des Buches noch viele weitere Statements kennenlernen (z.B. *for* und *switch-case)*.

Es gibt in JavaScript noch Funktionen, die Sie überall verwenden können und die nicht an ein Objekt gebunden sind. Dazu gehört beispielsweise *parseFloat(),* das einen String in eine Zahl umwandelt:

```
var Text="12.34";
var zahl=parseFloat (Text);
```

Variablen haben Sie schon im letzten Abschnitt kennengelernt. Sie werden pauschal über das Statement *var* definiert. Dabei unterscheidet JavaScript nicht zwischen Strings, Fließkommazahlen, Ganzzahlen usw. Konstanten, die im Code nicht verändert werden können, fehlen in JavaScript und auch in Java.

# Operatoren

Im letzten Kapitel haben Sie erste Operatoren kennengelernt. Operatoren dienen dazu, Vergleiche durchzuführen, aber auch zu rechnen. Folgende Operatortypen gibt es in JavaScript:

- Vergleichsoperatoren: Hierüber werden Vergleiche oder Abfragen durchgeführt, z.B.: *if (a<=15)*
- Logische Operatoren: Hier werden beispielsweise Ausdrücke verknüpft, z.B.: *if (a<5 && b<=10)*
- Arithmetische Operatoren: Hierüber werden beispielsweise die Grundrechenarten realisiert, z.B.: *a=a+5*

Sehr wichtig bei den logischen Operatoren ist die Wahrheitstabelle. Aus dieser Tabelle können Sie das gesamte Ergebnis einer Abfrage sofort ersehen. Wie lautet das Ergebnis folgender *if*-Abfrage:

```
if (a<=5 && b>=10)
```

Hier finden zwei Vergleiche statt *(a<=5* und *b>=10),* die auch noch miteinander über UND (*&&*) verknüpft sind. Aus der nachfolgenden Tabelle können Sie das Ergebnis, d.h. den Wahrheitswert der gesamten Abfrage ablesen. In der Tabelle steht *A* für einen Vergleich (z.B. aus dem obigen Beispiel *a<=5)* und *B* für einen anderen Vergleich (z.B. *b>=10)*.

| A | B | A && B | A \|\| B |
|---|---|---|---|
| true | true | true | true |
| true | false | false | true |
| false | true | false | true |
| false | false | false | false |

**Tab. 4.1: Die Wahrheitstabelle**

## Schleifen und Abfragen

Schleifen steuern den Programmablauf. Sie haben bisher die *while*-Schleife und die *if*-Abfrage kennengelernt. Dieses Wissen wird in den nächsten Kapiteln noch vertieft werden, sodass Sie mit weiteren Schleifen und Abfragen vertraut gemacht werden, die in JavaScript enthalten sind:

- for
- switch-case
- do-while

## Eventhandler

Die Eventhandler sind ein zentraler Punkt bei JavaScript und stellen eine Art Schnittstelle zwischen HTML und JavaScript dar. Über die Eventhandler werden in der Regel die einzelnen JavaScript-Funktionen aufgerufen. Sie werden innerhalb des HTML-Codes verwendet. In JavaScript gibt es 27 verschiedene Eventhandler. Bisher wurden folgende Eventhandler vorgestellt:

- onMouseOver
- onMouseOut
- onLoad

Sie werden im Laufe dieses Buches noch weitere Eventhandler kennenlernen. Sehr wichtig sind beispielsweise die Eventhandler *onClick* und *onSubmit*.

## Reservierte Wörter

In JavaScript gibt es einige reservierte Wörter, die Sie nicht für Funktions- oder Variablennamen einsetzen können. Dies ist auch in anderen Programmiersprachen wie C, C++, Pascal usw. so. Nachfolgend finden Sie eine Liste mit diesen reservierten Wörten.

| Reserviertes Wort | Beschreibung |
|---|---|
| break | Schleifenabbruch |
| continue | Führt eine Schleife fort |
| do-while | Schleife (ab JavaScript 1.2) |
| else | Alternativer Block bei *if* |
| false | Rückgabewert, Wahrheitswert |
| function | Funktion |
| for | *for*-Schleife |
| if | *if*-Abfrage |
| in | Bei der *for*-Schleife benutzt |
| new | Legt ein neues Objekt an |
| return | Rückgabewert |
| switch-case | Fallunterscheidung (ab JavaScript 1.2) |
| this | Aktuelles Objekt |
| true | Rückgabewert, Wahrheitswert |
| var | Variable |
| while | *while*-Schleife |

**Tab. 4.2: Reservierte Wörter in JavaScript**

Die nachfolgende Tabelle listet weitere reservierte Wörter auf, die in JavaScript noch nicht verwendet werden. Es ist möglich, dass in zukünftigen Versionen von JavaScript einige Wörter hiervon zur Anwendung kommen. Haben Sie ein wenig Java-Programmiererfahrung, kommen Ihnen einige dieser reservierten Wörter bekannt vor. Sie stammen nämlich aus Java.

| | | | |
|---|---|---|---|
| *abstract* | *boolean* | *byte* | *catch* |
| *char* | *class* | *const* | *default* |
| *delete* | *debugger* | *double* | *enum* |
| *export* | *extends* | *final* | *finally* |
| *float* | *goto* | *implements* | *import* |
| *instanceof* | *int* | *interface* | *label* |
| *long* | *native* | *null* | *package* |
| *private* | *protected* | *public* | *short* |
| *static* | *super* | *synchronized* | *throw* |
| *throws* | *transient* | *try* | *typeof* |
| *void* | *with* | | |

**Tab. 4.3: Weitere reservierte Wörter**

# Zusammenfassung

In diesem Kapitel wurden folgende Themen behandelt:

- was Objekte sind,
- was eine Eigenschaft ist,
- was eine Methode ist,
- wo die Unterschiede zwischen einem Objekt, einer Eigenschaft und einer Methode liegen.

## Fragen und Übungen

1. Wodurch wird ein Objekt beschrieben?
2. Womit werden die Eigenschaften eines Objekts verändert?
3. Ist die Farbe eines Autos ein Objekt, eine Eigenschaft oder eine Methode?
4. Worin liegt der genaue Unterschied zwischen Objekt, Methode und Eigenschaft?

# 5 Popup-Fenster: Das window-Objekt

In diesem Kapitel lernen Sie, wie Sie ein eigenes Fenster erzeugen, und zwar ein sogenanntes Popup-Fenster. Bisher hatten Sie immer ein zweites Browserfenster geöffnet, in dem eine HTML-Datei angezeigt wurde. Nun werden wir uns einem unabhängigen Fenster zuwenden, das ähnlich wie ein typisches Fenster bei Windows, LINUX, Mac OS X usw. arbeitet.

## Ein einfaches Popup-Fenster

Wir beginnen mit einem ganz einfachen Fenster, das einen einfachen Inhalt ausgibt. Im Prinzip haben Sie die notwendigen Codes dafür schon kennengelernt. Es kommt die JavaScript-Methode *window.open()* zum Einsatz – nur ein wenig modifiziert.

**Abb. 5.1: Ein separates Fenster im Webbrowser in JavaScript**

> **TIPP**
>
> Durch den integrierten Popup-Blocker im Browser oder durch ein externes Programm kann die Anzeige des Popups unterdrückt werden. Prüfen Sie bitte die Sicherheitseinstellungen Ihres Browsers. Lesen Sie dazu auch bitte die Abschnitte »Sicherheit bei JavaScript und im Browser« im Kapitel 2 und »Sicherheit: Popup-Blocker« im Kapitel 3.

Dieses Beispiel baut ein kleines Fenster im Browser auf, das den Text »Mein erstes Fenster!« enthält. Der Programmcode ist relativ simpel, denn er enthält nicht viel Neues.

```
<!DOCTYPE html PUBLIC "-//W3C//DTD HTML 4.01
  Transitional//EN" "http://www.w3.org/TR/html4/
  loose.dtd">
<html><head>
<meta http-equiv="Content-Type" content="text/
  html;charset=iso-8859-1">
<title>Homepage</title>
<script type="text/javascript">
function fenster() {
   var win;
   win=window.open("","NeuesFenster","width=50,
  height=50");
   win.document.write("<H3>Mein erstes Fenster!</H3>");
}
</script></head>
<body onload="fenster()">
<h1>Homepage</h1>
<body></html>
```

Der JavaScript-Code beginnt damit, dass die Funktion *fenster()* definiert wird. Danach wird eine Variable *win* definiert. Dies ist unser Fenster. Danach folgt der zentrale JavaScript-Befehl, mit dem ein Fenster aufgebaut wird:

```
win=window.open("","NeuesFenster","width=50,height=50");
```

Über *window.open()* wird das neue Fenster aufgebaut. In Klammern stehen die Attribute, über die Sie das Fenster steuern können. Dies hatten Sie schon gelernt, als Sie ein zweites Browserfenster über *window.open()* erzeugt haben. Der Unterschied ist jedoch: Sie zeigen keine andere HTML-Datei innerhalb dieses Browserfensters an, es soll ein unabhängiges Fenster werden. Deswegen stehen gleich am Anfang die beiden Anführungszeichen ohne Inhalt. Hier käme normalerweise die HTML-Datei hinein. Danach folgt der Name des neuen Fensters, und es schließen sich die Optionen *width* und *height* an. Sie geben die Breite *(width)* und Höhe *(height)* des Fensters in Pixel an. Diese Optionen müssen in Anführungsstrichen stehen. Der Befehl baut ein separates Fenster auf, in dem der über die *write*-Methode

```
win.document.write("<h3>Mein erstes Fenster!</h3>");
```

ausgegeben wird. Zuerst steht *win*, damit sprechen wir das erzeugte Fenster an. Es folgt *document.write,* um den Text auszugeben. In Klammern folgt dann der Text, der in Anführungsstrichen steht. Davor wurde noch das HTML-Tag *<h3>* gesetzt, das den Text in einer Überschriftgröße ausgibt.

Damit ist das Fenster komplett. Sie können es nun über die beiden Symbole in der Fensterleiste verkleinern, schließen oder auf Ihrem Desktop verschieben.

### Das Fenster in einer Variablen speichern

In diesem Fenster-Beispiel taucht neben einem separaten Fenster auch eine Variable auf *(win)*. In dieser Variablen wird das Fenster »gespeichert«. Das Basisfenster im Webbrowser ist immer *window.* Es ist sozusagen die Mutter aller weiteren Fenster. Wird der Browser geschlossen, werden auch alle anderen separat erzeugten Fenster mit geschlossen. In der Programmierung spricht man hier von dem Elternteil *(parent)*. Jedes weitere Fenster wird davon abgeleitet, es ist also praktisch eine (tiefer liegende) Instanz. Man kann sich das auch hierarchisch verdeutlichen: *window* (das Basisfenster im Browser) ist das oberste Fenster, davon werden dann weitere Fenster abgeleitet.

Um die weiteren Fenster (als eigene Objekte) ansprechen zu können, wird eine Variable angelegt. Über diese Variable sprechen wir das neu erzeugte Fenster immer an, wenn wir beispielsweise einen Text ausgeben wollen. In unserem obigen Beispiel ist es *win.* Das neue Fenster wird erst dann erzeugt, wenn *window.open()* aufgerufen wird:

```
win=window.open("","NeuesFenster","width=50,height=50");
```

Erst durch diese Zeile wird das neue Fenster erzeugt. Um einen Text in diesem zweiten Fenster ausgeben zu können, müssen wir die Variable *win* verwenden und nicht *window.* Aus diesem Grund haben wir die Codezeile verwendet:

```
win.document.write("<h3>Mein erstes Fenster!</h3>");
```

*win* identifiziert das zweite erzeugte Fenster. Stünde dort *window*, würde der Text nicht in diesem neuen Fenster auftauchen, sondern in dem Basisfenster des Webbrowsers.

TIPP

> Achten Sie auf die Schreibweise des Namens des Fensters. In dem Beispiel wurde als Name für das Fenster *NeuesFenster* verwendet. Achten Sie darauf, einen Fensternamen immer zusammenzuschreiben, ansonsten würde vom Browser eine Fehlermeldung ausgegeben werden (wenn Sie beispielsweise als Fensternamen *Neues Fenster* verwenden würden). Des Weiteren dürfen die Namen keine deutschen Umlaute und Sonderzeichen enthalten. Dies ist wie bei Variablen- und Funktionsnamen.

## Das Fenster automatisch schließen lassen

Sie können eine Funktion nutzen, um das Fenster automatisch zu beenden. Beispielsweise um eine Begrüßung zu schreiben, die nach dem Laden der HTML-Datei in einem separaten Fenster erscheint und danach abgebaut wird. In diesem Beispiel wird ein Fenster aufgebaut, das den Internetsurfer begrüßt. Nach fünf Sekunden wird das Fenster automatisch geschlossen:

```
function fenster() {
 var win;
 win=window.open("","Hallo","width=300,height=20");
 win.document.write("<h3>Viel Spaß auf meiner Web-Seite!
    </h3>");
```

```
 win.setTimeout('window.close()',5000);
}
```

Neu ist die Methode *setTimeout():*

```
win.setTimeout('window.close()',5000);
```

Über *win* wird das erzeugte Fenster angesprochen und über *setTimeout()* die Wartezeit festgelegt. In Klammern folgt dann die Anweisung, die ausgeführt werden soll. In diesem Beispiel soll das Fenster geschlossen werden, deshalb folgt in den einfachen Anführungsstrichen (das Hochkomma) die Methode *window.close()*, die das Schließen des Fensters bewirkt. Am Ende steht noch 5000. Dies sind die Millisekunden, die gewartet wird, bis der *window.close()*-Befehl ausgeführt wird. Das Fenster wird also nach fünf Sekunden geschlossen.

## Das Fenster vergrößern und verkleinern

Das erzeugte Fenster hat eine feste Größe. Sie können es nicht vergrößern und verkleinern. Um das dennoch zu erreichen, müssen Sie eine Option zu der Methode *window.open* hinzufügen. Schreiben Sie dort statt

```
win=window.open("","Hallo","width=300,height=20");
```

die Zeile:

```
win=window.open("","Hallo","width=300,height=20,resizable=
    yes");
```

Die Option *resizable=yes* bewirkt, dass das Fenster in seiner Größe verändert werden kann. Probieren Sie es aus! Sie können das Fenster an seinem Rahmen anklicken und in der Größe verändern.

## Ein Fenster per Mausklick aufrufen

Jetzt lernen Sie eine sehr schöne Methode kennen, wie Sie gezielt ein Fenster aufrufen können – und zwar per Mausklick.

Bisher wurde ein Fenster (auch in den anderen JavaScript-Codes aus diesem Kapitel) immer über den Eventhandler *onLoad* im *<body>*-Tag geladen und ausgeführt. Nun wollen wir bei einem Mausklick ein Fenster aufbauen und beenden lassen.

In diesem Beispiel soll der Link »Message of the day« in der Linkliste angeklickt werden. Es baut sich ein Fenster auf, das die aktuelle *Message of the day* enthält. Dies realisieren wir mit JavaScript. Wir können die Funktion *fenster(),* die wir vorher benutzt haben, fast uneingeschränkt weiter verwenden. Die Hauptänderung liegt darin, dass wir einen anderen Eventhandler benutzen. Statt *onLoad* im *<body>*-Tag verwenden wir den Eventhandler *onClick.* Dieser Eventhandler wird nicht im *<body>*-Tag eingebaut, sondern direkt in dem Link, der angeklickt werden soll. Sehen Sie sich den nachfolgenden Code an, und Sie werden den Trick sofort erkennen.

Der Programmcode sieht folgendermaßen aus:

```
<!DOCTYPE html PUBLIC "-//W3C//DTD HTML 4.01
  Transitional//EN" "http://www.w3.org/TR/html4/
  loose.dtd">
<html><head>
<meta http-equiv="Content-Type" content="text/
  html;charset=iso-8859-1">
<title>Homepage</title>
<script type="text/javascript">
function fenster() {
   var win;
win=window.open("","Hallo","width=300,height=200,resizable
  =yes");
   win.document.write("<h2>Message of the day</h2>");
   win.document.write("<h3>Boris:</h3> <h4>Nur der
  Mittelweg führt zum Echten; man will ja nicht nach Rom
  ...</h4>");
}
</script></head>
<body link="yellow" vlink="lime" bgcolor="#0080ff"
  text="#ffffff">
<ul>
<li><a href="index.html" onclick="fenster()"> Message
```

```
    of the day</a></li>
</ul>
</body></html>
```

Im Folgenden wollen wir uns die entsprechenden Änderungen ansehen. Um das Fenster per Mausklick aufrufen zu können, müssen Sie einen Link erzeugen.

### Die Funktion fenster() im JavaScript-Code

Bei der Funktion *fenster()* hat sich nicht allzu viel verändert. Das Fenster wird über *window.open()* erzeugt. Das Fenster ist vergrößer- und verkleinerbar (*resizable=yes*) und hat eine andere Größe bekommen. Danach folgt zweimal die Methode *win.document.write().* Der erste Befehl erzeugt die Überschrift *Message of the day.* Der zweite Befehl *win.document.write* gibt den weiteren Text aus. Im Prinzip finden Sie hier also nichts Neues.

### Der Eventhandler onClick im HTML-Code

Jetzt wird es interessant. Der bisher verwendete Eventhandler *onLoad* kommt nicht zum Einsatz, sondern *onClick.* Auf der Homepage befindet sich eine Linkliste, von der der erste Eintrag *(Message of the day)* angeklickt werden soll. Dies ist ein normaler Link, der über folgende Zeile erstellt wird:

```
<li><a href="index.html" onclick="fenster()"> Message of
    the day</a></li>
```

Das HTML-Tag *<li>* leitet den Listeneintrag ein (und erzeugt den schwarzen Punkt davor). Danach wird die Datei angegeben, die beim Anklicken normalerweise geladen werden soll: *<a href="index.html">.* Dies ist der Name der Homepage selbst. Warum taucht hier der Name der eigenen Datei noch einmal auf? Ganz einfach: Nach dem Darstellen des Fensters, das die *Message of the day* enthält, wird diese Datei noch einmal geladen.

TIPP

Alternativ können Sie im *href*-Attribut des *<a>*-Tags auch nur das Doppelkreuz (#) notieren. Damit verweist der Link auf sich selbst:

<a href="#" onclick="fenster()">

Danach folgt nun der Eventhandler: *onclick="fenster()"*. Darüber wird unsere Funktion *fenster()* aufgerufen. Sie muss übrigens in Anführungsstrichen stehen. Das ist eigentlich auch schon alles. Wird jetzt auf den Link *Message of the day* geklickt, wird die Funktion *fenster()* aufgerufen, die ein Fenster mit Text erzeugt.

# Farben des Fensters verändern

Mit JavaScript können Sie die Farben des Fensters steuern. Hier wollen wir Farben für das Fenster einstellen, das ja unabhängig von der Homepage ist.

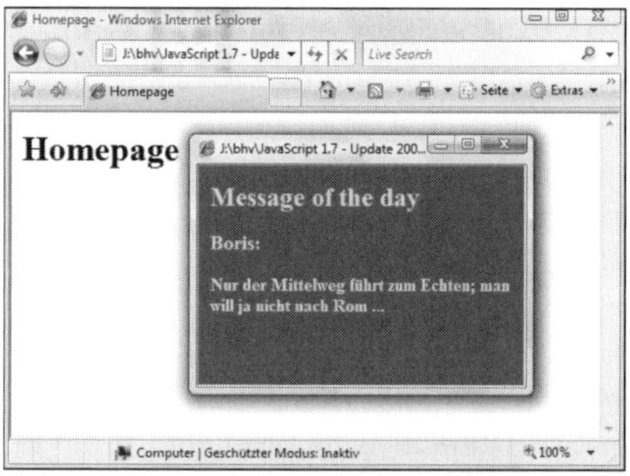


**Abb. 5.2: Ein Fenster im IE 7 mit einer anderen Hintergrund- und Vordergrundfarbe (= Textfarbe)**

In diesem Beispiel handelt es sich um das Fenster aus dem letzten Kapitel. Hier ist nun eine andere Textfarbe (= Vordergrundfarbe) und eine andere Hintergrundfarbe eingestellt. Die Änderungen gegenüber dem Code aus dem letzten Abschnitt sind wieder gering, denn sie betreffen nur die Funktion *fenster()*, in der die Farben eingestellt werden.

Der Code der Funktion *fenster* sieht folgendermaßen aus:

```
function fenster() {
   var win;
   win=window.open("","Hallo","width=300,height=200
  resizable=yes");
   win.document.open("text/html");
   win.document.bgColor="#007F7F";
   win.document.fgColor="#FFFF00";
   win.document.write("<h2>Message of the day</h2>");
   win.document.write("<h3>Boris:</h3> <h4>Nur der
  Mittelweg führt zum Echten; man will ja nicht nach Rom
  ...</h4>");
}
```

Es sind nur drei neue Befehle hinzugekommen. Nachdem das Fenster über *window.open* erzeugt wurde, folgt die Methode *win.document.open("text/html").* Damit wird der Inhalt des Fensters festgelegt. Es wird ein Dokument (*document.open()*) in unserem Fenster (*win*) angelegt, in dem nur Text in HTML ausgegeben wird (dies steht als Option in Klammern) - deswegen steht dort *"text/html".* Wir wollen ein paar Änderungen durchführen. Im letzten Abschnitt hatten wir diesen Befehl nicht geschrieben, JavaScript hat aber automatisch erkannt, dass wir einen Text in ein neues Dokument schreiben.

Jetzt folgen die beiden Eigenschaften zum Verändern der Hintergrund- und der Vordergrundfarbe. Die Eigenschaft *bgColor* des *document*-Objekts

```
win.document.bgColor="#007F7F";
```

gibt die Hintergrundfarbe in unserem Fenster an. Die Farbe selbst wird in Anführungszeichen gesetzt und ist als hexadezimaler Code angegeben. Die nachfolgende Zeile

```
win.document.fgColor="#FFFF00";
```

setzt die Farbe für den Vordergrund, d.h. für die Textfarbe. Die Farbe steht hier wieder in hexadezimaler Schreibweise. *fgColor* ist eine Eigenschaft des *document*-Objekts.

## Für jeden Link ein Fenster

Bisher haben Sie nur ein Fenster erzeugt. Sie können aber durchaus auch mehrere Fenster anlegen; in unserem Beispiel würde das bedeuten, für jeden Link ein separates Fenster zu benutzen. Und das bedeutet: Sie brauchen jeweils eine neue Funktion, die das Fenster erzeugt und den Inhalt anzeigt. Es sind insgesamt drei Links vorhanden; Sie benötigen also drei Fenster und damit auch drei Funktionen, die das Fenster und den Inhalt erzeugen.

Der JavaScript-Code sieht folgendermaßen aus:

```
<!DOCTYPE html PUBLIC "-//W3C//DTD HTML 4.01 Transitional//EN" "http://www.w3.org/TR/html4/loose.dtd">
<html><head>
<meta http-equiv="Content-Type" content="text/html;charset=iso-8859-1">
<title>Homepage</title>
<script type="text/javascript">
function fenster1() {
   var win;
   win=window.open("","Hallo","width=300,height=200,resizable=yes");
   win.document.open("text/html");
   win.document.bgColor="#007F7F";
   win.document.fgColor="#FFFF00";
   win.document.write("<h2>Message of the day</h2>");
   win.document.write("<h3>Boris:</h3> <h4>Nur der Mittelweg führt zum Echten; man will ja nicht nach Rom ...</h4>");
}
function fenster2() {
   var win;
```

```
    win=window.open("","Hallo","width=300,height=200,resizable=yes");
    win.document.open("text/html");
    win.document.write("<h2>Raumfahrt-Infos!</h2>");
    win.document.write("<h4>Dies ist das zweite Fenster ...</h4>");
}
function fenster3() {
    var win;
    win=window.open("","Hallo","width=300,height=200,resizable=yes");
    win.document.open("text/html");
    win.document.write("<h2>NEU +++ NEU +++ NEU</h2>");
    win.document.write("<h4>Dies ist das dritte Fenster ...</h4>");
}
</script></head>
<body link="yellow" vlink="lime" bgcolor="#0080ff" text="#ffffff">
<ul>
<li><a href="index.html" onclick="fenster1()"> Message of the day</a></li>
<li><a href="index.html" onclick="fenster2()"> Aktuelle Raumfahrtinfos!</a></li>
<li><a href="index.html" onclick="fenster3()"> What's New </a></li>
</ul></body></html>
```

Wenn Sie sich den Code ansehen, werden Sie feststellen, wie ähnlich die Programmiercodes sind. Wir haben drei Links. Für jeden Link ist im JavaScript-Code eine eigene Funktion vorhanden, die das Fenster erzeugt. Diese Funktionen heißen *fenster1()* bis *fenster3()*. In jeder Funktion wird die gleiche Variable *win* definiert, über die das Fenster erzeugt und der Inhalt in das Fenster geschrieben wird. Dies ist kein Problem, denn die Definition von *win* gilt immer nur innerhalb einer Funktion und ist nicht übergreifend für den gesamten Code gültig. Programmierer sprechen hier von einer lokalen Variable, die nur innerhalb einer Funktion verwendet werden kann. Eine globale Variable hingegen würde für alle Funktionen gelten und gleich nach dem <*script*>-Tag definiert. Jede weitere Funktion, die programmiert wird, kann dann auf diese Variable zugreifen.

**TIPP**

Wenn Sie die einzelnen Links durchgeklickt haben, werden Sie feststellen, dass im Browser nur ein separates Fenster angezeigt wird. Es wird nicht für jeden Link ein neues Fenster aufgebaut, sondern der Inhalt wird immer in das neue Fenster geschrieben.

Bei den einzelnen Listeneinträgen für die Links wird ein Link auf die Datei *index.html* erzeugt und dort der Eventhandler *onclick* verwendet. Dieser ruft immer die entsprechende Funktion auf, die das Fenster erzeugt. Dass der Link immer auf die (im Prinzip) eigene Datei *(index.html)* verweist, hat einen einfachen Grund: Wenn wir hier eine fremde Seite angäben, würde diese im Browser angezeigt. Weil jedoch beim Anklicken des Links die Seite noch einmal geladen und danach das Fenster aufgebaut wird, bleibt der Internetsurfer immer auf dieser Seite!

## Zusammenfassung

In diesem Kapitel wurden folgende Themen behandelt:

- wie ein separates Fenster erzeugt wird,
- wie ein Fenster in einer Variablen (»Objektinstanz«) gespeichert wird,
- wie die Größe eines Fensters festgelegt wird,
- welche Attribute zu *window.open* gehören, um das Fenster vergrößerbar und verkleinerbar zu machen,
- wie Texte in einem separaten Fenster ausgegeben werden,
- wie Sie die Hintergrundfarbe und die Textfarbe in einem separaten Fenster verändern,
- was der Eventhandler *onClick* bewirkt.

# Fragen und Übungen

1. Kann ein separates Fenster von sich aus geschlossen und verkleinert werden, oder muss dies extra programmiert werden?

2. Wo liegt der Unterschied zwischen den Eventhandlern *onLoad* und *onClick?*

3. Wo steckt im nachfolgenden JavaScript-Code der Fehler?

```
<script type="text/javascript">
function fenster() {
   var win;
   win=window.open("","Hallo",width=300,height=200,
      resizable=yes);
   win.document.open("text/html");
   win.document.bgColor=#007F7F;
   win.document.fgColor=#FFFF00;
   win.document.write("<h2>Message of the day</h2>");
}
</script>
```

# 6 Ein einfacher Passwortschutz

Im Kapitel 3 musste in der *prompt()*-Dialogbox der Name eingegeben werden, damit die eigentliche Homepage aufgerufen werden kann. Dies kann man schon als einen simplen Zugangsschutz ansehen, wenngleich ein Blick in den HTML-Code dem versierten Internetsurfer sofort das Wort verrät, das er in der *prompt()*-Dialogbox eintippen muss. Den grundsätzlichen Code für eine solche Abfrage haben Sie aber nun schon kennengelernt, und wir können uns damit beschäftigen, einen etwas komplizierteren Passwortschutz zu erzeugen.

Professionelle Passwortvergabe arbeitet sicher anders als hier beschrieben. Wir brauchen nur eine einfache Passwortabfrage, die aber schon genügt, um bestimmte Webseiten für Unbefugte zu sperren. Natürlich kann der versierte Internetsurfer mit einem Blick in den HTML-Code und mit JavaScript-Kenntnissen das Passwort ermitteln.

## Das Passwort erzeugen

Das Passwort wird von JavaScript erzeugt und mit der Eingabe verglichen. JavaScript nimmt einige Bestandteile der Voreinstellungen der Homepage und erstellt daraus das Passwort, das aus drei Komponenten ermittelt wird:

- der Hintergrundfarbe der Homepage (Hellblau),
- der Farbe für einen Link (Gelb),
- dem Titel der Homepage (»Homepage«).

Spezielle JavaScript-Eigenschaften lesen die Einstellungen und speichern sie als Text ab. Es werden jeweils zwei Buchstaben herausgenommen und zusammengesetzt - fertig ist ein einfaches Passwort. Wie geht dies nun genau vor sich? Dazu müssen Sie die Voreinstellungen berücksichtigen.

## Farben einstellen

Im HTML-Code müssen die Farben für den Hintergrund und für einen Link eingestellt werden. Dies ist ein Attribut zum *<body>*-Tag, in dem sich auch der JavaScript-Eventhandler *onLoad* befindet:

```
<body bgcolor="#0080ff" text="#000000" link="#ffff80"
    vlink="#ff8080" alink="#80ffff" onload="dialog ()">
```

*bgcolor="#0080ff"* stellt die Hintergrundfarbe ein. Dieser Zahlenwert ist der RGB-Wert, der Hellblau ergibt. Danach folgt *text="#000000"*, das die Farbe für den Text auf der Seite angibt (Schwarz). *link="#ffff80"* gibt die Farbe eines Links an. Der hexadezimale RGB-Code ergibt Gelb. Die Zahlenwerte von *bgcolor* und *link* sowie des Inhalts von *<title> ... </title>* brauchen wir zur Kombination des Passwortes.

> **TIPP** Sie können für dieses Beispiel nicht die vordefinierten Farbnamen verwenden, sondern nur die hexadezimalen Codes.

## Den Farbwert in JavaScript auslesen

Es gibt in JavaScript Eigenschaften, mit denen die Farbwerte ausgelesen und einer Variablen zugeordnet werden können. Zuerst definieren Sie zwei neue Variablen:

```
var d1, d2;
```

In diesen beiden Variablen wird der Farbwert gespeichert. Dazu werden zwei Eigenschaften des *document*-Objekts von JavaScript verwendet. Schreiben Sie folgende Codezeilen:

```
d1=window.document.bgColor;
d2=window.document.linkColor;
```

*window.document.bgColor* ermittelt die Hintergrundfarbe, die über *bgcolor* im *<body>*-Tag angegeben wurde. Der Wert wird in der Variablen *d1* gespeichert. *bgColor* ist eine Eigenschaft des *document*-Objekts. *window.document.linkColor* ermittelt die Farbe eines Links, die über *link* im *<body>*-Tag angegeben wurde. Der Wert wird in der Variablen *d2* gespeichert. *linkColor* ist ebenfalls eine Eigenschaft des *document*-Objekts.

Nun definieren Sie nach *var d2* noch eine dritte Variable:

```
var d3;
```

In dieser Variablen speichern Sie den Titel der Homepage, der zwischen den beiden HTML-Tags *<title>* und *</title>* steht. In unserem Beispiel steht dort *Homepage.* Das ermitteln wir in JavaScript folgendermaßen:

```
d3=window.document.title;
```

*window.document.title* ermittelt den Titel der Page und speichert diesen in der Variablen *d3*. Die Eigenschaft *title* ist eine Eigenschaft des *document*-Objekts.

Die drei Variablen könnten nun einfach addiert werden, was einen ziemlich langen Text, d.h. String, ergeben würde. Dies wäre auch zu einfach. Wir nehmen nur jeweils zwei Buchstaben aus jeder der drei Variablen heraus (dafür gibt es eine JavaScript-Funktion) und addieren diese dann zu einer neuen Variablen. Heraus kommt unser Passwort. Definieren Sie dazu nach *var d3* die neue Variable *d4* und gleich danach noch *d5* (Sie werden noch sehen, wozu Sie diese brauchen):

```
var d4, d5;
```

Nach der Zeile *d3=window.document.title;* schreiben Sie:

```
d4=d1.substring (3,5)+d2.substring (0,2)+d3.substring
    (1,3);
```

Diese Zeile scheint kompliziert zu sein, ist aber ganz einfach. Wir gehen sie der Reihe nach durch. Wir verwenden die Methode *substring* des *String*-Objekts. Diese Methode verändert Strings und ermittelt konkret die Buchstaben. Am Anfang steht *d1.substring (3,5)*. *d1* enthält den Code aus *bgcolor*, also *#0080ff*. Von der Variablen *d1* werden die Buchstaben vier bis sechs genommen. In Klammern steht zwar *3* und *5*, aber JavaScript beginnt die Zählung der Buchstaben einer Zeichenkette bei *0* und nicht bei *1*. Und dies ermittelt nicht drei Buchstaben, sondern nur zwei, nämlich (in der JavaScript-Zählung) den dritten und den vierten Buchstaben. Dies ergibt *80.*

Danach folgt *d2.substring (0,2).* In der Variablen *d2* steht *#ffff80.* Von der Variablen d2 werden die Buchstaben (in der JavaScript-Zählung) null und eins genommen. Dies ergibt *#f.* Und nun folgt *d3.substring (1,3).* In *d3* steht schließlich *Homepage*. Von der Variablen *d3* werden die Buchstaben (ebenfalls in der JavaScript-Zählung) eins und zwei genommen. Hier ergibt sich *om.*

Diese drei Päckchen mit jeweils zwei Buchstaben werden zusammengesetzt – heraus kommt die Variable *d4*, die den Wert *80#fom* besitzt. Dies ist unser Passwort. Sie hatten noch die Variable *d5* definiert, denn wir müssen berücksichtigen, dass der Internetsurfer die Buchstaben in Klein- oder in Großbuchstaben eintippt. Sie fügen nun noch den Code ein:

```
d5=d4.toUpperCase ();
```

Dadurch werden die Buchstaben aus der Variablen *d4* über die Methode *toUpperCase* von der Kleinschreibung in die Großschreibung gesetzt (nicht aber die Zahlen). Unsere beiden Passwörter sind damit *80#fom* oder *80#FOM*. Jetzt müssen wir unseren Code aus dem letzten Kapitel nur noch ein wenig verändern, um das Passwort einzugeben.

> **TIPP**
>
> Analog zu der Methode *toUpperCase ()* des *String*-Objekts existiert in JavaScript noch die Methode *toLowerCase ().* Diese Funktion wandelt einen Text von der Großschreibung in die Kleinschreibung um.

### Der Programmcode

```
<!DOCTYPE html PUBLIC "-//W3C//DTD HTML 4.01
  Transitional//EN" "http://www.w3.org/TR/html4/
  loose.dtd">
<html><head>
<meta http-equiv="Content-Type" content="text/
  html;charset=iso-8859-1">
<title>Homepage</title>
```

```
<script type="text/javascript">
function passwort () {
   var d1, d2, d3, d4, d5, Eingabe;
   d1=window.document.bgColor;
   d2=window.document.linkColor;
   d3=window.document.title;
   d4=d1.substring (3,5)+d2.substring
  (0,2)+d3.substring (1,3);
   d5=d4.toUpperCase ();
   while (Eingabe!=d4 && Eingabe!=d5) {
    Eingabe=prompt ("Sie betreten meine Homepage ...
  Bitte Passwort eingeben");
    if (Eingabe!=null) {
     if (Eingabe!=d4 && Eingabe!=d5) {
      alert ("Falsches Passwort!");
     }
     else {
      alert ("Passwort in Ordnung, auf OK klicken für
  den Zugang zur Homepage");
      window.open ("test.html");
      break;
     }
    }
    else {
     window.document.write ("<h3>Schade, dass Sie meine
  Homepage nicht sehen wollen</h3>");
     break;
    }
   }
 }
</script></head>
<body bgcolor="#0080ff" text="#000000" link="#ffff80"
  vlink="#ff8080" alink="#80ffff" onload="passwort ()">
</body></html>
```

Die *while*-Schleife beginnt mit *while (Eingabe!=d4 && Eingabe!=d5).* Dies sind die Laufbedingungen. Danach wird die *prompt()*-Dialogbox aufgebaut, in der das Passwort eingegeben und in der Variablen *Eingabe* gespeichert wird. Danach folgt die *if*-Abfrage. Hier wird geprüft, ob in der Variablen *Eingabe* überhaupt ein Wert eingegeben wurde. Falls nicht, dann ist der Inhalt der Variablen *null,* also hat der Internetsurfer auf *Abbre-*

*chen* geklickt. Es wird der *else*-Teil weiter unten ausgeführt, in dem nur ein Text ausgegeben wird.

TIPP

*null* funktioniert erst im Netscape Communicator und im Internet Explorer ab Version 4.

Es folgt eine weitere *if*-Abfrage. Hat die Variable *Eingabe* nicht den Wert der Variablen *d4* oder *d5,* wird eine *alert*-Dialogbox angezeigt, die mitteilt, dass das Passwort falsch eingegeben wurde, und die Schleife beginnt wieder von vorne. Ist der Inhalt von *Eingabe* aber gleich *d4* oder *d5,* wird der *else*-Teil ausgeführt. Es erscheint eine neue *alert*-Dialogbox, die anzeigt, dass das Passwort korrekt eingegeben wurde. Nach einem Klick auf *OK* wird die eigentliche Homepage aufgerufen. Über *break* wird die Schleife verlassen. So einfach können Sie einen Passwortschutz erzeugen. Und auf das komplizierte Passwort *80#fom* kommt garantiert niemand so schnell. Verändern Sie die hier angegebenen Farbcodes in *bgcolor, link* und den Text zwischen *<title>* und *</title>,* verändert sich natürlich auch das Passwort!

TIPP

Für diesen JavaScript-Code wurden in der Funktion *passwort ()* sechs Variablen definiert. Die Definition dieser Variablen erfolgte in einer Zeile:

```
var d1, d2, d3, d4, d5, Eingabe;
```

Die Variablen werden nur durch ein Komma voneinander getrennt. Sie hätten die Variablendefinition jeweils auch in einer eigenen Zeile vornehmen können:

```
var d1;
var d2;
var d3;
var d4;
var d5;
var Eingabe;
```

Die kurze Form in einer Zeile spart Platz und ist übersichtlicher, als wenn Sie alle Variablen in einer eigenen Zeile definieren.

## Abbrüche mit break

In diesem Kapitel haben Sie die Anweisung *break* kennengelernt. Über *break* wird eine Schleife verlassen. Dies ist bei der *while-* und der *for-*Schleife möglich. Stößt der Browser im JavaScript auf *break,* wird der aktuelle *while-* oder *for-*Programmblock der Schleife verlassen. Der Code wird dann dort fortgesetzt, wo die geschweifte Klammer des Blocks geschlossen wurde.

> *break* ist ein reserviertes Wort und kann nicht für einen Variablen- oder Funktionsnamen verwendet werden. *break* wird mit einem Semikolon abgeschlossen.

TIPP

## Das String-Objekt

In diesem Abschnitt haben Sie drei Methoden des *String-*Objekts kennengelernt:

- substring ()
- toLowerCase ()
- toUpperCase ()

Die Methoden des *String-*Objekts können einen String manipulieren. *substring ()* ermittelt aus einem String eine weitere Zeichenfolge. Eine weitere wichtige Methode ist:

- *substr(startposition, laenge)*: Diese Methode ermittelt ähnlich wie *substring ()* eine Zeichenfolge aus einem String. Dabei soll an der Buchstabenposition *startposition* begonnen werden, und der zu ermittelnde String soll eine Länge von *laenge* Buchstaben haben. Beispielsweise gibt der Code

  ```
  var Text="JavaScript1.4";
  alert (Text.substr (1,1));
  ```

  das Ergebnis *a* aus.

# Drei Versuche

Wir sollten unsere Passwortabfrage aber noch verfeinern. Denn in der jetzigen Fassung kann der Internetsurfer bei einer falschen Passworteingabe so oft hintereinander einen neuen Versuch starten, wie er will. Bei einer fehlerhaften Passworteingabe sollten wir die Schleife nach drei Versuchen abbrechen. Hat der Internetsurfer dreimal hintereinander ein falsches Passwort eingegeben, wird die Webseite wieder angezeigt, von der er kam. Spaßig, nicht wahr? Die Änderungen am Code sind gar nicht umfangreich und betreffen nur den JavaScript-Code.

```
function passwort () {
   var d1, d2, d3, d4, d5, Eingabe, i=0;
   d1=window.document.bgColor;
   d2=window.document.linkColor;
   d3=window.document.title;
   d4=d1.substring (3,5)+d2.substring
  (0,2)+d3.substring (1,3);
   d5=d4.toUpperCase ();
   while (Eingabe!=d4 && Eingabe!=d5) {
    i=i+1;
    if (i<=3) {
     Eingabe=prompt ("Sie betreten meine Homepage ...
  Bitte Passwort eingeben ...\n Versuch Nummer "+i);
     if (Eingabe!=null) {
      if (Eingabe!=d4 && Eingabe!=d5) {
       alert ("Falsches Passwort!\n Versuch Nummer: "+
  i);
      }
      else {
       alert ("Passwort in Ordnung, auf OK klicken für
  den Zugang zur Homepage");
       window.open ("test.html");
       break;
      }
     }
     else {
      window.document.write ("<h3>Schade, dass Sie
  meine Homepage nicht sehen wollen</h3>");
      break;
```

```
        }
      }
      else {
        alert ("Das war nix! Geh dahin zurück, woher du
    gekommen bist ....");
        history.back ();
        break;
      }
    }
  }
```

Im Programmcode wurde eine neue Variable definiert: *var i*. Die Variable *i* ist eine einfache Zählervariable, die hochgezählt wird. Steht *i* auf 3, werden die Versuche abgebrochen. Dazu beginnt zuerst in der *while*-Schleife die Hochzählung der Variablen *i*: *i=i+1.* Wird die Schleife das erste Mal durchlaufen, hat *i* den Wert 1. Danach folgt eine neue *if*-Abfrage: *if (i<=3).* Es wird geprüft, ob die Variable *i* kleiner oder gleich drei ist. Da sie beim ersten Mal den Wert eins hat, wird der Code ausgeführt, der sich innerhalb der nachfolgenden Klammern befindet. Der Code ist der schon bekannte Code zur Abfrage des Passwortes. Hat der Surfer das Passwort falsch eingegeben, startet der Code wieder bei der *while*-Schleife und *i* wird wieder um eins nach oben gezählt. Da *i=2,* wird der Code in den Klammern ausgeführt, und der Surfer kann das Passwort erneut eingeben. Hat er es wieder falsch eingegeben, geht der Code bei der *while*-Schleife weiter, *i* bekommt den Wert 3. Da *i=3,* wird noch einmal der Code nach der ersten *if*-Abfrage durchlaufen. Hat der Surfer das Passwort wieder falsch eingegeben, springt der Code erneut an den Anfang der *while*-Schleife, *i* wird um eins nach oben gezählt und bekommt den Wert vier. Die *if*-Abfrage ergibt, dass *i* nun größer als drei ist – somit wird der Teil ausgeführt, der weiter unten im *else*-Block der ersten *if*-Abfrage steht. Dort steht lediglich die Codezeile *history.back ().* Diese veranlasst den Browser, die vorhergehende Webseite aufzurufen, von der der Internetsurfer kam.

Wenn Sie sich den Code ansehen, stellen Sie fest, dass die *If*-Abfrage mit *if (i<=3)* und dem entsprechenden *else*-Block den bisherigen Code der *while*-Schleife sozusagen umschließt.

### Das History-Objekt

Dieses Objekt ist vergleichbar mit einer Liste, die die bisher besuchten Seiten enthält. Das Objekt ist dem *window*-Objekt untergeordnet. Neben der Methode *back()*, die die zuletzt besuchte Seite wieder anzeigt, existiert noch die Methode *forward()*. Diese lädt das nachfolgende Dokument aus der *History*-Liste *(Gehe zu)*. Die Methode enthält keine Parameter. Die Methode *go()* lädt ein bestimmtes Dokument aus der *History*-Liste *(Gehe zu)*. Das Dokument wird über eine Nummer *nr* angesprochen. *history.go (-1)* würde das vorhergehende Dokument laden (wie *history.back ()*). *history.go (1)* würde das nachfolgende Dokument laden (wie *history.forward ()*). Alternativ kann auch ein String übergeben werden, der die gesamte URL oder einen Teil davon enthält, der in der *History*-Liste eingetragen ist.

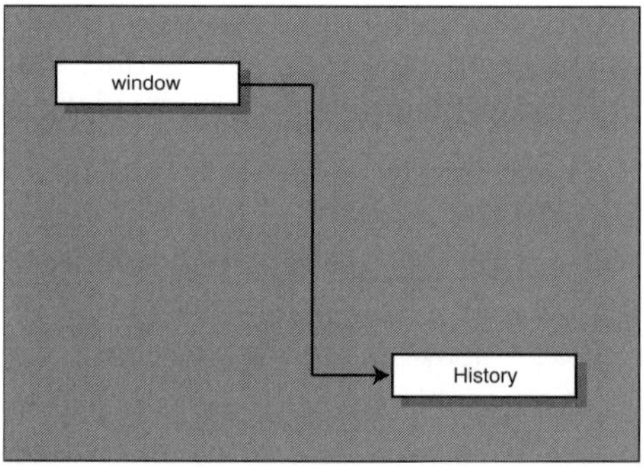


**Abb. 4.1: Objekthierarchie von History**

## Mit Variablen zählen

In diesem Kapitel haben Sie erstmalig Variablen benutzt, um darin Zahlen zu speichern und die Variable automatisch hochzählen zu lassen. Dies ging über:

```
i=i+1;
```

In diesem Beispiel wird die Variable *i* um eins erhöht und der neue Wert wieder *i* zugewiesen. Programmierer bezeichnen dies als Inkrement. Diese Schreibweise lässt sich noch weiter vereinfachen und ist von C und C++ entlehnt:

```
i++;
```

Diese Zeile bedeutet das Gleiche wie die vorherige, sie ist nur kompakter. Auch das Herunterzählen funktioniert ähnlich:

```
i--;
```

Diese Zeile ist gleichbedeutend mit

```
i=i-1;
```

Hier wird die Variable *i* um 1 verringert. Profis sprechen von einem Dekrement. Danach wird *i* der neue Wert zugewiesen.

Verwenden Sie *i++* bzw. *i--*, wird die Variable *i* immer um 1 nach oben bzw. nach unten gezählt. Diese sogenannte Schrittweite ist immer 1. Es gibt noch weitere Möglichkeiten, die Schreibweise für andere mathematische Rechnungen zu verkürzen. Entnehmen Sie der nachfolgenden Tabelle die lange und die kurze Schreibweise.

| Zuweisungsoperator | Kurzform | Langform |
|---|---|---|
| += | N+=10 | N=N+10 |
| -= | N-=10 | N=N-10 |
| *= | N*=10 | N=N*10 |
| /= | N/=10 | N=N/10 |
| %= | N%=10 | N=N%10 |
| ^= | N^=10 | N=N^10 |

**Tab. 4.1: Die Kurzform und die Langform**

Ob Sie die Kurzform oder die Langform verwenden, hängt von Ihnen ab.

# Skripte auslagern

Der Nachteil des bisherigen Passwortschutzes liegt auf der Hand: Das Abfragen des Passworts steht direkt in der HTML-Datei, die ein Internetsurfer lesen und nachvollziehen kann. Es gibt aber eine wunderbare Möglichkeit, ein Skript zu verstecken. Lagern Sie Ihr Skript in eine separate Datei aus, die Sie beispielsweise mit *code.js* bezeichnen. Die Dateiendung *js* steht für JavaScript und zeigt an, dass sich in dieser Datei JavaScript-Code befindet. Sie müssen nur noch das *<script>*-Tag erweitern:

```
<script type="text/javascript" src="code.js">
</script>
```

Durch das Attribut *src* teilen Sie dem Browser mit, dass der Code ausgelagert ist und sich in der angegebenen Datei befindet. Der Browser lädt die Datei und fügt sie nach dem *<script>*-Tag ein. Gleich nach dieser Zeile folgt *</script>*. Es befindet sich kein JavaScript-Sourcecode mehr in Ihrer HTML-Datei. Der Aufruf einer Funktion kann wie gewohnt erfolgen, beispielsweise über *onLoad* im *<body>*-Tag.

Auch wenn Sie das *language*-Attribut verwenden, ist das Vorgehen analog. Auch dort wird das *src*-Attribut genutzt:

```
<script language="javascript" src="code.js">
</script>
```

In der Datei, die den JavaScript-Code enthält, befindet sich nichts anderes. Es ist normaler ASCII-Text, der in unserem Beispiel mit dem Passwortschutz in der ersten Zeile durch *function password ()* beginnt. Es darf hier kein *<script>*-Tag stehen.

Wenn der Internetsurfer in den Code der HTML-Seite schaut, kann er sehen, dass hier ein Skript ausgelagert wurde, und er kann versuchen, diese separate Datei im Browser aufzurufen. Da die Dateien normale Textdateien sind, werden sie in der Regel von allen aktuellen Browser (N7, Mozilla 1.x, IE 6, OP 7.5) dargestellt. Frühere Versionen der Browser gingen anders mit den *js*-Dateien um (z.B. NC 4.x und OP 4.x/5.x stellten sie überhaupt nicht dar).

## Verbesserungen

Sie können sich für einen Passwortschutz noch viel mehr ausdenken, als dieses Beispiel hier erkennen lässt. Im JavaScript-Code taucht beispielsweise die Webseite auf, die bei der korrekten Eingabe des Passwortes aufgerufen wird. Dies können Sie verändern, indem Sie den Namen der Datei (hier: *test.html)* aus weiteren Einstellungen zusammensetzen, ähnlich wie wir es hier mit dem Passwort gemacht haben.

Es gibt in JavaScript noch mehr Eigenschaften des *document*-Objekts, die den Wert von bestimmten Einstellungen der Homepage liefern. Diese können Sie alle für einen einfachen Passwortschutz verwenden, um so die »Formel« für das Passwort komplizierter zu gestalten. Probieren Sie auch einmal folgende Eigenschaften des *document*-Objekts aus:

- *window.document.alinkColor:* Dies ergibt den Farbwert, der im Attribut *alink* des *<body>*-Tags eingegeben wurde. *alink* gibt die Farbe für einen Link an, der gerade angeklickt wurde und danach geladen wird.
- *window.document.fgColor:* Dies ergibt den Farbwert, der im Attribut *TEXT* des *<body>*-Tags eingegeben wurde. *text* gibt die Farbe für die Schrift auf der Homepage an.
- *window.document.vlinkColor:* Dies ergibt den Farbwert, der im Attribut *vlink* des *<body>*-Tags eingegeben wurde. *vlink* gibt die Farbe für einen Link an, der schon einmal besucht bzw. angeklickt wurde.
- *window.document.lastModified:* Dies ergibt das Datum und die Uhrzeit der letzten Änderung der HTML-Datei.

## Zusammenfassung

In diesem Kapitel wurden folgende Themen behandelt:

- wie Sie einen einfachen Passwortschutz erzeugen,
- was die Methoden *window.document.alinkColor*, *window.document.vlinkColor, window.document.fgColor* und *window.document.bgColor* bewirken,
- was eine Zählervariable ist,
- was ein Zuweisungsoperator ist,
- was Inkrement und Dekrement bedeutet,
- wann Sie die Funktion *history.back* einsetzen,
- wie Sie einen String mit den Funktionen *toUpperCase* und *toLowerCase* verändern,
- wie Sie die einzelnen Buchstaben eines Strings mit *substring* ermitteln.

## Fragen und Übungen

1. Nachfolgend finden Sie JavaScript-Codezeilen. Welcher Text wird dort in der Variablen *b* gespeichert?

```
var a="Dies ist ein JavaScript-Text";
var b=a.substring(23,24)+a.substring(0,2)+a.
 substring(25,27)+a.substring(4,6);
```

2. Wo liegt der Unterschied zwischen *toUpperCase()* und *toLowerCase()?*

3. Wie unterscheidet sich ein Inkrement von einem Dekrement?

# 7 Rund um den Browser: Das navigator-Objekt

JavaScript besitzt sehr praktische Funktionen, über die Sie automatisch den Browser ermitteln können, mit dem der Internetsurfer Ihre Seiten besucht. Dies ist sehr sinnvoll, denn so können Sie eine Webseite für die verschiedenen Browser optimieren. Gleichzeitig bietet JavaScript fantastische Möglichkeiten, die genauen Bildschirmeinstellungen des Surfers im Browser zu ermitteln. Wie dies alles geht und wie Sie es sinnvoll einsetzen, werden Sie in diesem Kapitel lernen.

## Den Browser ermitteln

Über eine einfache Eigenschaft kann JavaScript ermitteln, mit welchem Browser der Internetsurfer die Webseite aufruft. Die Eigenschaft dazu lautet:

```
navigator.appName
```

Im nachfolgenden JavaScript-Code werden Sie sehen, wie Sie diese Eigenschaft einsetzen.

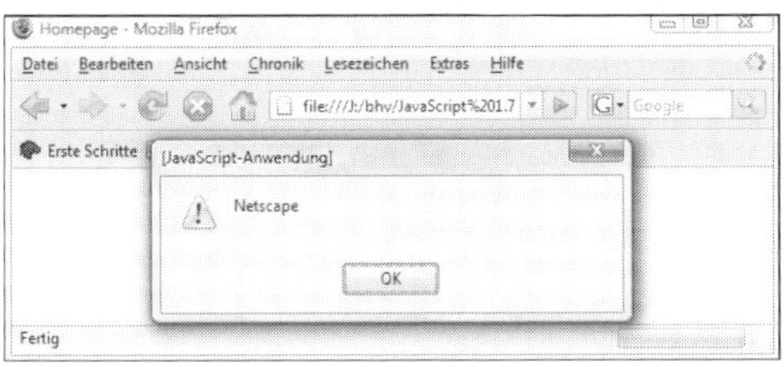


**Abb. 7.1: Name Netscape: das kann nur ein Mozilla-, SeaMonkey- oder Firefox-Browser sein**

```
<!DOCTYPE html PUBLIC "-//W3C//DTD HTML 4.01
  Transitional//EN" "http://www.w3.org/TR/html4/
  loose.dtd">
```

```
<html><head>
<meta http-equiv="Content-Type" content="text/
  html;charset=iso-8859-1">
<title>Homepage</title>
<script type="text/javascript">
function browser() {
    var name_des_browsers;
    name_des_browsers=navigator.appName;
    alert (name_des_browsers);
}
</script></head>
<body onload="browser()">
</body></html>
```

Der JavaScript-Code enthält die Funktion *browser(),* die den Webbrowser ermittelt. Im Code wird eine Variable definiert *(name_des_browsers)*, in der der Name des Browsers gespeichert wird. In der nachfolgenden Zeile folgt:

```
name_des_browsers=navigator.appName;
```

*navigator.appName* ermittelt den Browsernamen und weist ihn der Variablen zu. In der darauf folgenden Zeile wird der Name des Browsers in einer Dialogbox ausgegeben. Wird eine Version des Netscape-Browsers oder der Mozilla-Derivate verwendet, gibt die *alert*-Dialogbox den Namen *Netscape* aus. Wird der Internet Explorer verwendet, erscheint der Name *Microsoft Internet Explorer.*

**Abb. 7.2: Microsoft Internet Explorer**

### Das navigator-Objekt

In diesem Abschnitt haben Sie das *navigator*-Objekt kennengelernt. Es befindet sich innerhalb der Objekthierarchie auf einer Ebene mit *window* und ist diesem nicht untergeordnet. Es ist ein frei stehendes Objekt. *navigator* verfügt fast nur über Eigenschaften, die ausgelesen, nicht aber verändert werden können. *navigator.appName* ermittelt den Namen des Browsers und *navigator.appCodeName* den Codenamen des Programms. *navigator.appVersion* stellt die Versionsnummer des Betriebssystems fest, während *navigator.language* die Sprache ausliest. Weitere Eigenschaften und deren Anwendung werden Sie in den nachfolgenden Abschnitten kennenlernen. Dem Objekt *navigator* ist nur ein Objekt untergeordnet: *Plugin*.

## Einsatzmöglichkeiten

Die Abfrage des Browsers eröffnet ganz neue Möglichkeiten. Denn nun kann ein JavaScript-Code automatisch ermitteln, welcher Browser eingesetzt wird, und danach Webseiten aufrufen, die für diesen Browser optimiert sind. Benutzt der Internetsurfer einen Netscape-Browser oder ein Mozilla-Derivat, wird eine Seite aufgerufen, die speziell für den Netscape- bzw. Mozilla-Browser optimiert wurde, d.h. spezielle Tags verwendet, die nur diese Browser verstehen (z.B. *<blink>*). Verwendet der Surfer den Internet Explorer, wird eine Seite aufgerufen, die Tags enthält, die nur der Internet Explorer versteht (z.B. *<marquee>*).

```
<!DOCTYPE html PUBLIC "-//W3C//DTD HTML 4.01
  Transitional//EN" "http://www.w3.org/TR/html4/
  loose.dtd">
<html><head>
<meta http-equiv="Content-Type" content="text/
  html;charset=iso-8859-1">
<title>Homepage</title>
<script type="text/javascript">
function browser() {
  var name_des_browsers;
```

```
    name_des_browsers=navigator.appName;
    if (name_des_browsers=="Netscape") {
      // Der Netscape-Browser oder ein Mozilla-Derivat
  wird verwendet
      window.open ("net.html");
    }
    if (name_des_browsers=="Microsoft Internet Explorer")
    {
      // Der Microsoft-Browser wird verwendet
      window.open ("ms.html");
    }
}
</script></head>
<body onload="browser()">
</body></html>
```

Das Listing basiert auf dem Code aus dem vorherigen Abschnitt. Zuerst wird der Browsername ermittelt und in der Variablen *name_des_browsers* gespeichert. Danach wird über eine *if*-Abfrage geprüft, ob es sich um einen Netscape-Browser oder ein Mozilla-Derivat handelt. Wenn dies der Fall ist, wird eine neue Seite aufgerufen (hier: *net.html)*. Auf dieser Seite befindet sich ein spezifisches Tag dieser Browser *(<blink>)*, das die Überschrift blinken lässt.

Danach folgt eine zweite Abfrage. Hier wird geprüft, ob es sich um den Microsoft-Browser handelt. Ist dies der Fall, wird eine andere Seite aufgerufen *(ms.html)*. Dort wird in der Überschrift das Tag *<marquee>* verwendet, das nur im Internet Explorer funktioniert. Hierüber wird eine Laufschrift erzeugt.

## Dem Browser mehr Details entlocken

JavaScript kann noch wesentlich mehr, als den Namen des Browsers zu ermitteln. Mit JavaScript ist es möglich, das Betriebssystem des Internetsurfers zu ermitteln, die Sprache des Browsers, die Bildschirmauflösung und die Anzahl der möglichen Farben. In dem nachfolgenden Programmcode werden wir einen Link erstellen. Bei einem Klick auf diesen Link wird ein Fenster aufgebaut, das die verschiedenen Daten des Browsers anzeigt.

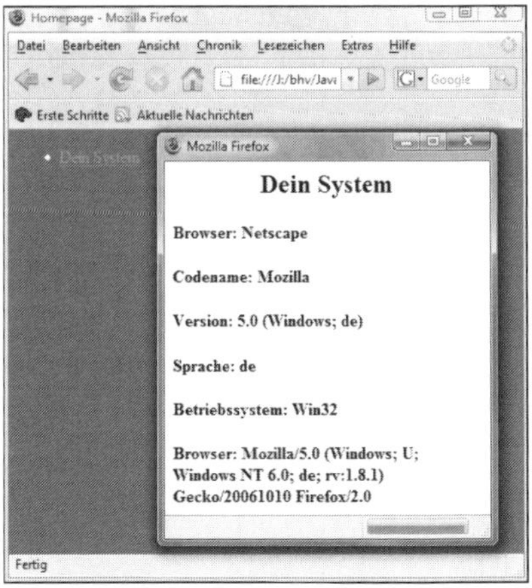


**Abb. 7.3: Das System wird von einem JavaScript-Code ermittelt, hier der Firefox-2.0-Browser unter Windows Vista**

```
<!DOCTYPE html PUBLIC "-//W3C//DTD HTML 4.01
  Transitional//EN" "http://www.w3.org/TR/html4/
  loose.dtd">
<html><head>
<meta http-equiv="Content-Type" content="text/
  html;charset=iso-8859-1">
<title>Homepage</title>
<script type="text/javascript">
function fenster() {
   var win;
   var name_des_browsers;
   var codename_des_browsers;
   var version_des_browsers;
   var sprache_des_browsers;
   var plattform_des_browsers;
   var name_des_browsers_http;
   win-window.open("","Hallo","width=300,height=200,
  resizable=yes");
   name_des_browsers=navigator.appName;
```

```
    codename_des_browsers=navigator.appCodeName;
    version_des_browsers=navigator.appVersion;
    sprache_des_browsers=navigator.language;
    plattform_des_browsers=navigator.platform;
    name_des_browsers_http=navigator.userAgent;
    win.document.write("<h2><center>Dein System</center>
  </h2>");
    win.document.write("<h4>Browser: " +
  name_des_browsers + "</h4>");
    win.document.write("<h4>Codename: " +
  codename_des_browsers + "</h4>");
    win.document.write("<h4>Version: " +
  version_des_browsers + "</h4>");
    win.document.write("<h4>Sprache: " +
  sprache_des_browsers + "</h4>");
    win.document.write("<h4>Betriebssystem: " +
  plattform_des_browsers + "</h4>");
    win.document.write("<h4>Browser: " +
  name_des_browsers_http + "</h4>");
}
</script></head>
<body link="yellow" vlink="lime" bgcolor="#0080ff"
  text="#ffffff">
<ul>
<li><a href="index.html" onclick="fenster()">Dein
  System
  </a></li>
</ul></body></html>
```

In diesem Beispiel wird bei einem Klick auf den Link *Dein System* ein Fenster aufgebaut, das den Namen des Browsers ausgibt, den Codenamen, die Versionsnummer und die Daten des Browsers, die im HTTP-Protokoll mitgesendet werden. Das Fenster wird über die schon bekannte JavaScript-Funktion *fenster ()* aus Kapitel 5 erstellt.

Gleich zu Anfang des Skripts werden vier neue Variablen definiert. In diesen Variablen werden der Name des Browsers, dessen Codename, die Versionsnummer, die Sprache, das Betriebssystem und die HTTP-Daten gespeichert:

```
var name_des_browsers;
var codename_des_browsers;
var version_des_browsers;
var sprache_des_browsers;
var plattform_des_browsers;
var name_des_browsers_http;
```

Nachdem das Fenster im Skript erzeugt worden ist, werden die Daten des Browsers abgefragt. Die erste Zeile kennen Sie schon:

```
name_des_browsers=navigator.appName;
```

In der Variablen *name_des_browsers* wird der Name des Browsers gespeichert, der über den Aufruf *navigator.appName* ermittelt wird. Danach folgt die Zeile:

```
codename_des_browsers=navigator.appCodeName;
```

In der Variablen *codename_des_browsers* wird der Codename gespeichert. Bei Netscape oder bei allen Mozilla-Derivaten ist dies immer *Mozilla.* Der Codename wird über die Routine *navigator.appCodeName* ermittelt.

Anschließend wird die Versionsnummer festgestellt:

```
version_des_browsers=navigator.appVersion;
```

Die Versionsnummer wird in der Variablen *version_des_browsers* gespeichert und über den Aufruf von *navigator.appVersion* bestimmt. In der Abbildung 7.3 steht im Fenster *5.0 (Windows; de).* Dies bedeutet, dass der Netscape ab 6, Mozilla 1.x, SeaMonkey oder Firefox verwendet wird, der sich mit der Versionsnummer 5.0 ausgibt. Die Sprache des Browsers ist Deutsch *(de)*. Als Betriebssystem wird Windows verwendet.

In den nächsten beiden Zeilen werden die Sprache und das verwendete Betriebssystem festgestellt:

```
sprache_des_browsers=navigator.language;
plattform_des_browsers=navigator.platform;
```

TIPP

Die Eigenschaft *navigator.language* wird im IE 4 und IE 5 nicht unterstützt. Wenn Sie versuchen, dies auszulesen, erhalten Sie dort den Eintrag *undefined.*

In der nachfolgenden Zeile werden die Daten noch einmal zusammengefasst:

```
name_des_browsers_http=navigator.userAgent;
```

Der Aufruf *navigator.userAgent* ermittelt die Daten des Browsers, wie sie im HTTP-Protokoll des WWW gesendet werden. Die einzelnen Daten werden dann über *win.document.write* ausgegeben. Die wahre Identität steckt in *userAgent*: In der Abbildung 7.3 wird dies genau im Abschnitt »Browser« ausgegeben. Dort taucht der Textzug *Firefox/2.0* auf. Damit sollte der Browser bekannt sein. Auch kann man hier das genaue Betriebssystem erkennen: Windows NT 6.0 ist Windows Vista.

## IE 4, 5.x, 6 und 7 voneinander unterscheiden

Der IE 5/5.5/6/7 gibt bei der Versionsnummer *(navigator.appVersion)* eine falsche Zahl an. Der IE 5/5.5/6/7 zeigt hier Versionsummer 4.0 an. Als Codename wird ebenfalls *Mozilla* ausgegeben, obwohl es sich nicht um den Netscape-Browser oder ein Mozilla-Derivat handelt. Damit fällt der Codename zur Erkennung des Browsers weg. Um den IE 5, 5.5, 6 bzw. 7 vom »echten« IE 4 zu unterscheiden, müssen Sie die Eigenschaft *navigator.appVersion* genauer betrachten. Denn hier werden bei dem IE 5/5.5/6/7 nach der konkreten Versionsnummer 4.0 in Klammern zusätzliche Informationen geboten, z.B.: *compatible; MSIE 6.0; Windows NT 5.1*. Und genau hier identifiziert sich z.B. der IE 6, indem er sich als zur Version 4.0 kompatibel ausgibt *(compatible)*, das Betriebssystem aufführt *(Windows NT 5.1*, also Windows XP) und zwischen beiden jetzt die korrekte Versionsnummer auftaucht: *MSIE 6.0*.

Der IE 7 identifiziert sich in *userAgent* und *version* ähnlich mit MSIE 7.0, z.B. so:

```
Mozilla/4.0 (compatible; MSIE 7.0; Windows NT 6.0; SLCC1;
     .NET CLR 2.0.50727; Media Center PC 5.0; .NET CLR
     3.0.04506)
```

Um jetzt z.B. den IE 6 vom »echten« IE 4 zu unterscheiden, müssen Sie die Eigenschaft *navigator.appVersion* nach dieser Information durchsuchen. Dazu bedienen wir uns einer Methode des *String*-Objekts: *indexOf()*. Diese Methode macht nichts anderes, als innerhalb eines Strings nach einem vorgegebenen String zu suchen. Wurde der String nicht gefunden, ist der Rückgabewert dieser Methode -1. Wurde der String gefunden, ist das Ergebnis größer als -1 (d.h. 0 oder höher). Dies können wir uns hier zunutze machen.

Den Code aus Abschnitt 7.2 müssen wir nur um zusätzlichen Code erweitern. Und zwar muss die *if*-Abfrage nach dem Microsoft-Browser durch folgenden Code ersetzt werden:

```
if (name_des_browsers=="Microsoft Internet Explorer") {
  // Der Microsoft-Browser wird verwendet
  var version=navigator.appVersion;
  if (version.indexOf("MSIE 4")!=-1) {
     //IE 4 wird verwendet
     window.open ("ms4.html");
   }
  if (version.indexOf("MSIE 5")!=-1) {
     //IE 5 wird verwendet
     window.open ("ms5.html");
   }
  if (version.indexOf("MSIE 6")!=-1) {
     //IE 6 wird verwendet
     window.open ("ms6.html");
   }
  if (version.indexOf("MSIE 7")!=-1) {
     //IE 7 wird verwendet
     window.open ("ms7.html");
   }
}
```

Zuerst folgt die bekannte *if*-Abfrage, die auf den Namen des Browsers prüft. Anschließend wird die Variable *version* definiert, in der die Version des Browsers gespeichert wird. Anschließend folgt eine zweite *if*-Abfrage:

```
if (version.indexOf("MSIE 4")!=-1) {
```

Hier wird die Methode *indexOf()* eingesetzt. Und zwar wird an die Methode der String *MSIE 4* übergeben. Es soll geprüft werden, ob dieser String in der Variablen *version* enthalten ist. Daher wird die Methode *indexOf()* auf *version* angewendet. Der Rückgabewert dieser Methode kann nur -1 oder größer als -1 sein, und genau darauf wird hier geprüft. Es wird ermittelt, ob der Rückgabewert dieser Methode ungleich –1 ist. Ist dies der Fall, wurde der String *MSIE 4* in der Variablen *version* gefunden. Damit liegt der IE 4 vor. Es wird der nachfolgende Programmblock betreten, in dem über *window.open()* die Datei *ms4.html* geladen wird.

Ist der Rückgabewert größer als -1, ist das Ergebnis der *if*-Abfrage falsch, und es wird die nächste *if*-Abfrage angesprungen. Hier wird nach dem gleichen Muster geprüft, ob der String *MSIE 5* vorliegt und ob der Rückgabewert ungleich -1 ist. Wenn dies der Fall sein sollte, ist der MSIE 5 vorhanden. Dort wird dann die Datei *ms5.html* geladen. Die dritte *if*-Abfrage prüft auf den String *MSIE 6* und lädt eine entsprechende Seite, wenn der Rückgabewert der Methode ungleich -1 ist, d.h. der String vorliegt. Für IE 7 wird entsprechend vorgegangen.

## Netcape 3.x, 4.x von 6.x, 7.x, 8.x und 9 unterscheiden

Die Verrenkungen, die beim IE zur Unterscheidung zwischen den Versionsnummern 4 und 5 nötig sind, müssen Sie beim Netscape-Browser und den Mozilla-Derivaten nicht durchführen. Die einzelnen Versionen können Sie durch die Eigenschaft *navigator.appVersion* voneinander unterscheiden. Netscape Navigator 3 gibt als Versionsnummer 3 zurück und NC 4.5 gibt 4.5 zurück. Die weiteren Versionen, z.B. NC 4.72, geben die entsprechende Versionsnummer zurück. Nur Netscape 6 bis 9 bzw. Mozilla 1.x/Firefox/SeaMonkey verhalten sich hier anders. Deren Rückgabewert von *navigator.appVersion* ist *5.* Der nachfolgende Code muss in den Code von Abschnitt 7.2 eingefügt werden, um die verschiedenen Browserversionen zu berücksichtigen und die dafür optimierten Seiten zu laden.

Zu Beginn des Codes wird die Variable *version* definiert, die die Versionsnummer des Browsers über *navigator.appVersion* zugewiesen bekommt. Die *if*-Abfrage, die auf den Netscape-Browser prüft, muss komplett durch den folgenden Code ersetzt werden:

```
if (name_des_browsers=="Netscape") {
   if (version.charAt(0)=='3') {
       // Der Netscape-Browser 3 wird verwendet
       window.open ("n3.html");
     }
   if (version.charAt(0)=='4') {
       // Der Netscape-Browser 4 wird verwendet
       window.open ("n4.html");
    }
   if (version.charAt(0)=='5') {
     // Der Netscape-Browser 6 und höher wird
        verwendet
     window.open ("n6.html");
   }
}
```

Zuerst wird auf den Namen des Browsers geprüft. Ist dieser mit *Netscape* identisch, wird der Programmblock betreten. In diesem Programmblock wird jetzt konkret die Versionsnummer des Browsers geklärt. Dies geschieht über eine einzelne *if*-Abfrage. Die erste lautet:

```
if (version.charAt(0)=='3')
```

In der Variablen *version* ist ja die Versionsnummer gespeichert, jedoch als String. Ein typischer Inhalt dieser Variablen ist beispielsweise 4.72. Damit liegt der NC 4.72 vor. In der Regel brauchen wir nur die große Versionsnummer vor dem Punkt zu berücksichtigen. Dazu müssen wir nur die erste Ziffer des Strings ermitteln. Dies funktioniert wunderbar einfach über die Methode *charAt()*, die im *String*-Objekt enthalten ist. Diese

Methode ermittelt den Buchstaben (engl. char, Abkürzung für character) eines Strings an einer bestimmten Zeichenposition. Die Zeichenposition wird an die Methode übergeben. In unserem Fall ist es 0 für die erste Zeichenposition.

In der *if*-Abfrage wird geprüft, ob die erste Zeichenposition mit der Ziffer *3* identisch ist. Ist dies der Fall, dann wird der Programmblock betreten und die entsprechende Seite aufgerufen. Anschließend folgt die nächste *if*-Abfrage, die fast identisch mit obiger Abfrage ist. Der Unterschied besteht nur darin, dass geprüft wird, ob die erste Ziffer eine *4* ist und somit der NC 4.x vorliegt. Die letzte *if*-Abfrage prüft, ob die erste Ziffer eine 5 ist. Denn der Netscape 6 bis 9 bzw. Mozilla/SeaMonkey/Firefox enthalten als Versionsnummer *5* und nicht *6*.

Wie jetzt aber z.B. Firefox 1.0 von 2.0 unterscheiden? Hier wird es kompliziert, da die »echte« Versionsnummer nur in der Eigenschaft *userAgent* auftaucht. Firefox 2.0 identifiziert sich dort im String mit *Firefox/2.0*. Andere Browser haben hier andere Kennungen, die über *indexOf()* abgefragt werden müssten.

## Die Versionsnummer als Zahl und nicht als String

Bisher hatten Sie *navigator.appVersion* genutzt, um die Versionsnummer auszulesen. Dabei wird die Versionsnummer aber als String gespeichert. Folgende Codezeile führt zu Problemen:

```
var version=navigator.appVersion;
if (navigator.appName=="Netscape" && version<5) {
    // Jetzt passiert etwas ...
}
```

Was passiert hier? Es wird versucht, mit der Variablen *version* wie mit einer Zahl zu arbeiten und einen Vergleich vorzunehmen (wenn *version* kleiner als 5 ist, dann ...). Leider liegt das Ergebnis von *navigator.appVersion* in der Variablen *version* als String vor. Dies ist keine Zahl, mit der gerechnet oder die mit einer anderen Zahl verglichen werden kann.

Die Lösung ist die Umwandlung eines Strings in eine Zahl. Dies macht natürlich nur Sinn, wenn sich in dem String Ziffern und keine Buchstaben befinden. Dies geschieht über die Methode *parseFloat():*

```
var version=parseFloat(navigator.appVersion);
```

Die Methode *parseFloat()* geht den String durch (»parsing«) und ändert diesen in eine Zahl um. Jetzt kann die Zahl, die in *version* gespeichert ist, mit einer anderen verglichen werden, z.B.:

```
var version=parseFloat(navigator.appVersion);
if (navigator.appName=="Netscape" && version<5) {
    // Jetzt passiert wieder etwas ...
 }
```

Die Methode *parseFloat()* wandelt den String in eine Fließkommazahl um, d.h. in eine Zahl mit mehreren Dezimalstellen. Ist das Ergebnis von *navigator.appVersion* der String *4.72*, wird durch *parseFloat()* daraus die Zahl *4.72*.

Sind Sie nur an der Ganzzahl interessiert, d.h. an der Zahl, die vor dem Dezimalpunkt steht, bietet sich die Methode *parseInt()* an. Diese wandelt ebenfalls einen String um, jedoch nur in einen Integer-Wert. Somit würde aus dem String *4.72* durch *parseInt()* die Zahl *4*.

## Objektunabhängige Methoden

Ist Ihnen bei dem Aufruf von *parseFloat()* aufgefallen, dass das konkrete Objekt fehlte, zu dem diese Methode gehört? Nun, dieses Objekt gibt es nicht. *parseFloat()* und *parseInt()* sind zwei besondere Methoden, die objektunabhängig sind. Diese beiden Methoden stehen immer und sofort zur Verfügung. Sie gehören nicht zu einem bestimmten Objekt. Es sind Methoden, die für verschiedene Zwecke eingesetzt und nicht nur innerhalb eines Objekts genutzt werden können.

In JavaScript gibt es einige dieser objektunabhängigen Methoden. *parseInt()* und *parseFloat()* sind die bekanntesten objektunabhängigen Methoden. Die umgekehrte Richtung ist auch möglich: Über den Aufruf der Methode *String()* kann ein Objekt, das in Klammern an die Methode übergeben wird, in einen String umgewandelt werden.

Eine andere bekannte Methode ist *eval()*. Diese führt eine JavaScript-Operation aus, wobei die Operation als String übergeben wird. Auf diese Weise können z.B. zwei Strings mathematisch addiert werden, ohne sie jeweils über *parseFloat()* oder *parseInt()* umwandeln zu müssen. Der folgende Code

```
var a="5", b="10";
var c=a+b;
```

ergibt in der Variablen *c* den String *510*. Denn hier wird nicht mathematisch addiert, sondern zwei Strings werden hintereinander gehängt. Um aus diesen beiden Strings nun eine mathematische Addition zu machen, müssen Sie zu *eval()* greifen:

```
var c=eval(a+b);
```

Das Ergebnis in *c* ist *15*.

## Alles über den Bildschirm: Das screen-Objekt

Jetzt werden wir noch mehr Angaben herausfinden. Diesmal werden wir ganz genau die Bildschirmauflösung ermitteln, die der Internetsurfer verwendet. Wir werden genau die Anzahl der verwendeten Farben feststellen.

**Abb. 7.4:**
**Die Daten des Bildschirms werden von JavaScript ermittelt**

In diesem Beispiel werden die Daten genau angezeigt. Zuerst wird die eingestellte Bildschirmauflösung ermittelt *(Höhe* und *Breite)*: *768* und *1024* Pixel. Danach folgen die Pixeltiefe (32) und die Farbtiefe (32). Die Farbtiefe ist hier falsch angegeben. Warum das so ist, werden Sie noch später in diesem Kapitel erfahren. Da die Pixeltiefe 32 (Bit) ist, muss der Bildschirm auf viele Millionen Farben eingestellt sein. Dies müsste hier eigentlich bei Farbtiefe stehen. Abschließend werden noch die verfügbare Höhe und die verfügbare Breite für weitere Fenster ausgegeben.

```
<!DOCTYPE html PUBLIC "-//W3C//DTD HTML 4.01
  Transitional//EN" "http://www.w3.org/TR/html4/
  loose.dtd">
<html><head>
<meta http-equiv="Content-Type" content="text/
  html;charset=iso-8859-1">
<title>Homepage</title>
<script type="text/javascript">
function fenster() {
   var win;
   var Hoehe;
   var Breite;
   var Pixeltiefe;
   var Farbtiefe;
   var verfuegbare_Hoehe;
   var verfuegbare_Breite;
      win=window.open("","Hallo","width=300,height=300,
  resizable=yes");
   Hoehe=screen.height;
   Breite=screen.width;
   Pixeltiefe=screen.pixelDepth;
   Farbtiefe=screen.colorDepth;
   verfuegbare_Hoehe=screen.availHeight;
   verfuegbare_Breite=screen.availWidth;
   win.document.write("<h2><center>Dein Bildschirm</
  center></h2>");
   win.document.write("<h4>H&ouml;he: " + Hoehe + "
  Pixel
  </h4>");
```

```
   win.document.write("<h4>Breite: " + Breite + " Pixel
  </h4>");
   win.document.write("<h4>Pixeltiefe: " + Pixeltiefe +
  "
  </h4>");
   win.document.write("<h4>Farbtiefe: " + Farbtiefe + "
  </h4>");
   win.document.write("<h4>Verfügbare Höhe: " +
  verfuegbare_Hoehe + " Pixel</h4>");
   win.document.write("<h4>Verfügbare Breite: " +
  verfuegbare_Breite + " Pixel</h4>");
}
</script></head>
<body link="yellow" vlink="lime" bgcolor="#0080ff"
  text="#ffffff">
<ul>
<li><a href="index.html" onclick="fenster()">Dein
  Bildschirm</a></li>
</ul></body></html>
```

In diesem Beispiel wird ein Link erzeugt (*Dein Bildschirm*). Wird dieser Link angeklickt, baut sich ein Fenster auf, das die einzelnen Daten zum Bildschirm untereinander auflistet. Beim Anklicken des Links wird die JavaScript-Funktion *fenster()* aufgerufen.

Zuerst werden die Variablen definiert, in denen die Daten gespeichert werden:

```
var Hoehe;
var Breite;
var Pixeltiefe;
var Farbtiefe;
var verfuegbare_Hoehe;
var verfuegbare_Breite;
```

Nachdem das Fenster erzeugt worden ist, werden in den Variablen die Daten gespeichert. Um die Daten des Bildschirms festzustellen, gibt es das Objekt *screen*.

Zuerst wird die Höhe des eingestellten Bildschirms festgestellt:

```
Hoehe=screen.height;
```

*screen.height* ermittelt die Höhe, die dann in der entsprechenden Variablen gespeichert wird. *screen.width* stellt in der nächsten Zeile die Auflösungsbreite fest und speichert sie in der Variablen *Breite.* Die Pixeltiefe wird über *screen.pixelDepth* festgestellt:

```
Pixeltiefe=screen.pixelDepth;
Farbtiefe=screen.colorDepth;
```

Die Farbtiefe wird über *screen.colorDepth* festgelegt. In der obigen Abbildung waren Farbtiefe und Pixeltiefe gleich; mehr dazu später. Die verfügbare Höhe und Breite werden abschließend über die Aufrufe *screen.availHeight* und *screen.availWidth* festgestellt. Die einzelnen Daten werden über *win.document.write* im Fenster ausgegeben.

Dieser JavaScript-Code funktioniert auch im Internet Explorer 4 bis 7. Einzig die Pixel- und Farbtiefe wird anders ausgegeben.

**Abb. 7.5: Die Daten des Bildschirms im IE 7 unter Windows**

## Die Pixel- und Farbtiefe

Im Communicator wurden im Fenster die Pixel- und die Farbtiefe mit der gleichen Anzahl angegeben (nämlich 32). Die Pixeltiefe ist in Ordnung und richtig ausgegeben. Nur die Farbtiefe ist mit 32 falsch. Dies ist ein Windows-Problem. Der JavaScript-Code konnte die verwendete Farbpalette nicht korrekt ermitteln. Normalerweise hätten bei der Farbtiefe viele Millionen Farben stehen müssen. Da die Farbpalette nicht erkannt wurde, wird bei JavaScript die Farbtiefe gleich der Pixeltiefe gesetzt. Das bedeutet: Wir müssen die Farbtiefe selbst berechnen.

Dazu müssen wir den Code nur ein wenig erweitern. Wir benötigen die *if*-Abfrage und eine mathematische Funktion, mit der die Farbtiefe aus der Pixeltiefe berechnet wird. Der Code lautet:

```
if (Farbtiefe==Pixeltiefe) {
  Farbtiefe=Math.pow(2,Farbtiefe);
}
```

Fügen Sie diesen Code in die JavaScript-Funktion ein, und zwar nachdem die verfügbare Breite und Höhe ermittelt wurden. In diesem Code wird zuerst über die *if*-Abfrage geprüft, ob die Farbtiefe gleich der Pixeltiefe ist. Ist dies der Fall, dann wird der Programmblock in Klammern ausgeführt. Dort steht:

```
Farbtiefe=Math.pow(2,Farbtiefe);
```

Hier wird die mathematische Funktion der Potenzierung verwendet. Es muss das Ergebnis von 2 hoch 32 ermittelt werden. Die Funktion dazu heißt *Math.pow.* Das Objekt *Math* enthält viele mathematische Funktionen (z.B. cos, sin, tan, ...). *pow* ist für die Potenzierung zuständig. In Klammern werden die Argumente gesetzt. Das berechnete Ergebnis wird wieder der Variablen *Farbtiefe* zugeordnet. Wenn Sie sich jetzt dieses Beispiel im Netscape- oder Mozilla-Browser ansehen, stimmt das Ergebnis.

Microsoft hat mit seinem Internet Explorer leider die Daten von Pixel- und Farbtiefe vertauscht. Um auch den IE 4 bis 6 abzudecken, müssen Sie eine weitere *if*-Abfrage in den Code einfügen. Die Farbtiefe gibt im IE die Pixeltiefe an, während die Pixeltiefe auf null gesetzt ist. Setzen Sie vor der *if*-Abfrage noch eine weitere *if*-Abfrage ein:

```
if (name_des_browsers=="Microsoft Internet Explorer") {
 Pixeltiefe=Farbtiefe;
}
```

In der *if*-Abfrage wird der Name des Browsers geprüft. Handelt es sich um den IE, wird in dem Programmblock die Pixeltiefe gleich der Farbtiefe gesetzt. Danach wird die »echte« Farbtiefe berechnet, da ja beide Angaben gleich sind. Zuvor müssen Sie natürlich noch die Variable *name_des_browsers* definieren und in dieser Variablen den Namen des Browsers abfragen. Jetzt stimmt's auch im IE.

## Das Math-Objekt

In diesem Abschnitt haben Sie das *Math*-Objekt kennengelernt. Es befindet sich innerhalb der Objekthierarchie auf einer Ebene mit *window* und ist diesem nicht untergeordnet. Es ist ein frei stehendes Objekt, dem auch keine weiteren Objekte untergeordnet sind. *Math* steht direkt zur Verfügung. Das Objekt besitzt sehr viele Methoden und Eigenschaften, die für mathematische und trigonometrische Berechnungen eingesetzt werden können. Die Eigenschaften liefern Konstanten, die für Berechnungen genutzt werden können. Beispielsweise ergibt *Math.PI* den Wert der Zahl Pi (ungefähr 3,14159) und *Math.E()* liefert den Wert der Euler'schen Zahl (ungefähr 2,718). Unter den Methoden befinden sich trigonometrische Funktionen, z.B. *Math.sin()*, die den Sinus des übergebenen Winkels liefert, oder *Math.sqrt()*, die die Quadratwurzel der übergebenen Zahl berechnet. Hier finden sich auch die verschiedenen Rundungsmethoden wie *Math.round()* (Rundung auf die nächsthöhere Ganzzahl) und *Math.floor()* (Rundung auf die nächstniedrigere Ganzzahl).

## Das screen-Objekt

In diesem Abschnitt haben Sie das *screen*-Objekt kennengelernt. Dem *screen*-Objekt sind keine weiteren Objekte untergeordnet. Das Objekt ist auch keinem anderen Objekt untergeordnet. *screen* verfügt nur über Eigenschaften, die ausgelesen, nicht aber verändert werden können. Dazu zählen *screen.width* und *screen.height* für die Höhe und Breite der Auflösung, *screen.colorDepth* für die Bittiefe und *screen.pixelDepth* für die Farbzahl in Bits pro Pixel.

# Sinnvolle Anwendungen

Die Abfrage der Bildschirmauflösung und der Farbtiefe eröffnet eine neue Möglichkeit, das Design einer Website zu optimieren. Sie können nämlich nun feststellen, welche Auflösung der Internetsurfer auf seinem Computer eingestellt hat. Dementsprechend können Sie Ihre Webseiten darauf abstellen. Hat der Surfer beispielsweise eine Auflösung von 1024*768 Pixel eingestellt, verfügt er aller Wahrscheinlichkeit nach über einen 17-Zoll-Monitor. Sie haben hier viel Platz, können also auf Ihrer Site viele Frames verwenden. Hat der Surfer dagegen nur 640*480 Pixel eingestellt, verwendet er vermutlich einen 14-Zoll-Monitor. Hier Frames zu verwenden ist nicht sehr empfehlenswert, da der Platz doch sehr begrenzt ist. Sie stellen die Auflösung im Skript fest, und über eine *if*-Abfrage verzweigt das Skript auf andere HTML-Dateien, die für die Auflösung optimiert sind.

```
<!DOCTYPE html PUBLIC "-//W3C//DTD HTML 4.01
  Transitional//EN" "http://www.w3.org/TR/html4/
  loose.dtd">
<html><head>
<meta http-equiv="Content-Type" content="text/
  html;charset=iso-8859-1">
<title>Homepage</title>
<script type="text/javascript">
function aufloesung() {
  var Hoehe, Breite;
  Hoehe=screen.height;
  Breite=screen.width;
  if (Breite>600 && Breite<800) {
   window.open ("seite1.html");
  }
  if (Breite>=800 && Breite<1024) {
   window.open ("seite2.html");
  }
  if (Breite>=1024) {
   window.open ("seite3.html");
  }
```

```
}
</script></head>
<body onload="aufloesung()">
</body></html>
```

In diesem Code wird in einer *if*-Abfrage die Breite in Pixeln abgefragt. Dazu erstellen wir die JavaScript-Funktion *aufloesung (),* die gleich beim Laden der Seite ausgeführt wird. In der Funktion wird die Seitenbreite geprüft. Ist sie größer als 600 und kleiner als 800, wird die HTML-Datei *seite1.html* aufgerufen. Ist die Seitenbreite größer/gleich 800 Pixel und kleiner als 1024, wird *seite2.html* aufgerufen, die zwei Frames enthält. Ist die Seitenbreite größer oder gleich 1024 Pixel, wird die Datei *seite3.html* aufgerufen, die vier Frames enthält.

Dieses Vorgehen ist sinnvoll, denn wenn die Auflösung höher ist, steht in der Regel auch mehr Platz auf dem größeren Monitor zur Verfügung. Auf diese Weise können Sie Ihre Homepage in verschiedenen Fassungen anbieten, die genau auf den Internetsurfer zugeschnitten sind.

TIPP

Beachten Sie unbedingt, dass es noch weitere Auflösungsmodi gibt, die Sie in die *if*-Abfrage integrieren könnten (z.B. 1600*1280 Pixel). Dies hängt von den verwendeten Grafikkarten ab.

## Plug-Ins

Mit JavaScript ist es einfach, die installierten Plug-Ins festzustellen. Dies ist ebenfalls eine sehr nützliche und sinnvolle Möglichkeit, die eigene Webseite zu optimieren. Ein Plug-In wird bei den Browsern benötigt, um bestimmte Elemente darzustellen. Beispielsweise wird die Java-Funktionalität im Netscape 6/7/8/9, Mozilla 1.x und Firefox 1.x/2.x über ein Java-Plug-In realisiert. Flash-Filme benötigen ebenfalls ein spezielles Plug-In.

Es ist durchaus sinnvoll, einen JavaScript-Code zu schreiben, der nach dem Laden der Webseite prüft, ob der Internetsurfer das notwendige Plug-In überhaupt installiert hat. Ist das Plug-In vorhanden, kann die eigentliche Seite aufgerufen werden. Anderenfalls wird der Internetsurfer entweder auf eine Seite geführt, über die er das benötigte Plug-In laden kann, oder es wird ihm eine einfache Version der Webseite (z.B. als Textmodus) angezeigt. Um das Plug-In feststellen zu können, wird wieder das *navigator*-Objekt verwendet. Zuerst werden wir aber die installierten Plug-Ins ermitteln und in einem separaten Fenster ausgeben.

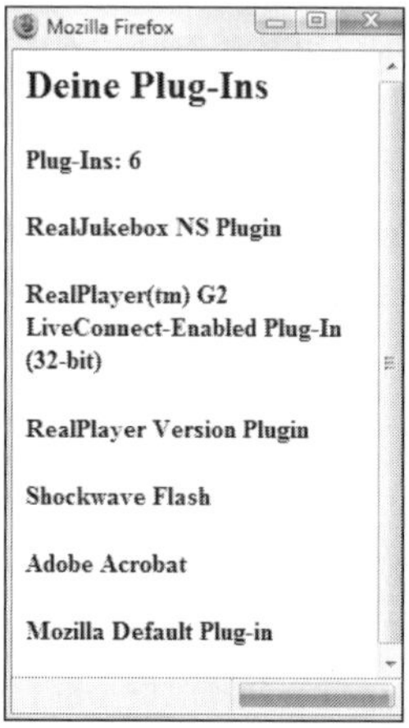


**Abb. 7.6: Die installierten Plug-Ins werden in einem separaten Fenster angezeigt**

```
<!DOCTYPE html PUBLIC "-//W3C//DTD HTML 4.01 Transitional//EN" "http://www.w3.org/TR/html4/loose.dtd">
<html><head>
<meta http-equiv="Content-Type" content="text/html;charset=iso-8859-1">
<title>homepage</title>
<script type="text/javascript">
function abfrage () {
   var Anzahl_der_Plugins=navigator.plugins.length;
   var win=window.open ("","Hallo",
  "width=200,height=250,resizable=yes,scrollbars=yes");
```

```
        var i=-1;
        win.document.write ("<h2>Deine Plug-Ins</h2>");
        win.document.write ("<h4>Plug-Ins: " +
      Anzahl_der_Plugins + "</h4>");
        while (i<Anzahl_der_Plugins) {
            i++;
            win.document.write
      ("<h4>"+navigator.plugins[i].name+"</h4>");
        }
    }
    </script></head>
    <body onload="abfrage ()">
    </body></html>
```

Der JavaScript-Code besteht aus der Funktion *abfrage,* die über *onload* im *<body>*-Tag geladen wird. Zu Beginn steht die Zeile

```
var Anzahl_der_Plugins=navigator.plugins.length;
```

Hier wird eine Variable definiert *(Anzahl_der_Plugins)*, der sofort ein Wert zugewiesen wird. In dieser Variablen soll die Anzahl der installierten Plug-Ins ermittelt werden. Um diese zu ermitteln, wird das *Plugin*-Objekt verwendet, das dem *navigator*-Objekt untergeordnet ist. *navigator.plugins.length* ermittelt die Anzahl der Plug-Ins.

Anschließend wird eine weitere Variable definiert *(win)*, die das separate Fenster repräsentiert, in dem die Namen der Plug-Ins später ausgegeben werden. Beachten Sie die neue Option *scrollbars=yes.* Hierüber wird dem Fenster eine Scrollleiste hinzugefügt. Diese werden wir brauchen, denn es sind in der Regel viele Plug-Ins installiert, die alle im Fenster aufgelistet werden. Es schließt sich noch die Variable *i* an, die wir als Zähler verwenden.

Anschließend werden die Überschrift für das Fenster sowie die Anzahl der Plug-Ins angezeigt. Danach folgt eine *while*-Schleife. Sie wird so lange durchlaufen, wie die Variable *i* kleiner als die Anzahl der Plug-Ins ist. In Klammern folgt der Programmblock, der ausgeführt wird: *i* wird zuerst hochgezählt und anschließend der Name des Plug-Ins ausgegeben. Der Name eines Plug-Ins wird über

```
navigator.plugins[i].name
```

ermittelt. Dabei kann jedes Plug-In genau angesprochen werden, indem die Nummer des Plug-Ins in eckige Klammern gesetzt wird. Dies wird als *Indexnummer* bezeichnet. Da wir die Variable *i* als Zähler verwenden, setzen wir diese in eckige Klammern. Wir hätten statt der *while*-Schleife auch untereinander schreiben können:

```
navigator.plugins[0].name
navigator.plugins[1].name
navigator.plugins[2].name
navigator.plugins[3].name
```

Nur wissen wir ja nicht, wie viele Plug-Ins der Internetsurfer installiert hat. Dies ist mit einer Schleife wesentlich eleganter zu lösen. Jedes Plug-In hat eine eigene Nummer: das erste bekommt die Ziffer 0, das zweite 1, das dritte 2 usw.

Sehen Sie sich einmal die bei Ihnen installierten Plug-Ins an. Es sind viele Plug-Ins vorhanden, teilweise sehr spezielle, die seltener zur Anwendung kommen. Damit haben Sie jetzt gesehen, wie Sie ein Plug-In ermitteln. Im nächsten Abschnitt werden wir dies erweitern.

**TIPP**

Dieser JavaScript-Code funktioniert nicht im Microsoft Internet Explorer 4, 5.x, 6 und 7 unter Windows. Interessanterweise ist dieser Code jedoch mit dem IE 5 unter Mac OS ausführbar!

**TIPP**

Verwenden Sie statt *navigator.plugins[i].name* den Teil *navigator.plugins[i].filename*, wird nicht der Name des Plug-Ins ausgegeben, sondern sein Dateiname inklusive des Pfads.

### Das Plugin-Objekt

In diesem Abschnitt haben Sie das *Plugin*-Objekt kennengelernt. Es ist dem *navigator*-Objekt untergeordnet. Dem *Plugin*-Objekt sind keine weiteren Objekte untergeordnet. *Plugin* verfügt fast nur über Eigenschaften, die ausgelesen, nicht aber verändert werden können. Dazu zählen *navigator.plugins[].description*, das eine Beschreibung des Plug-Ins liefert. *navigator.plugins[].name* ermittelt den Namen des Plug-Ins, *navigator.plugins[].length* die Anzahl der installierten Plug-Ins und *navigator.plugins[].filename* den Dateinamen des Plug-Ins im Rahmen der Browserinstallation.

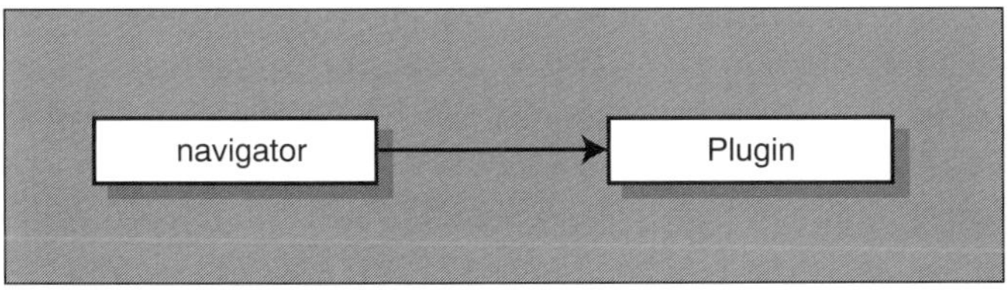


**Abb. 7.7: Das Objekt *Plugin***

## Nach einem Plug-In fragen

Wir werden jetzt unsere eigentliche Idee realisieren: Wir lassen JavaScript ermitteln, ob ein bestimmtes Plug-In installiert ist, das zur Darstellung der Webseite unbedingt benötigt wird. Wir werden einen Code verwenden, der prüft, ob das Flash-Plug-In im Browser installiert ist. Ist dies der Fall, kann eine Seite mit einer Flash-Animation geladen werden. Ist das Plug-In dafür nicht enthalten, wird eine Seite ohne Flash-Animation angezeigt. Das Flash-Plug-In trägt den Namen *Shockwave Flash*.

Der Programmcode ändert sich nur in der JavaScript-Funktion *abfrage:*

```
function abfrage () {
 var Anzahl_der_Plugins=navigator.plugins.length;
 var i=0;
```

```
  var Plugin=0;
  while (i<Anzahl_der_Plugins) {
   if (navigator.plugins[i].name=="Shockwave Flash") {
    window.open("flash.html");
    Plugin=1;
   }
   i++;
  }
  if (Plugin==0) {
   window.open("error.html");
  }
 }
```

Die Änderungen sind nicht sehr umfangreich. Zu Beginn der Funktion wird eine neue Variable *Plugin* definiert, die den Wert 0 zugewiesen bekommt. Später wird sie auf 1 gesetzt, wenn das Plug-In vorhanden ist, andernfalls behält sie den Wert 0 bei. Danach folgt die bekannte *while*-Schleife. Die Schleife wird so lange durchlaufen, wie *i* kleiner als die Anzahl der installierten Plug-Ins ist. Darin eingebettet finden Sie eine *if*-Abfrage:

```
if (navigator.plugins[i].name=="Shockwave Flash")
```

Hier wird nach einem bestimmten Namen eines Plug-Ins gefragt *(Shockwave Flash,* das zur Darstellung von Flash-Filmen eingesetzt wird). Ist der Name identisch mit dem Namen des Plug-Ins, das über *navigator.plugins[i].name* ermittelt wird, wird die Webseite *vrml.html* aufgerufen und anschließend die Variable *Plugin* auf 1 gesetzt.

Am Ende der *while*-Schleife wird der Zähler *i* hochgezählt. Nach der *while*-Schleife folgt noch eine *if*-Abfrage, ob die Variable *Plugin* den Wert 0 enthält (also das gesuchte Plug-In nicht festgestellt wurde). Dies ist notwendig, da der JavaScript-Code noch ausgeführt wird, auch wenn die neue Seite schon geladen ist. Hat *Plugin* den Wert 0, wird über *window.open()* eine Error-Seite geladen. Auf dieser Seite können Sie den Surfer darauf hinweisen, dass er nicht über das notwendige Plug-In verfügt.

Dieses JavaScript funktioniert nicht im Microsoft Internet Explorer 4 bis 7 unter Windows. Interessanterweise ist dieser Code jedoch mit dem IE 5.x unter Mac OS ausführbar!

TIPP

## Zusammenfassung

In diesem Kapitel wurden folgende Themen behandelt:

- wie Sie Daten des Browsers über das *navigator*-Objekt abfragen,
- wie Sie die verwendete Bildschirmauflösung des Internetsurfers ermitteln,
- wie Sie installierte Plug-Ins feststellen und abfragen,
- warum die Browserdaten für Ihre Webseite nützlich sein können und wofür sie eingesetzt werden.

## Fragen und Übungen

1. Wo liegt der Unterschied zwischen *navigator.appName* und *navigator.appCodeName*?
2. Über welche Eigenschaften wird die Bildschirmauflösung ermittelt?
3. Wie wird der Name eines Plug-Ins ermittelt?
4. Was ist der Unterschied zwischen *navigator.plugins[ Index].name* und *navigator.plugins[Index].filename?*

# 8 Bewegte Texte für die Homepage

In diesem Kapitel lernen Sie, wie Sie einige interessante Effekte in Ihre Homepage integrieren. Dazu gehört eine Laufschrift, die in der Statusleiste des Browsers durchläuft, und Sie werden sehen, wie Sie einen Bannertext auf der Website erstellen.

## Eine Laufschrift in der Statusleiste

In diesem Kapitel werden Sie einen sich bewegenden Text für die Statusleiste programmieren. Der Text soll sich langsam von rechts nach links bewegen, bis er ganz am linken Rand verschwunden ist. Danach soll er rechts in der Statusleiste wieder auftauchen und sich erneut nach links bewegen. In unserem Beispiel benutzen wir den Text +++ *NEU!* +++ *Ab dem 1. März mit neuen Webseiten!!!*

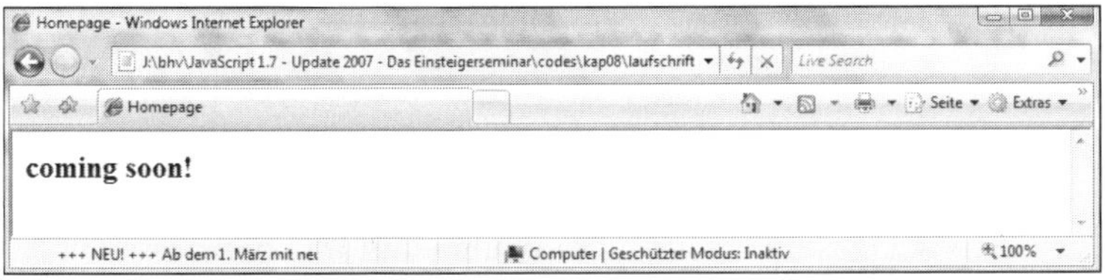


**Abb. 8.1: In der Statusleiste bewegt sich etwas: Ein Text läuft von rechts nach links durch**

Sollte der Code in Ihrem Browser nicht ausgeführt werden, beachten Sie bitte die Sicherheitseinstellungen Ihres Browsers. Lesen Sie dazu auch bitte den Abschnitt »Sicherheit bei JavaScript und im Browser« im Kapitel 2.

```
<!DOCTYPE html PUBLIC "-//W3C//DTD HTML 4.01
  Transitional//EN" "http://www.w3.org/TR/html4/
  loose.dtd">
<html><head>
<meta http-equiv="Content-Type" content="text/
  html;charset=iso-8859-1">
<title>Homepage</title>
<script type="text/javascript">
  var message="+++ NEU! +++ Ab dem 1. März mit neuen
  Webseiten!!!"
  var a=0, b, leerzeichen=" ", zeichenlaenge;
  var message_ausgabe;
  // Dem Text werden Leerzeichen vorangestellt
  for (b=120; b>=0; b--)
   {
     leerzeichen=leerzeichen+" ";
   }
   message=leerzeichen+message;
   zeichenlaenge=message.length;
function laufschrift () {
   // Jetzt erfolgt die Ausgabe
   a=a+1;
   message_ausgabe=message.substring (a,zeichenlaenge);
   window.status=message_ausgabe;
   if (a>=zeichenlaenge) {
         a=0;
   }
// Die Funktion wird neu aufgerufen
   window.setTimeout ('laufschrift ()', 100);
}
</script></head>
<body bgcolor="white" text="black" onload="laufschrift
  ()">
<h2>coming soon!</h2>
</body></html>
```

Gleich nach dem *<script>*-Tag werden einige Variablen global definiert. Zuerst kommt der eigentliche Text, der auf der Statusleiste ausgegeben werden soll:

```
var message="+++ NEU! +++ Ab dem 1. März mit neuen
    Webseiten!!!"
```

Die Variable *message* enthält den Text. Danach werden einige weitere Variablen definiert, die später gebraucht werden (nämlich *a, b, leerzeichen, zeichenlaenge, message_ausgabe)*. Danach werden dem Text mehrere Leerzeichen hinzugefügt. Dies ist notwendig, denn der Text soll ja von rechts einfließen. Würden wir keine Leerzeichen vor den Text setzen, stünde der Text sofort ganz links in der Statusleiste – das ist nicht wünschenswert. Die Leerzeichen werden über eine *for*-Schleife hinzugefügt. Und zwar wird dazu wieder ein String erzeugt, der 120 Leerzeichen enthält. Nach der *for*-Schleife wird dieser »Text«, der nur Leerzeichen enthält, vor unseren Text gesetzt, der ausgegeben werden soll (und der in der Variablen *message* gespeichert ist):

```
message=leerzeichen+message;
```

Denken Sie daran, dass die Leerzeichen davorgesetzt werden. Es müssen 120 Leerzeichen gesetzt werden, denn genau so viel Text passt in die Statusleiste vom Netscape-Browser für die Bildschirmauflösung 640*480 Pixel. Bei einer Auflösung von 1280*1024 Pixel müssen Sie statt 120 Leerzeichen etwa 320 Leerzeichen verwenden. Es schließt sich nun noch eine Zeile an, die die Länge des gesamten Textes ermittelt:

```
zeichenlaenge=message.length;
```

Die Länge wird in der Variablen *zeichenlaenge* gespeichert. *message* spricht unseren Text-String an, und *length* ermittelt die Anzahl der Zeichen im String.

Nun beginnt die eigentliche Funktion, die den Text in der Statusleiste ausgeben soll. Die Funktion *laufschrift ()* ist relativ kurz. In dieser Funktion wird eine Variable *a* zum Zählen benutzt. Die »Schleife« startet bei *0* und endet, wenn *a* den Wert der Variablen *zeichenlaenge* hat. Danach folgt die entscheidende Codezeile:

```
message_ausgabe=message.substring (a,zeichenlaenge);
```

Der neuen Variablen *message_ausgabe* wird ein neuer Text zugewiesen. Er wird über *substring* ermittelt. Da sich der Text von rechts nach links bewegen soll, muss am Anfang von *message* immer ein Zeichen »abgeschnitten« werden. Da wir aber nicht so einfach Zeichen abziehen können, benutzen wir *substring*, um die Zeichenkette zu verkürzen. Wenn die »Schleife« beginnt, steht *a* auf *0*. Das heißt: Die Variable *message_ ausgabe* bekommt einen Text zugewiesen, der die Buchstaben *0* bis *zeichenlaenge* enthält. Wird die »Schleife« ein zweites Mal durchlaufen, bekommt *message_ausgabe* den Text vom Buchstaben *1* bis *zeichenlaenge* zugewiesen, beim dritten Mal von *2* bis *zeichenlaenge* usw. Die »Schleife« wird erst abgebrochen, wenn die Variable *a* den Wert von *zeichenlaenge* erreicht hat. Es wird also für *message* die Methode *substring* angesprochen, die alle Zeichen von der Stelle des ersten Werts bis zur Stelle des zweiten Werts im String zurückliefert. In der nächsten Zeile wird der Text, der nun in der Variablen *message_ausgabe* gespeichert ist, über *window.status* ausgegeben.

Anschließend muss noch geprüft werden, ob *a* größer oder gleich dem Wert von *zeichenlaenge* ist. Ist dies der Fall, dann sind genau *zeichenlaenge* Zeichen von der Variablen *message* »abgeschnitten« worden, und der Text ist aus der Statusleiste herausgewandert. Wir müssen also die Variable *a* erneut auf null setzen, damit das Hochzählen wieder von vorne beginnen kann. Dies geschieht über die entsprechende *if*-Abfrage. Danach wird die Funktion *laufschrift* erneut aufgerufen. Beim Laden der HTML-Seite wird die JavaScript-Funktion im *<body>*-Tag über *onload* gestartet.

TIPP

Wenn Sie einen anderen Text in der Statusleiste ausgeben möchten, ändern Sie einfach den Text ab, der am Anfang der Funktion in der Variablen *message* gespeichert wird.

### Die for-Schleife

Neben der *if*-Abfrage und der *while*-Schleife gehört die *for*-Schleife mit zu den wichtigsten Bestandteilen einer Programmiersprache. Sie ist in fast jeder Sprache enthalten. In diesem Beispiel haben wir eine einfache *for*-Schleife benutzt:

```
for (b=120; b>=0; b--) {
  leerzeichen=leerzeichen+" ";
}
```

*for* leitet diese Schleife ein, und in Klammern steht der sogenannte Schleifenkopf. Dort steht zuerst *b=120.* Dies ist der Anfangswert der Variablen *b.* Am Ende der Klammer steht die sogenannte Schrittweite: *b--.* Das bedeutet, dass die Variable *b* immer um eins nach unten gezählt wird. Und dies wird so lange durchgeführt, bis die Variable *b* den Wert *-1* erreicht hat (also die Bedingung, dass *b* größer/gleich 0 ist, falsch wird). Man könnte also den Schleifenkopf folgendermaßen übersetzen:

*von b=120 bis b>=0, wobei b immer um eins nach unten gezählt wird.*

Stößt der Browser das erste Mal auf diese Schleife, wird die Variable *b* auf 120 gesetzt und um eins nach unten gezählt. Da die Variable *b* somit noch größer oder gleich null ist, wird der Programmteil ausgeführt, der in den geschweiften, nachfolgenden Klammern steht. Dies wird so lange durchlaufen, bis *b* nicht mehr größer oder gleich null ist (also den Wert -1 erreicht hat). Dann wird die Schleife abgebrochen und mit dem darauf folgenden Code fortgefahren.

Allgemein sieht die *for*-Schleife folgendermaßen aus:

```
for (Initialisierung; Laufbedingung; Schrittweite) {
  // Hier käme jetzt der Code, der ausgeführt wird
}
```

*for* leitet die Schleife ein. Mit *Initialisierung* wird einer Variablen ein Anfangswert zugewiesen. Die *Laufbedingung* gibt an, wann die Schleife abgebrochen werden soll. Die *Schrittweite* gibt die Zählung der Variablen an, die im Schleifenkopf initialisiert worden ist.

# Ein Banner

Im nächsten Beispiel werden wir einen Bannertext auf der Webseite erzeugen. Dazu benötigen wir ein Formular, in dem der Bannertext durchläuft. Im vorhergehenden Beispiel war die Laufschrift auf der Statusleiste des Webbrowsers vorhanden. Hier wird sie direkt auf der Webseite ausgegeben. Das Gute dabei: Wir brauchen unseren Programmcode von der Laufschrift nur ein wenig zu modifizieren, um daraus einen Bannertext zu machen.

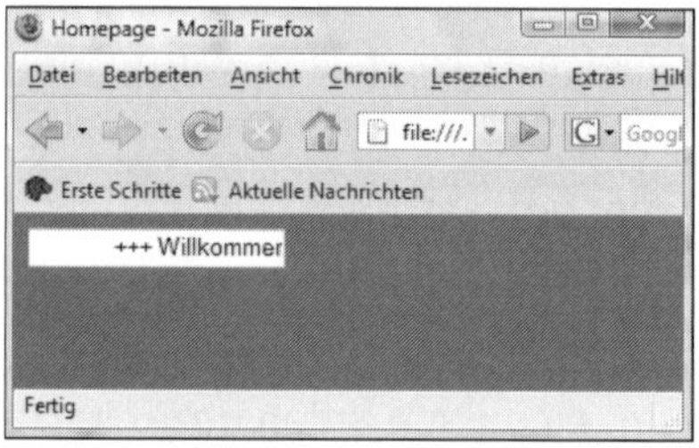


**Abb. 8.2: Ein Text läuft durch ein Formularfeld, hier in Firefox**

In diesem Beispiel läuft der Text +++ *Willkommen auf unseren Webseiten!* +++ in dem Formular von rechts nach links durch. Dies wird häufig im Internet eingesetzt.

```
<!DOCTYPE html PUBLIC "-//W3C//DTD HTML 4.01 Transitional//EN" "http://www.w3.org/TR/html4/loose.dtd">
<html><head><title>Homepage</title>
<meta http-equiv="Content-Type" content="text/html;charset=iso-8859-1">
<script type="text/javascript">
  var message="+++ Willkommen auf unseren Webseiten!+++";
  var a=0, b, leerzeichen=" ", zeichenlaenge;
  var message_ausgabe;
  // Dem Text werden Leerzeichen vorangestellt
  for (b=25; b>=0; b--) {
   leerzeichen=leerzeichen+" ";
  }
```

```
    message=leerzeichen+message;
    zeichenlaenge=message.length;
function banner () {
    a=a+1;
    message_ausgabe=message.substring (a,zeichenlaenge);
    // Der Text wird in dem Formular ausgegeben
    document.Bannertext.Bannerfeld.value=
  message_ausgabe;
    if (a>=zeichenlaenge) {
      a=0;
    }
    // Die Funktion wird neu aufgerufen
    window.setTimeout ('banner ()', 100);
}
</script></head>
<body bgcolor="#0080ff" text="black" onload="banner
  ()">
<form name="Bannertext">
<input size="20" name="Bannerfeld">
</form></body></html>
```

Der Code ist sehr ähnlich wie der Code der Laufschrift. Doch hier erscheint die Laufschrift in einem Formular und wird langsam von rechts nach links gescrollt. Dazu wird erst einmal ein Formular erzeugt. Dies geschieht am Ende des HTML-Codes:

```
<form name="Bannertext">
<input size="20" name="Bannerfeld">
</form>
```

Ein solches Formular wird über *<form>* erstellt. Hier ist das Listenfeld nur mit einem Namen *(Bannertext)* versehen. Über das Tag *<input>* wird das Eingabefeld genauer spezifiziert. *size* gibt die Größe in Zeichen an. Das Formularfeld hat hier eine Größe von 20 Zeichen. *name* vergibt einen Namen *(Bannerfeld)*.

Die Laufschrift wird dann im JavaScript-Code erzeugt. Dazu benutzen wir die Funktion *banner ()*. Wenn Sie sich die Funktion ansehen, merken Sie, dass sie fast identisch ist mit der Funktion *laufschrift ()* aus dem letzten Abschnitt. Es werden die gleichen Variablen definiert. Auch das Bewegen des Textes von rechts nach links wird mit dem gleichen Code durchgeführt. Sie brauchen praktisch nur zwei Änderungen durchzuführen:

1. Da das Formular eine Größe von 20 Zeichen hat, müssen wir dem Text (der in *message* gespeichert ist) nur 25 Leerzeichen voranstellen (und zwar 5 Leerzeichen mehr, damit der Text auch ganz im Formular nach rechts geschoben wird und verschwindet!). Deshalb lautet der Schleifenkopf der ersten *for*-Schleife:

   ```
   for (b=25; b>=0; b--)
   ```

2. Die Ausgabe erfolgt nicht in der Statusleiste des Browsers, sondern soll direkt in dem Formular vorgenommen werden. Dazu dient die Zeile

   ```
   document.Bannertext.Bannerfeld.value=message_ausgabe;
   ```

Dadurch wird im aktuellen Dokument *(document)* das Formular *Bannertext* und darin das Feld *Bannerfeld* angesprochen und mit einem neuen Wert *(value)* belegt.

Das sind alle Änderungen. Mit ein paar Veränderungen haben Sie es geschafft, dass der Text in einem Formular bewegt wird.

TIPP

Mehr zu Formularen und wie diese von JavaScript aus angesprochen sowie ausgewertet werden können, lernen Sie in Kapitel 9.

## Zusammenfassung

In diesem Kapitel wurden folgende Themen behandelt:

- wie Sie eine Laufschrift auf der Statusleiste des Browsers erzeugen,
- wie Sie einen Bannertext in einem Formular auf die Seite integrieren,
- was eine *for*-Schleife ist.

# Fragen und Übungen

**1** Können Sie die Schriftgröße eines Textes in der Statusleiste verändern?

**2** Welche JavaScript-Routine kommt zum Einsatz, um einen Text in der Statusleiste ausgeben zu können?

**3** Ist die folgende *for*-Schleife korrekt?

```
for (a=0, a<100, a=a+1) {
     //hier passiert jetzt irgendetwas
}
```

# 9 Formulare auswerten: Das Form-Objekt

Formulare werden intensiv auf Webseiten eingesetzt, damit beispielsweise der Internetsurfer seine Adresse an den Betreiber der Webseite schicken kann. Dies kann im Rahmen von Bestellungen geschehen, aber auch nur um Informationsunterlagen anzufordern. Formulare können sehr gut von JavaScript ausgewertet werden. Dies ist einfacher, denn JavaScript kann vor dem Absenden der Daten prüfen, ob die Eingaben korrekt sind (z.B. kann in einem Feld für die Postleitzahl geprüft werden, ob dort nur Zahlen eingegeben wurden). In diesem Kapitel lernen Sie alles über Formulare und deren Auswertung durch JavaScript.

## Ein einfaches Formular

In einem ersten Beispiel wollen wir ein einfaches Formular erstellen, in dem der Name des Internetsurfers eingetragen werden soll. Wir wollen in JavaScript prüfen, ob der Surfer eine Eingabe getätigt und ob diese Eingabe eine bestimmte Zeichenlänge nicht überschritten hat.

```
<!DOCTYPE html PUBLIC "-//W3C//DTD HTML 4.01
  Transitional//EN" "http://www.w3.org/TR/html4/
  loose.dtd">
<html><head>
<meta http-equiv="Content-Type" content="text/
  html;charset=iso-8859-1">
<title>Homepage</title>
<script type="text/javascript">
function check () {
   var laenge, Eingabe;
   Eingabe=window.document.Eingabe.Feld1.value;
   laenge=Eingabe.length;
   if (Eingabe!="") {
```

```
    if (laenge>20) {
     alert ("Eingabe zu lang!");
    }
   }
   else {
    alert ("Keine Eingabe!");
   }
}
</script>
<body></head>
<p>Wie heißt Du?</p>
<form name="Eingabe">
<input name="Feld1" size="20">
<input type="button" value="Drück' mich"
  onclick="check()">
</form></body></html>
```

Im HTML-Teil des Codes wird das Formular erzeugt. Das Formular bekommt den Namen *Eingabe.* Es werden zwei Elemente in das Formular integriert: eine Eingabezeile, die maximal 20 Zeichen lang ist und die den Namen *Feld1* trägt, sowie ein Button. Über den Eventhandler *onclick* wird das Skript gestartet, das das Formular auswertet.

Zu Beginn der Funktion *check* werden zwei Variablen definiert. In *Eingabe* wird der Inhalt des Eingabefeldes gespeichert:

```
Eingabe=window.document.Eingabe.Feld1.value;
```

*value* ist eine Eigenschaft, die den Inhalt eines Formulars enthält. Das Formular wird über den Namen angesprochen, der in dem Tag *<form>* enthalten ist *(Eingabe)*, gefolgt von dem Namen des Formularelements, das in dem *<input>*-Tag eingetragen ist *(Feld1)*.

In der Variablen *laenge* wird die Länge des Textstrings gespeichert:

```
laenge=Eingabe.length;
```

*length* ist eine Eigenschaft des *String*-Objekts und ermittelt die Länge eines Strings.

Danach folgt eine *if*-Abfrage, die prüft, ob sich in der Variablen *Eingabe* überhaupt ein Inhalt befindet. Ist dies nicht der Fall, wird der *else*-Teil weiter unten ausgeführt und dort eine Fehlermeldung ausgegeben. Ist in dem Eingabefeld ein Inhalt vorhanden, prüft eine zweite *if*-Abfrage, ob die Länge der Eingabe größer als 20 ist. Ist dies der Fall, wird eine Fehlermeldung ausgegeben.

## Das Objekt Form

Das Objekt *Form* dient in JavaScript zum Ansprechen von Formularen, die über das Tag *<form>* erzeugt wurden. Dabei werden die *<form>*-Tags vom Browser in der Abfolge ihres Auftretens im HTML-Code durchnummeriert. Ein Formular (nicht dessen Elemente!) wird dann angesprochen über:

```
window.document.forms[1]
```

Dies spricht das zweite Formular, d.h. das zweite *<form>* Tag, an. Die Zählung der Indexnummer beginnt bei 0. Alternativ kann das Formular über einen Namen statt über die Indexnummer angesprochen werden, sofern das Attribut *name* im *<form>*-Tag verwendet wird. Interessant sind die Methoden *reset()* und *submit()*. *reset()* arbeitet wie der Schaltknopf *<input type="reset">*: Der Inhalt der Formularfelder wird über diese Methode gelöscht. Die Methode *submit()* arbeitet wie der Schaltknopf *<input type="submit">*: Beim Aufrufen dieser Methode wird der Inhalt der Formularfelder per E-Mail verschickt. Die Eigenschaft *action* enthält den Wert des Attributs *action*, das im *<form>*-Tag gesetzt wurde. *length* gibt die Anzahl der im *<form>*-Tag enthaltenen Formularfelder an. Das Objekt *Form* ist direkt dem *document*-Objekt untergeordnet.

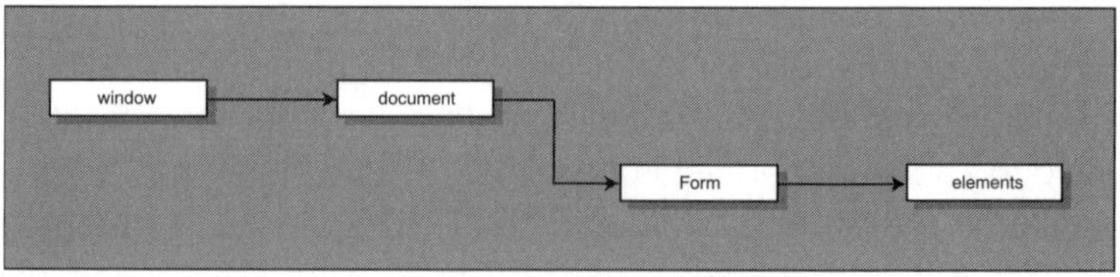


**Abb. 9.1: Die Objekthierarchie des *Form*-Objekts**

## Das Objekt elements

Das Objekt *elements* ist dem Objekt *Form* untergeordnet und stellt die konkreten Felder innerhalb eines Formulars dar. Die einzelnen Felder eines Formulars, d.h. die *<input>*-Tags, werden vom Browser in der Reihenfolge ihres Auftretens im HTML-Code durchnummeriert. Jedes einzelne Formularfeld kann durch diese Indexnummer angesprochen werden:

```
window.document.forms[1].elements[2]
```

Dies spricht das dritte Formularfeld im zweiten Formular an. Die Zählung der Indexnummer beginnt bei 0. Alternativ kann das Formular über einen Namen statt über die Indexnummer angesprochen werden, sofern das Attribut *name* im *<input>*-Tag verwendet wird. Die Methode *focus()* des *elements*-Objekts setzt den Fokus auf das Eingabefeld, d.h., der Cursor wird in das Eingabefeld gesetzt, und der Anwender kann Eingaben tätigen. Die Methode *select()* markiert das Feld. Die Eigenschaft *value* liest den Inhalt des Eingabefeldes aus und kann einen neuen Inhalt setzen. Die Eigenschaft *type* gibt den Typ des Eingabefeldes an, der im Attribut *type* des *<input>*-Tags angegeben wurde.

# Der Passwortschutz über Formulare

Erinnern Sie sich noch an den einfachen Passwortschutz aus Kapitel 6? Dort hatten Sie die Dialogbox *prompt()* benutzt, um ein Passwort einzugeben. Dies können Sie nun komfortabler über Formularfelder realisieren. Dabei dienen zwei Formularfelder für die Eingabe der Daten: das erste Feld für den Benutzernamen und das zweite Feld für das Passwort.

Die Auswertung und die Prüfung erfolgt auch hier wieder über JavaScript. Bedenken Sie dabei, dass dieses Verfahren durchaus Sicherheitsprobleme hat und der Benutzername sowie das Passwort nicht ausreichend »versteckt« werden kann. Um die Sicherheit einigermaßen zu erhöhen, sollte das Skript in eine separate *.js*-Datei ausgelagert werden. Die HTML-Datei ist relativ einfach:

```
<!DOCTYPE html PUBLIC "-//W3C//DTD HTML 4.01
  Transitional//EN" "http://www.w3.org/TR/html4/
  loose.dtd">
<html><head>
<meta http-equiv="Content-Type" content="text/
  html;charset=iso-8859-1">
<title>Homepage</title>
<script type="text/javascript" src="test.js">
</script></head>
<body>
<p>Bitte einloggen:</p>
<form name="Eingabe">
Benutzername:<br>
<input name="Feld1" size="20"><br>
Passwort:<br>
<input name="Feld2" size="20"><br>
<input type="submit" value="Drück' mich"
  onclick="check()">
</form></body></html>
```

Es werden zwei Formularfelder erzeugt. Das Formular trägt den Namen *Eingabe* und die beiden Felder zur konkreten Eingabe die Namen *Feld1* und *Feld2*. Das Prüfen der Eingabe wird über *onclick* im dritten *<input>*-Tag ausgelöst.

Der JavaScript-Code ist ausgelagert und sieht folgendermaßen aus:

```
function check() {
   var laenge1,laenge2,benutzer, pass;
   benutzer=window.document.Eingabe.Feld1.value;
```

```
    pass=window.document.Eingabe.Feld2.value;
    laenge1=benutzer.length;
    laenge2=pass.length;
    if (laenge1==0 || laenge2==0) {
       alert ("Es fehlen noch Daten ...");
     }
    else {
     if (benutzer=="admin") {
      if (pass=="123") {
       alert ("OK ...");
       window.open("seite.htm");
      }
      else {
       alert ("Fehlerhaftes Passwort ...");
      }
     }
     else {
      alert ("Fehlerhafter Benutzer ...");
     }
    }
}
```

Nach dem Beginn der Funktion werden vier Variablen definiert *(laenge1, laenge2, benutzer, pass)*. In der Variablen *benutzer* wird der Benutzername gespeichert, der anschließend aus dem ersten Eingabefeld ausgelesen wird. In der Variablen *pass* wird das Passwort gespeichert, das danach aus dem zweiten Eingabefeld ermittelt wird. In den nächsten beiden Zeilen wird die Länge der Zeichen der beiden Eingaben ermittelt und in *laenge1* und *laenge2* gespeichert.

Es schließt sich die erste *if*-Abfrage an. Hier wird geprüft, ob der Inhalt der Variablen *laenge1* oder *laenge2* gleich 0 ist. Ist in eines der beiden Eingabefelder nichts eingegeben worden, ist die Zeichenlänge gleich null und die gesamte *if*-Abfrage ist somit wahr. Es wird der nachfolgende Programmblock betreten, in dem eine *alert()*-Box darauf hinweist, dass noch Daten fehlen.

Ist aber die Zeichenlänge von beiden Feldern nicht null, d.h., wurden in beiden Eingaben getätigt, wird sofort der *else*-Block angesprungen. In diesem *else*-Teil befinden sich zwei weitere *if*-Abfragen. Die erste *if*-Abfrage prüft auf den Benutzernamen. Ist dieser mit dem String *admin* identisch, wird der nachfolgende Programmblock betreten, andernfalls der *else*-Teil dieser zweiten *if*-Abfrage angesprungen. Dort informiert eine *alert()*-Box darüber, dass der Benutzername falsch ist.

Ist der Benutzername jedoch richtig eingegeben worden, wird in dem Programmblock eine zweite *if*-Abfrage ausgeführt. Hier wird nun auf das Passwort geprüft. Ist dieses identisch mit dem String *123*, wird der sich anschließende Block ausgeführt. Eine *alert()*-Box meldet *OK* und anschließend wird die eigentliche Seite betreten. Ist das Passwort falsch, wird der *else*-Teil ausgeführt, der eine *alert()*-Box präsentiert, die darauf hinweist, dass das Passwort falsch ist.

Nachteilig bei JavaScript ist es, dass nicht so einfach individuelle Benutzernamen und Passwörter vergeben werden können. Auch der unzureichende Sicherheitsaspekt soll hier noch einmal deutlich betont werden. Denn im Code stehen der Benutzername und das Passwort – wer an die *.js*-Datei gelangt, hat damit auch den Zugang!

# Probleme beim Absenden beheben

So schön die Auswertung bisher funktionierte, das Beispiel hat einen eklatanten Fehler: Auch wenn keine Eingabe erfolgte, werden bei dem Klick auf den Button *Abschicken* die Formulare geprüft und unabhängig von dem Ergebnis werden die Daten an die E-Mail-Adresse gesendet (selbst wenn alle Formularelemente leer sein sollten). Dies ist sehr unschön, denn gerade bei fehlerhaften Eingaben sollte Derartiges nicht der Fall sein! Doch auch dafür gibt es mit JavaScript wunderbare Lösungen. Die Änderungen an Ihrem Code sind gar nicht umfangreich. Denn der Eventhandler *onclick*, der in dem Tag *<input type="submit">* die Prüfung der Formulare aufruft, kann direkt das Abschicken des Formulars unterbinden. Ändern Sie dieses Tag wie folgt ab, indem Sie den Eventhandler modifizieren:

```
onclick="return check ()"
```

*return* liefert einen Wert an *onclick* zurück. Dieser Wert ist ein Bool'scher Wert und kann nur *true* oder *false* sein. Ist er *false,* dann wird das Formular nicht abgeschickt, ist er *true* (dies ist der Standardwert), wird das Formular verschickt.

Nun müssen Sie noch in Ihrem JavaScript-Code genau diesen Rückgabewert liefern. Wenn also ein Fehler bei der Prüfung aufgetaucht ist, muss *false* an *onclick* »geliefert« werden. Dies erreichen Sie ganz einfach, indem Sie *break* ersetzen durch:

```
return false;
```

*return true* brauchen Sie nicht explizit anzugeben, denn das ist ein Standardrückgabewert, auch wenn er nirgends direkt geschrieben wird. Trifft das JavaScript nun auf ein Formular, das keine Eingabe enthält, wird die Dialogbox ausgegeben, über *return false* bricht das Skript die weitere Prüfung ab und gibt an *onclick* den Wert *false.* In dem Tag *<input type="submit">* wird nun die Funktion *check* durch den Rückgabewert *false* ersetzt. *onclick* unterbindet damit das Absenden des Formulars. Haben Sie hingegen überall Eingaben getätigt, wird *true* zurückgeliefert und das Formular verschickt.

## Mehrere Formularelemente auswerten

Nachdem Sie im letzten Abschnitt ein erstes Formular ausgewertet haben, wollen wir in diesem Abschnitt ein Formular auswerten, das mehrere Elemente enthält. Eine typische Anwendung dafür ist das Absenden der Daten an eine E-Mail-Adresse. Dabei wird es sich um den Namen, die Adresse, die Postleitzahl, den Ort, die Telefonnummer und die E-Mail-Adresse handeln.

```
<!DOCTYPE html PUBLIC "-//W3C//DTD HTML 4.01 Transitional//EN" "http://www.w3.org/TR/html4/loose.dtd">
<html><head>
<meta http-equiv="Content-Type" content="text/html;charset=iso-8859-1">
<title>Homepage</title>
<script type="text/javascript">
function check () {
 var laenge, Eingabe, a;
 for (a=0; a<9; a++) {
  Eingabe=window.document.forms[0].elements[a].value;
  laenge=Eingabe.length;
  if (Eingabe!="") {
   if (laenge>20) {
    alert ("Eingabe zu lang!");
   }
  }
  else {
   alert ("Keine Eingabe!");
   break;
  }
 }
}
</script></head>
<body>
<form action="mailto:test@test.de?Subject=Feedback" method="post" name="Feedback">
<table border="0">
<tr><td>Vorname</td>
<td align="left"><input type="text" name="Vorname"></td>
 </tr>
<tr><td>Nachname</td>
<td><input type="text" name="Nachname"></td></tr>
<tr><td>Straße</td>
<td><input type="text" name="Strasse"></td></tr>
<tr><td>Postleitzahl</td>
<td><input type="text" name="PLZ"></td></tr>
<tr><td>Ort</td>
<td><input type="text" name="Ort"></td></tr>
```

```
<tr><td>Telefon</td>
<td><input type="text" name="FON"></td></tr>
<tr><td>Telefax</td>
<td><input type="text" name="FAX"></td></tr>
<tr><td>E-mail</td>
<td><input type="text" name="Mail"></td></tr></table>
<input type="submit" value="Abschicken" onclick="check
   ()">
<input type="reset" value="Löschen">
</form></body></html>
```

**Abb. 9.2: Diese Formularfelder sollen ausgewertet werden**

Im HTML-Code werden acht Formulare definiert. Sie werden in einer Tabelle dargestellt, damit die Formulare schön formatiert untereinander ausgegeben werden. Im *<form>*-Tag befinden sich die Attribute *action="mailto:test@test.de?Subject=Feedback" method="post".* Hierüber werden die Daten des Formulars an die E-Mail-Adresse *test@test.de* geschickt. Gleichzeitig bekommt die E-Mail, die die Daten enthält, eine Betreffzeile *(?Subject=Feedback)*, in der der Text *Feedback* auftaucht. Das Prüfen der Formulare wird über den Knopf *Abschicken* realisiert. Über *onclick* wird die Funktion *check* aufgerufen.

> TIPP
>
> Hat der Internetsurfer in seinem Webbrowser kein Mailprogramm (z.B. im Netscape Navigator ohne Messenger) oder ist das Mailprogramm nicht korrekt installiert bzw. nicht korrekt konfiguriert, kann die E-Mail über das Attribut *action=mailto:test@test.de?Subject=Feedback* im <*form*>-Tag nicht verschickt werden.

Im Code werden die Formularfelder nacheinander abgefragt. Dazu wird eine *for*-Schleife verwendet. Die Variable *a* wird auf 0 gesetzt und so lange um eins hochgezählt, wie sie kleiner als 8 ist. Innerhalb der Schleife wird jedes einzelne Formularelement über die Indexnummern angesprochen und geprüft, ob sich ein Inhalt in dem Element befindet:

```
Eingabe=window.document.forms[0].elements[a].value;
```

Als Indexnummer bei *elements* wird natürlich die Variable *a* verwendet, da *a* ja hochgezählt wird. Die Indexnummer von *forms* ist immer 0, da wir nur ein Formular über <*form*> erstellt haben.

Danach folgen die beiden *if*-Abfragen. Stellt diese Abfrage in einem Formularelement keine Eingabe fest, wird *else* ausgeführt, eine Dialogbox angezeigt und über *break* die Schleife verlassen. Der Anwender muss die Daten nun noch einmal eingeben.

## Die Formulare detaillierter auswerten

Das Auswerten der Formulare funktioniert, hat aber ein paar Schönheitsfehler. Wir sollten nicht nur prüfen, ob generell eine Eingabe erfolgt, sondern auch, ob die Eingaben einigermaßen korrekt sind. Dies betrifft beispielsweise die Telefonnummer. Hier sollten nur Zahlen eingegeben werden können. Gleiches gilt auch für die Postleitzahl (die nur fünfstellig ist!) sowie für eine Fax- oder Handynummer.

Im folgenden Beispiel wollen wir das Eingabefeld für die Telefonnummer prüfen. Es sollen hier nur Zahlen eingegeben werden können (z.B. 04055644987), zusätzlich noch die beiden Zeichen - (z.B. für 040-55644987) und / (z.B. 040/55644987).

Im Code ist nur eine neue Funktion notwendig, die von HTML aus gestartet wird:

```
function check_FON () {
 var Zeichen="0123456789/-", c, d, Eingabe, laenge;
 Eingabe=window.document.forms[0].elements[5].value;
 laenge=Eingabe.length;
 for (c=0; c<laenge; c++)  {
   d=Eingabe.charAt (c);
   if (Zeichen.indexOf (d)==-1) {
      alert ("Bitte nur Ziffern eingeben");
      window.document.forms[0].elements[5].value="";
      window.document.forms[0].elements[5].focus ();
      break;
    }
   }
}
```

In der Funktion *check_FON ()* wird die Eingabe in dem Feld für die Telefonnummer geprüft. Zuerst werden einige Variablen definiert. Die Variable *Eingabe* bekommt wieder den Inhalt des Eingabefeldes zugewiesen und *laenge* enthält die Länge des Strings.

Nun muss geprüft werden, ob in der Eingabe nur erlaubte Zeichen vorhanden sind. Dazu haben wir am Anfang eine Variable *Zeichen* definiert. Es handelt sich um einen String, der alle »erlaubten« Zeichen enthält, die der Internetsurfer eingeben darf. Wir separieren jeden einzelnen Buchstaben aus der Variablen *Eingabe* und suchen via *indexOf,* ob dieser Buchstabe ein erlaubtes Zeichen ist, d.h. in der Variablen *Zeichen* enthalten ist. Dazu beginnen wir mit einer *for*-Schleife. Darin wird eine Variable *c* so lange um eins nach oben gezählt, solange sie kleiner als die Zeichenlänge von *Eingabe* ist. In der nächsten Zeile wird über die Methode *charAt ()* jeweils ein Zeichen aus dem gesamten String von *Eingabe* separiert und in der Variablen *d* gespeichert. Es schließt sich eine *if*-Abfrage an, in der geprüft wird, ob der Inhalt von *d* in der Variablen *Zeichen* – also in den erlaubten Zeichen – enthalten ist. Wenn nicht, ist das Ergebnis *-1* und es wird eine Fehlermeldung ausgegeben.

### Das Ergebnis löschen und den Fokus setzen

Nun tauchen im JavaScript-Code noch zwei weitere Elemente auf. Zunächst wird über die Zeile

```
window.document.forms[0].elements[5].value="";
```

der Inhalt des Formularfeldes gelöscht. Wichtig ist die anschließende Zeile:

```
window.document.forms[0].elements[5].focus ();
```

Über die Methode *focus ()* setzen wir den Fokus wieder auf das Formularfeld. Das bedeutet, dass dieses Formularfeld nun im Mittelpunkt der Eingabe steht. Der Eingabecursor blinkt in dem Formularfeld – der Internetsurfer kann nun die Eingabe wiederholen.

Der Fokus ist eine sehr interessante Möglichkeit, die Eingabe zu steuern. Neben der Methode *focus (),* die den Fokus auf ein Element richtet, gibt es auch die »entgegengerichtete« Methode *blur (),* die den Fokus von dem entsprechenden Element abschaltet.

### Das Skript über onBlur starten

Das Skript muss generell noch gestartet werden. Dazu wird ein neuer Eventhandler mit dem Namen *onBlur* verwendet. Er erscheint in dem *<input>*-Tag zu dem Eingabeformular der Telefonnummer:

```
<input type="text" name="FON" onBlur="check_FON ()">
```

*onBlur* funktioniert ähnlich wie die eben beschriebene Methode *blur ().* Das Ereignis *onBlur* tritt dann auf, wenn der Internetsurfer die Eingabe getätigt hat und mit der Maus in das nachfolgende Eingabefeld – z.B. die Faxnummer – klickt. Dadurch verliert das Feld für die Telefonnummer den Fokus (und das nachfolgende Feld erhält den Fokus) und somit wird das Ereignis *onBlur* ausgelöst. In diesem Fall soll über *onBlur* die Funktion *check_FON ()* aufgerufen werden. Ist die Eingabe nicht in Ordnung (wenn beispielsweise Buchstaben eingetippt worden sind), löscht das Skript die Eingabe und setzt den Fokus wieder auf das Eingabefeld. Erst wenn die Eingaben korrekt sind (d.h. wenn Zahlen eingegeben werden), kann der Internetsurfer das nächste Feld anklicken.

TIPP

Analog zu *onBlur*, das einen Code ausführt, wenn der Fokus verloren geht, gibt es den Eventhandler *onFocus,* der einen Code ausführt, wenn ein Element den Fokus erhält.

### Weitere Verbesserungen

Es gibt noch weiteres Verbesserungspotenzial. Das soeben erstellte Skript, das die Ziffern bei Telefon- und Faxnummern prüft, können Sie auch bei den Postleitzahlen einsetzen. Beachten Sie hierbei nur, dass die Postleitzahlen fünfstellig sind und dass Sie in der entsprechenden Funktion zusätzlich noch auf fünf Stellen prüfen.

Bei dem Vor- und Nachnamen kann geprüft werden, ob nur Buchstaben eingegeben wurden. Dazu verwenden Sie das gesamte Alphabet in Groß- und Kleinschreibung, das sich in der Variablen *Zeichen* befindet:

```
var Zeichen="aAbBcCdDeEfFgGhHiIjJkKlLmMnNoOpPqQrRsStTuUv
VwWxXyYzZäÄöÖüÜß-. ";
```

Dies sind alle erlaubten Zeichen. Achten Sie auf den Bindestrich, den Punkt (für Abkürzungen, z.B. Hans-P.) und die Leerstelle (wichtig bei Doppelnamen!). Dies können Sie auch für den Nachnamen verwenden. Bei der Prüfung des Straßennamens sind Buchstaben und Ziffern erlaubt (einschließlich Punkt), jedoch keine Doppelpunkte usw. Achten Sie auch hier auf die Leerstelle:

```
var Zeichen="0123456789aAbBcCdDeEfFgGhHiIjJkKlLmMnNo
OpPqQrRsStTuUvVwWxXyYzZäÄöÖüÜß -. ";
```

Bei dem Ort wiederum sind nur Buchstaben erlaubt, verwenden Sie auch hier den Bindestrich und die Leerstelle. Die E-Mail-Adresse kann auch geprüft werden. Die E-Mail-Adresse besteht in der Regel aus Buchstaben und Zahlen. Zusätzlich können noch Punkt, Gedankenstrich, Unterstrich und der Klammeraffe (@) verwendet werden. Nehmen Sie diese Zeichen mit in die Variable *Zeichen* hinein.

TIPP

Es ist sinnvoll, jedes Formularelement mit einem Namen zu versehen. In der E-Mail, die die Eingabe jedes Feldes enthält, wird dann zuerst der Name des Formularelements aufgeführt und dann der Inhalt. Dies erhöht die Übersichtlichkeit.

### Radiobuttons und Checkboxen verwenden

Sie können Radiobuttons *(<input type="radio")* und Checkboxen *(<input type="checkbox">)* genauso in Ihrem Formular verwenden. Deren angewählte Option wird ebenfalls in der E-Mail angezeigt, die vom Formular verschickt wurde. In der E-Mail werden dann die ausgewählten Buttons aufgelistet und mit *ON* versehen. Ein spezieller JavaScript-Code ist für das Auswerten dieser Buttons nicht erforderlich.

## Zusammenfassung

In diesem Kapitel wurden folgende Themen behandelt:

- wie Formularfelder in JavaScript angesprochen werden können,
- wie der Inhalt von Eingabefeldern von JavaScript ausgelesen und ausgewertet werden kann,
- wie Formularinhalte per E-Mail verschickt werden können,
- wie geprüft werden kann, ob Eingaben getätigt wurden,

- wie Eingabefelder gelöscht werden können,
- wie der Fokus in ein Eingabefeld gesetzt werden kann.

## Fragen und Übungen

1. Wie werden Formulare und deren Felder über JavaScript angesprochen?
2. Wie wird der Inhalt eines Eingabefeldes eines Formulars ausgelesen?
3. Was ist der Fokus und wie kann dieser gesetzt werden?
4. Wie kann der Inhalt eines Eingabefeldes gelöscht werden?

# 10 Umleitungen und Dateien laden: Das Location-Objekt

Bisher hatten Sie immer ein komplettes neues Browserfenster über *window.open()* geöffnet und darin eine HTML-Datei angezeigt. Dies ist ganz praktisch, aber es ist nicht immer wünschenswert, ein komplettes Fenster zu öffnen. Es wäre besser, wenn man über JavaScript in das aktuelle Browserfenster eine Datei einladen könnte. Und das funktioniert – dazu existiert in JavaScript das *Location*-Objekt. Dieses ermöglicht ganz fantastische Funktionalitäten. Sie können darüber eine HTML-Datei in den Browser laden, Sie können eine Umleitung auf eine andere Site realisieren und Sie können darüber Dateien für Internetsurfer zum Download anbieten. Wie Sie das *Location*-Objekt einsetzen, erfahren Sie in diesem Kapitel.

## Eine HTML-Datei ins Browserfenster laden

Über eine einfache Eigenschaft des *Location*-Objekts können Sie eine HTML-Datei in das aktuelle Browserfenster laden, ohne dass sich ein separates Fenster öffnet. Der nachfolgende einfache Code prüft die Eingabe einer *prompt()*-Dialogbox. Ist die Eingabe korrekt, wird eine HTML-Seite im Browser angezeigt.

```
<!DOCTYPE html PUBLIC "-//W3C//DTD HTML 4.01
  Transitional//EN" "http://www.w3.org/TR/html4/
  loose.dtd">
<html><head>
<meta http-equiv="Content-Type" content="text/
  html;charset=iso-8859-1">
<title>Homepage</title>
<script type="text/javascript">
function pruefen (){
  var eingabe=prompt();
```

```
    if (eingabe=="test") {
      location.href="start.html";
    }
}
</script></head>
<body onload="pruefen()">
</body></html>
```

Die Funktion *pruefen()* wird über den Eventhandler *onLoad* im *<body>*-Tag aufgerufen. In dieser Funktion wird die *prompt()*-Dialogbox aufgerufen und der Rückgabewert in der Variablen *eingabe* gespeichert, der anschließend auf den String *test* geprüft wird. Wurde dieser String in der Dialogbox eingegeben, wird im Programmblock eine neue Seite geladen:

```
location.href="start.html";
```

Die Eigenschaft *href* des *Location*-Objekts enthält immer die aktuelle Adresse der HTML-Datei, die im Browser angezeigt wird. Sie können dieser Eigenschaft aber auch jederzeit eine neue Adresse zuweisen, wie hier in diesem Beispiel.

## Eine automatische Umleitung

Das *Location*-Objekt können Sie nun auch für eine automatische Umleitung bzw. Weiterleitung von einer Website auf eine andere nutzen. Wenn Sie beispielsweise eine private Hompage und eine eigene Domain haben, könnten Sie die Surfer, die auf die private Seite gelangen, über den obigen Code automatisch umleiten. Dies ist eine häufige Anwendung im Internet, auch für den Fall, dass eine Site umgezogen ist und eine neue Adresse bekommen hat.

```
<!DOCTYPE html PUBLIC "-//W3C//DTD HTML 4.01
  Transitional//EN" "http://www.w3.org/TR/html4/
  loose.dtd">
<html><head>
<meta http-equiv="Content-Type" content="text/
  html;charset=iso-8859-1">
<title>Homepage</title>
<script type="text/javascript">
```

```
function umleiten (){
    location.href="http://www.seebi.de";
}
</script></head>
<body bgcolor="white" text="black"
  onload="window.setTimeout('umleiten()', 5000)">
<h1>Die Site ist umgezogen. ..</h1>
<p>Sie werden in 5 Sekunden automatisch umgeleitet
  ...</p>
</body></html>
```

Der Code unterscheidet sich nicht sehr von dem letzten Code. Der Unterschied besteht nur darin, dass die Funktion *umleiten()* nach fünf Sekunden aufgerufen werden soll. Dies geschieht wie gehabt über *onload* im *<body>*-Tag.

```
onload="window.setTimeout('umleiten()', 5000)"
```

Hier ruft *onload* zuerst *window.setTimeout()* auf. Nach 5000 Millisekunden soll die Funktion *umleiten()* aufgerufen werden. Der Browser wartet fünf Sekunden und führt die Funktion aus. Dort befindet sich *location.href*, das auf eine Webadresse umleitet.

## Das Objekt Location

Das Objekt *Location* ist dem *window*-Objekt untergeordnet und enthält selbst keine weiteren untergeordneten Objekte. Das Objekt wird vom Browser angelegt, wenn eine Webseite geladen und im Browser angezeigt wird. Konkret speichert das *Location*-Objekt die Webadresse des geladenen Dokuments bzw. der Seite, und über JavaScript können die Einstellungen verändert werden.

Die wichtige Eigenschaft *href* enthält die URL der aktuell geladenen Seite. Diese Eigenschaft kann auch verändert werden, indem eine neue URL als String zugewiesen wird. Dies lädt eine neue Seite in den Browser. Interessant sind auch die beiden Methoden *reload()* und *replace()*. *location.reload()* lädt die aktuelle Seite erneut vom Web-Server. *location.replace(URL)* lädt ein Dokument mit der angegebenen Adresse *URL* und ersetzt das aktuelle Dokument durch das geladene Dokument. Der Eintrag in der *History*-Liste (*Gehe zu*) wird durch das neue Dokument ersetzt.

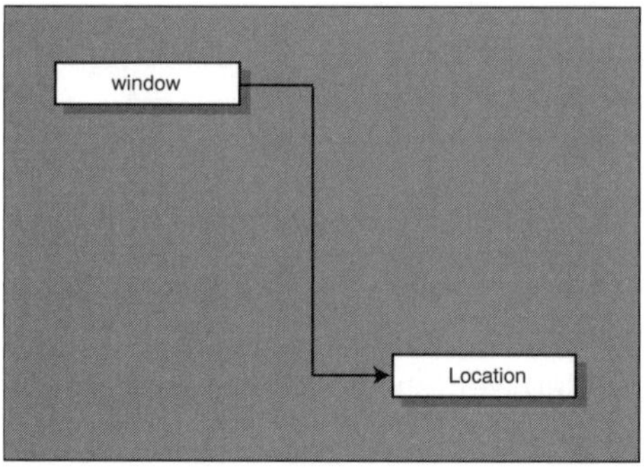


**Abb. 10.1: Objekthierarchie von Location**

## Dateien zum Download anbieten

Das *Location*-Objekt können Sie auch sehr gut nutzen, um Dateien für Internetsurfer zum Download anzubieten. Der Trick ist ganz einfach, denn es wird wieder *location.href* benutzt. Der Eigenschaft *location.href* wird einfach der Name der Datei zugewiesen, die heruntergeladen werden soll. Der Browser fragt, was mit der Datei geschehen soll: auf der Festplatte speichern oder mit einem verknüpften Programm öffnen. Dies ist ideal zum Download von ZIP-Dateien, TAR-Archiven usw. Im nachfolgenden Beispiel soll eine ZIP-Datei zum Download angeboten werden.

```
<!DOCTYPE html PUBLIC "-//W3C//DTD HTML 4.01
  Transitional//EN" "http://www.w3.org/TR/html4/
  loose.dtd">
<html><head>
<meta http-equiv="Content-Type" content="text/
  html;charset=iso-8859-1">
<title>Homepage</title>
<script type="text/javascript">
function download (){
```

```
        location.href="test.zip";
}
</script></head>
<body bgcolor="white" text="black">
<h1>Download</h1>
<p>Hier können Sie die ZIP-Datei herunterladen:</p>
<a href="#" onclick="download()">Download</a>
</body></html>
```

Der Code ist wieder sehr ähnlich zum letzten Code. Die Funktion *download()* enthält die Eigenschaft *location.href*, die den Wert *test.zip* zugewiesen bekommt. Dies ist die ZIP-Datei, die heruntergeladen werden soll. Der Download wird über den Hyperlink im HTML-Code gestartet:

```
<a href="#" onclick="download()">Download</a>
```

Hier wird im Attribut *href* keine HTML-Datei angegeben, sondern nur das Doppelkreuz (#). Dieses verweist auf sich selbst. Beim Anklicken des Links wird der Eventhandler *onclick* ausgeführt, der direkt die Funktion *download()* aufruft.

# Dateien über eine Auswahlliste laden

Es gibt eine schöne Möglichkeit, Dateien selbst auszuwählen und herunterzuladen. Der Internetsurfer kann über ein Formular auswählen, welche Dateien er laden möchte. Klickt der Anwender auf den Button *Download,* wird der Download gestartet.

**Abb. 10.2: Eine Auswahlliste auf der Homepage**

```
<!DOCTYPE html PUBLIC "-//W3C//DTD HTML 4.01
  Transitional//EN" "http://www.w3.org/TR/html4/
  loose.dtd">
<html><head>
<meta http-equiv="Content-Type" content="text/
  html;charset=iso-8859-1">
<title>Homepage</title>
<script type="text/javascript">
function auswahl (){
  var
  index=window.document.dateien.waehlen.selectedIndex;
  var datei=
  window.document.dateien.waehlen.options[index].value;
  download(datei);
}
function download (file){
  location.href=file;
}
</script></head>
<body link="yellow" vlink="lime" bgcolor="white"
  text="black" >
<h2>Welche Datei wollen Sie laden?</h2>
<form name="dateien">
<select name="waehlen" size="1">
<option selected value='java.zip'>Java-Codes
<option value='javascript.zip'>Javascript-Codes
<option value='xml.zip'>XML-Codes
</select>
<input type="button" value="Download"
  onClick="auswahl()">
</form>
</body></html>
```

Das Formular wird durch das Tag *<form>* eingeleitet und bekommt durch das Attribut *name* den Namen *dateien.* Das nächste Tag *<select>* legt die Art des Formularelements fest. Durch *<select>* wird ersichtlich, dass es sich um eine Auswahlliste handelt. Über das Attribut *name* wird der Liste der Name *waehlen* zugewiesen. Es folgt noch das Attribut *size="1"*. Dies besagt, dass nur ein Eintrag angezeigt wird. Stünde dort *size="5"*, wäre die Auswahlliste so groß, dass alle fünf Einträge auf einmal angezeigt würden.

Danach folgt der erste Eintrag der Liste:

```
<option selected value='java.zip'>Java-Codes
```

*<option>* leitet einen einzelnen Eintrag ein. Das Attribut *selected* sagt der Auswahlliste, dass dieses Element vorgewählt sein und in der einzeiligen Liste angezeigt werden soll. Es folgt das Attribut *value*. Der Wert, der hier steht, ist entscheidend, denn er wird später ausgelesen und an die Funktion *download()* übermittelt. Der Wert von *value* ist hier der Dateiname der entsprechenden Datei *(java.zip)*. Dann schließt sich die spitze Klammer, und es folgt der Text, der in der Liste angezeigt werden soll *(Java-Codes)*.

Danach folgt über das Tag *<option>* der zweite Eintrag der Liste. *value* gibt wieder den Namen der Datei an. Danach folgen die weiteren Einträge der Liste. Nach dem letzten Eintrag – *XML-Codes* – wird die Liste über *</select>* beendet.

Jetzt wird neben der Liste der Download-Knopf erzeugt. Dies geschieht über einen neuen Eintrag vom Typ *button* in unserem Formular. Er wird durch das *<input>*-Tag mit dem Attribut *typ="button"* erzeugt. Das Attribut *value="Download"* gibt den Text an, der im Schaltknopf erscheinen soll. Das wäre im Prinzip alles, doch jetzt muss beim Anklicken des Buttons die Funktion aufgerufen werden, die ermittelt, welche Datei in der Liste ausgewählt wurde. Dies geschieht über den Eventhandler *onClick,* der die Funktion *auswahl()* aufruft.

In der Funktion *auswahl()* wird konkret der Dateiname ermittelt und anschließend die Funktion *download()* aufgerufen, die den konkreten Download ermöglicht.

In der Funktion *auswahl()* müssen Sie zuerst den Eintrag feststellen, den der Internetsurfer gewählt hat. Dies wird in JavaScript durch eine Indexnummer erreicht. Die ausgewählte Indexnummer ist der Eintrag, zu dem wir dann den Dateinamen feststellen müssen. Sie wird zuerst ermittelt und in der Variablen *index* gespeichert:

```
var index=window.document.dateien.waehlen.selectedIndex;
```

*window.document* spricht die HTML-Datei im aktuellen Browserfenster an, *dateien* wählt das mit diesem Namen versehene Formular aus und *waehlen* spricht die Liste an. Dann folgt *selectedIndex,* das die Indexnummer ermittelt. Damit ist die Indexnummer klar, jetzt müssen wir nur noch den Dateinamen ermitteln, der zu diesem Eintrag gehört. Dies geschieht über:

```
var datei=
    window.document.dateien.waehlen.options[index].value;
```

*window.document* spricht die HTML-Datei im aktuellen Browserfenster an, *dateien* wählt das mit diesem Namen versehene Formular aus und *waehlen* spricht die Liste an. Dann folgt *options* und in eckigen Klammern die Indexnummer, die in *index* gespeichert ist. *value* liest den Wert aus, der in dem Tag *<option value>* zu dem Eintrag geschrieben wurde. Damit ist auch der Dateiname bekannt, der nun an die Funktion *download()* übergeben wird. Dazu wird die Funktion *download()* aufgerufen und in Klammern als Übergabeparameter die Variable *datei* angegeben.

In der Funktion *download()* passiert nichts anderes, als dass zuerst der Übergabeparameter entgegengenommen wird. Dies geschieht gleich bei der Funktionsdefinition:

```
function download (file)
```

Hier wird festgelegt, dass bei einem Aufruf von der Funktion *download()* immer ein Dateiname übergeben werden muss. *file* ist hier eine Variable, die beim Aufruf von *download(datei)* in der Funktion *auswahl()* durch den konkreten Inhalt der Variablen *datei* ersetzt wird. Nun muss nur noch der Inhalt von *file* der Eigenschaft *location.href* zugewiesen werden:

```
location.href=file;
```

# Audio- und Videodateien abspielen

Die Eigenschaft *href* des *Location*-Objekts können Sie auch nutzen, um Sounds abzuspielen. Dies ist ganz praktisch, wenn Sie die Sounds auf Ihrer Website zum Download oder zum Abspielen anbieten möchten. Wir verwenden dazu den Code aus dem letzten Abschnitt mit der Auswahlliste. Den Code benutzen wir, um eine kleine Musikbox zu erstellen, bei der der Internetsurfer nur den Sound auswählen muss, der abgespielt werden soll.

Das Gute daran: Der JavaScript-Code muss gar nicht geändert werden, denn er liest ja nur die Einträge aus dem HTML-Formular aus. Lediglich im HTML-Code müssen Sie Änderungen vornehmen – und zwar müssen Sie die Dateinamen für die Sounds ändern.

Das HTML-Formular sieht folgendermaßen aus:

```
<option selected value='sound1.au'>Sound 1
<option value='sound2.au'>Sound 2
<option value='sound3.au'>Sound 3
```

Wählt der Internetsurfer einen dieser Einträge aus, wird die Datei heruntergeladen. Wie beim Laden einer ZIP-Datei fragt der Browser, was er mit der Datei machen soll – auf der Festplatte speichern oder öffnen. Klickt der Internetsurfer auf *Öffnen*, wird der Sound abgespielt.

## Soundformate

Sie können fast alle Soundformate abspielen, die von den externen Playern unterstützt werden. Es gibt viele Audioformate, die Ihnen im Internet begegnen. Hier finden Sie noch einen kurzen Überblick über andere Audioformate:

- AU: Ursprünglich wurde dieses Format für Sun-Workstations und NEXT-Rechner entwickelt. Das Format ist im Netz sehr verbreitet. Die Sounddateien enden auf *AU*.
- WAV: Audioformat von Windows und sehr verbreitet.

- VOC: Besonders unter DOS beliebt. Es stammt ursprünglich von Creative Labs und war für die »Soundblaster«-Soundkarte vorgesehen. Die Sounddateien enden auf *VOC*.
- AIFF: Von Apple entwickeltes Format, das auch auf Silicon-Graphics-Workstations eingesetzt wird. Das Format ist auch relativ verbreitet. Die Sounddateien enden auf *AIF* oder *AIFF*.
- MP3: Hierbei handelt es sich um ein Format, das annähernd CD-Qualität bietet, dabei aber einen sehr geringen Dateiumfang hat.
- MIDI: In diesem Format werden keine Klänge oder Samples gespeichert, sondern nur Noten, die Länge der Noten, Pausen und die Instrumentenbelegung nach dem General-MIDI-Standard. Ist Ihre Soundkarte damit kompatibel, können Sie MIDI-Dateien direkt über Ihre Soundkarte abspielen. Die Sounds werden in der Karte erzeugt und basieren auf den dort im Wavetable gespeicherten Instrumenten. Die Dateien enden auf *MID* oder *MIDI*.

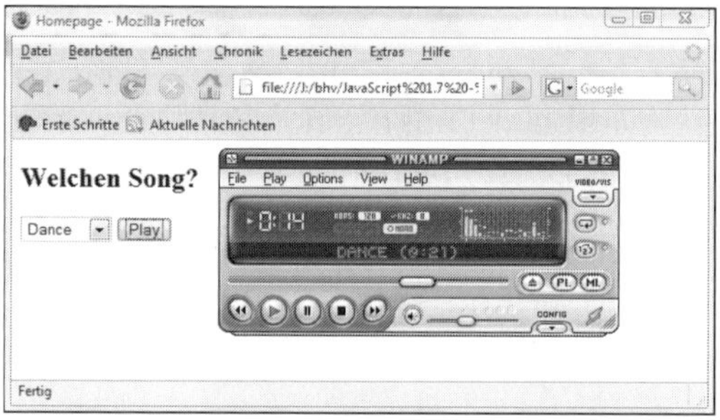


**Abb. 10.3: Mozilla spielt einen Sound über Winamp ab**

Netscape 6 bis 9, Mozilla 1.x und Firefox 1.x/2.x verwenden das im jeweiligen Betriebssystem installierte Player-Programm (z.B. Winamp für MP3 oder der Windows Media Player). Auch der IE nutzt unter Windows zum Abspielen den Windows Media Player und unter Mac OS Classic bzw. Mac OS X das Apple-Programm QuickTime. Dies gilt auch für Opera. Das Abspielen der

Sounds wird sehr unterschiedlich realisiert. Im alten Netscape 3.x und 4.x wurde ein eigenes Plug-In unter dem Namen *LiveAudio* verwendet.

### Videos abspielen

Beim Abspielen von Videos wird nach dem gleichen Muster verfahren wie bei den Audiodateien. Die Formate AVI, WMV, MPEG usw. können direkt abgespielt werden, wobei das jeweils im Betriebssystem installierte Playerprogramm (z.B. Real Player, Windows Media Player usw.) zum Abspielen genutzt wird. Den bisherigen Code können Sie uneingeschränkt für Videos verwenden, indem Sie beispielsweise statt *sound1.au* jetzt *film1.avi* abgeben.

## Relative und absolute Pfade

Sie haben in diesem Kapitel Dateien geladen. Dabei kann ein Problem auftreten, das Sie unbedingt kennen sollten. Die Angabe

```
location.href="test.zip";
```

wird als relativer Pfad bezeichnet. Der Browser lädt die Datei aus dem Verzeichnis des Webservers, in dem sich auch die anderen HTML-Dateien befinden. Ihre Angabe ist also relativ zu dem Verzeichnis, aus dem die HTML-Datei geladen wurde. Verwenden Sie immer relative Pfadangaben und keine absoluten. Der Vorteil: Verschieben Sie diese Dateien in ein anderes Verzeichnis, müssten Sie bei einer absoluten Pfadangabe auch das Verzeichnis ändern – was sehr mühsam werden kann.

Die Angabe mit Laufwerk und Pfad wird als absolute URL bezeichnet, weil hier eine genaue »Adresse« angegeben wird:

```
location.href="http://www.seebi.de/html/zip/test.zip";
```

Wir brauchen die relative Angabe, in der aber nur der Dateiname steht. Die Datei muss sich dann zusammen mit den

HTML-Seiten in einem Verzeichnis befinden. Dies gilt für Ihren Computer (wo Sie Ihre Dateien speichern) wie auch für das Internet (wo Sie auf einer Festplatte auf einem Webserver die Dateien speichern). Vermeiden Sie immer absolute Angaben, denn diese sind »fest«.

## Zusammenfassung

In diesem Kapitel wurden folgende Themen behandelt:

- was das *Location*-Objekt ist,
- dass Umleitungen auf andere Webseiten über das *Location*-Objekt erreicht werden können,
- dass Dateien zum Download ebenfalls über das *Location*-Objekt angeboten werden können,
- wie ein Sound auf der Homepage abgespielt wird,
- dass es verschiedene Soundformate gibt.

## Fragen und Übungen

1. Ist der nachfolgende Code zum Download einer Datei korrekt?

```
window.document.location.href="bilder.zip";
```

2. Wo liegt der Unterschied zwischen den Audioformaten WAV und AU? Können Sie AU auch unter Windows XP verwenden?

3. Wie werden Daten an eine Funktion übergeben?

# 11 Die Zeit vergeht: das Date-Objekt

In diesem Kapitel lernen Sie, wie Sie mit dem Datum und der Uhrzeit in JavaScript umgehen. Sie werden sehen, wie Sie eine Uhr auf Ihre Page bringen und genau messen können, wie lange sich der Surfer auf Ihrer Webseite aufhält.

## Datum und Uhrzeit auf der Homepage

In diesem Kapitel werden Sie das Datum und die Uhrzeit auf Ihrer Homepage ausgeben lassen, und zwar so, dass sie permanent sichtbar sind und ständig aktualisiert werden. Dies ist am besten mit Frames zu realisieren. Wir werden eine Homepage basteln, die aus zwei Frames besteht. Im linken Frame wird die Zeit angezeigt, im rechten die eigentliche Page. Das sind zusammen zwei HTML-Dateien, die wir benötigen. Und noch eine dritte, die die beiden Frames steuert.

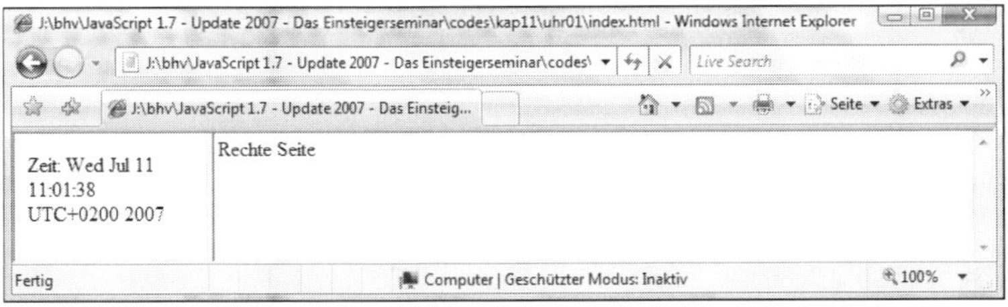


**Abb. 11.1: Zwei Frames im IE 7. Im linken Frame werden das Datum und die Uhrzeit angezeigt**

### Die Frameset-Datei

Hier finden Sie den Code zu der Startseite Ihrer Homepage, die aufgerufen werden muss. In dieser Datei werden die beiden HTML-Dateien angegeben, die als Frames dargestellt werden. Es gibt zwei Frames: einen linken (Dateiname: *links.html)* und einen rechten *(rechts.html)*. Der linke Frame belegt 20 Prozent des Platzes, der rechte die restlichen 80 Prozent.

```
<!DOCTYPE html PUBLIC "-//W3C//DTD HTML 4.01
  Transitional//EN" "http://www.w3.org/TR/html4/
  loose.dtd">
<html><head>
<meta http-equiv="Content-Type" content="text/
  html;charset=iso-8859-1">
<title></title></head>
<frameset cols="20%,80%">
<frame src="links.html" name="links">
<frame src="rechts.html" name="rechts" marginwidth="3"
  marginheight="3" scrolling="yes">
<noframes>
<body></body></noframes></frameset></html>
```

Der rechte Frame *(rechts.html)* interessiert uns erst einmal nicht. Hier wird der Inhalt der Page dargestellt. Wir konzentrieren uns auf den linken Frame und die HTML-Datei *links.html.*

```
<!DOCTYPE html PUBLIC "-//W3C//DTD HTML 4.01
  Transitional//EN" "http://www.w3.org/TR/html4/
  loose.dtd">
<html><head>
<meta http-equiv="Content-Type" content="text/
  html;charset=iso-8859-1">
<title>Homepage</title>
<script type="text/javascript">
function uhr() {
   var AktuellesDatum=new Date();
   document.write ("Zeit: " + AktuellesDatum);
 }
</script></head>
<body onload="uhr()">
</body></html>
```

Der Code beginnt mit der Funktion *uhr().* In dieser Funktion werden die Uhrzeit und das Datum ermittelt. Sie wird im *<body>*-Tag über *onload* aufgerufen.

Die Funktion *uhr()* ist relativ kurz. Zuerst wird das neue Objekt *AktuellesDatum* erzeugt *(new Date())*. Das Schlüsselwort *new* erzeugt ein neues Objekt des Typs *Date*. Dadurch erzeugen wir das Objekt *AktuellesDatum,* das in diesem Moment den Inhalt von *Date()* enthält. Mit dem neuen Objekt *AktuellesDatum* können wir nun arbeiten. In der zweiten Zeile geben wir es über *document.write* im Frame einfach nur aus. Dies ist schon alles!

### Das Date-Objekt

In diesem Abschnitt haben Sie das *Date*-Objekt kennengelernt. Es befindet sich innerhalb der Objekthierarchie auf einer Ebene mit *window* und ist diesem nicht untergeordnet. Es ist ein frei stehendes Objekt, dem auch keine weiteren Objekte untergeordnet sind. *Date* verfügt fast nur über Methoden, die das Datum und die Uhrzeit auslesen bzw. verändern können. Zu den wichtigen Methoden zählen *getFullYear()* und *getYear(),* die beide die Jahreszahl ermitteln. *getHours()* stellt die aktuelle Stunde fest, *getMinutes()* ermittelt die Minuten*, getSeconds()* die Sekundenzahl und *get Date()* ermittelt den Tag des Monats.

## Verbesserungen

Die Uhrzeit muss nun noch ständig aktualisiert werden. Und auch die Anzeige des Datums und der Uhrzeit ist nicht sehr schön. Dazu können wir gut ein Formular verwenden, in dem diese Daten angezeigt werden.

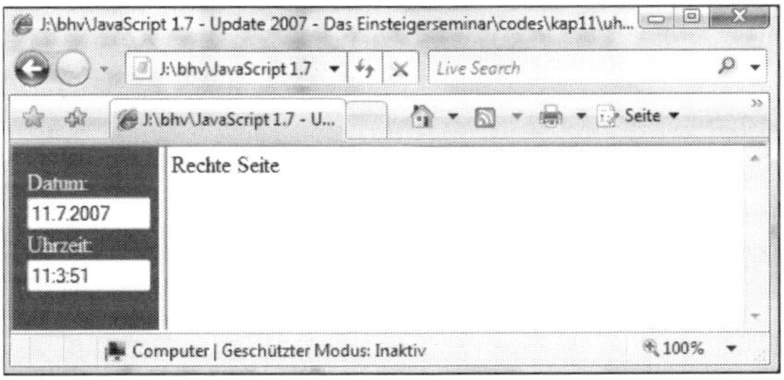


**Abb. 11.2: Das Datum und die Uhrzeit werden jeweils in einem Formularfeld angezeigt und ständig aktualisiert**

Hier folgt das Listing nur für den linken Frame. Die HTML-Datei für die Steuerdatei und den rechten Frame hat sich nicht verändert.

```
<!DOCTYPE html PUBLIC "-//W3C//DTD HTML 4.01
  Transitional//EN" "http://www.w3.org/TR/html4/
  loose.dtd">
<html><head>
<meta http-equiv="Content-Type" content="text/
  html;charset=iso-8859-1">
<title>Homepage</title>
<script type="text/javascript">
function uhr () {
   var jahr, monat, tag, stunden, minuten, sekunden;
   var AktuellesDatum=new Date();
   jahr=AktuellesDatum.getFullYear();
   monat=AktuellesDatum.getMonth()+1;
   tag=AktuellesDatum.getDate();
   stunden=AktuellesDatum.getHours();
   minuten=AktuellesDatum.getMinutes();
   sekunden=AktuellesDatum.getSeconds();
    window.document.Datum.Date.value=tag+"."+monat+"."
  +jahr;
       window.document.Datum.Time.value=stunden+":
  "+minuten+":"+sekunden;
       window.setTimeout ('uhr()',1000);
}
</script></head>
<body link="yellow" vlink="lime" bgcolor="red"
  text="#ffffff" onload="window.setTimeout
  ('uhr()',1000)">
<form name="Datum">
Datum: <input size="10" name="Date"><br>
Uhrzeit: <input size="10" name="Time">
</form></body></html>
```

Der Code hat sich stark verändert. Die Änderungen sind:

- Ausgabe des Datums und der Uhrzeit in einem Formular
- gezieltes Auslesen des Tages, Monats, Jahres usw.
- ständiges Aktualisieren der Daten im linken Frame

Das aus zwei Feldern bestehende Formular wird folgendermaßen erzeugt:

```
<form name="Datum">
Datum: <input size="10" name="Date"><br>
Uhrzeit: <input size="10" name="Time">
</form>
```

Über *<form name="datum">* wird das Formular definiert. *<form>* leitet die Definition ein, *name* vergibt einen Namen dafür. Wir erzeugen nun zwei Formularfelder, die jeweils über *<input>* festgelegt werden. *size* gibt jeweils die Größe an (wie viele Buchstaben in dem Feld Platz finden), und über *name* wird jeweils ein Name für das Feld vergeben (hier: *Date* und *Time)*. Dies ist wichtig, weil über diese Namen die Felder genau angesprochen werden. Das Formular wird über *</form>* beendet.

Der JavaScript-Code besteht aus der Funktion *uhr().* Gleich zu Beginn der Funktion werden verschiedene Variablen definiert, in denen wir – der Name der Variablen deutet es schon an – die entsprechenden Daten speichern und später ausgeben werden: *jahr, monat, tag, stunden, minuten, sekunden.* Danach wird ein Objekt vom Typ *Date* erzeugt und in der Variablen *AktuellesDatum* gespeichert.

Nun aber kommen die Änderungen. Über eine bestimmte JavaScript-Methode lesen wir das aktuelle Jahr aus *(AktuellesDatum.getFullYear())*. Danach folgt das Auslesen des Monats *(AktuellesDatum.getMonth())* und des Tages *(AktuellesDatum.getDate())*. Anschließend werden die Stunden *(AktuellesDatum.getHours())*, Minuten *(AktuellesDatum.getMinutes())* und Sekunden *(AktuellesDatum.getSeconds())* ermittelt und in der entsprechenden Variablen gespeichert.

> Sie haben sich vielleicht über die Zeile *monat=AktuellesDatum.getMonth()+1;* im Code gewundert. Nein, es ist kein Fehler, wenn der Monat um eins erhöht wird. Denn in der Zählung von JavaScript beginnt das Jahr zwar auch mit dem Monat Januar, doch bekommt dieser Monat die Ziffer *0* und

TIPP

nicht wie allgemein üblich die *1*. Aus diesem Grunde muss in der Variablen *monat* der Wert um eins erhöht werden. Würden Sie dies vergessen, würde das Datum, das ausgegeben wird, um einen Monat hinterherhinken ...

Anschließend werden diese Daten in die Formularfelder geschrieben. Das erste Feld gibt das Datum aus.

```
window.document.Datum.Date.value=tag+"."+monat+"."+jahr;
```

*window.document.Datum.Date.value* spezifiziert das Feld *Date* aus dem Formular *Datum. value* verändert den Inhalt dieses Felds. Danach werden die einzelnen Variablen addiert. Zwischen die einzelnen Werte wird jeweils noch ein Punkt gesetzt.

Die Uhrzeit wird ähnlich ermittelt. Die Zeit wird in das zweite Formularfeld geschrieben, das mit dem Namen *Time* bezeichnet wurde:

```
window.document.Datum.Time.value=stunden+":"+minuten+":
    "+sekunden;
```

Hier werden ebenfalls das genaue Formularfeld spezifiziert *(Datum.Time)* und die einzelnen Variablen addiert. Getrennt werden die Einträge nur durch einen Doppelpunkt.

Vor dem Ende der Funktion *uhr()* folgt die Methode *window.setTimeout ('uhr()',1000).* Dies veranlasst JavaScript, genau eine Sekunde zu warten (= 1000 Millisekunden). Dann ruft es selbst wieder die Funktion *uhr()* auf. Sie sehen: Dies ist eine Dauerschleife, denn die Funktion *uhr()* ruft sich am Ende immer wieder selbst auf. Dadurch wird die JavaScript-Funktion immer wieder ausgeführt, und die Uhrzeit und das Datum werden permanent aktualisiert.

## Der Aufruf der JavaScript-Funktion im <body>-Tag

Damit dieses JavaScript auch ablaufen kann, muss die Funktion *uhr()* im *<body>*-Tag über einen Eventhandler das erste Mal aufgerufen werden:

```
<body onload="window.setTimeout('uhr()',1000)">
```

Am Ende des Tags befindet sich der Eventhandler *onload*, der die Funktion beim Laden der Seite aufruft. Zuerst steht dort in Anführungszeichen *window.setTimeout('uhr()',1000).* Beim ersten Mal des Aufrufens wartet der Code genau wieder eine Sekunde (= 1000 Millisekunden) und ruft dann die JavaScript-Funktion *uhr()* auf.

## getFullYear() und getYear()

Im letzten Code wurde die Jahreszahl über die Methode *getFullYear()* ermittelt. Diese Methode liefert die Jahreszahl vierstellig. Die Methode ist ab JavaScript 1.3 (d.h. ab NC 4.06) verfügbar. Im IE funktioniert sie schon ab Version 4. Interessanterweise liefert die Methode *getYear()* ab IE 4 eine vierstellige Jahreszahl, während NC 3 und 4 nur zweistellige Werte ergeben.

Die Methode *getYear()* liefert zwar das Jahr – aber nur zweistellig. Die Methode ermittelt die beiden letzten Ziffern der vierstelligen Jahreszahl. Sie müssen im Rahmen des Codes manuell die Ziffern *19* oder *20* für die Ausgabe hinzufügen. Damit hatte JavaScript bis zur Version 1.2 das Jahr-2000-Problem (»Y2K«).

Leider ist das Ergebnis von *getYear()* bis zum Jahr 1999 zweistellig, und zwar genau die letzten beiden Ziffern der Jahreszahl. Ist die Jahreszahl 2000, dann liefert die Methode *getYear()* eine dreistellige Zahl, nämlich 100. Bei 2001 ist das Ergebnis 101 usw. Um den Code für ältere Browser verfügbar zu machen, müssen einige kleine Verrenkungen unternommen werden. Aber das lässt sich in den Griff bekommen.

Das Prinzip: Sie müssen über eine Browserabfrage den Browser feststellen und entsprechend *getFullYear()* (bei IE ab 4 oder NC ab 4.06) verwenden, ansonsten *getYear()*. Dies betrifft im Prinzip nur den NC unterhalb der Versionsnummer 4.06. Gleichzeitig muss im Fall der dreistelligen Jahreszahl bei *getYear()* die erste Ziffer abgeschnitten werden. Im obigen Code muss die Zeile

```
jahr=AktuellesDatum.getFullYear();
```

durch weiteren JavaScript-Code ersetzt werden. Der Code lautet:

```
var browser=navigator.appName;
var version=parseInt(navigator.appVersion);
if (browser=="Netscape" && version<4.06) {
   jahr=AktuellesDatum.getYear();
   if (jahr<=99) {
      jahr="19"+jahr;
    }
    else {
     jahr=jahr.toString();
     jahr=jahr.slice(1);
     jahr="20"+jahr;
    }
 }
else {
   jahr=AktuellesDatum.getFullYear();
 }
```

Zuerst wird in der Variablen *browser* der Name des Browsers ermittelt und in *version* die Versionsnummer festgestellt. Anschließend folgt die Browserabfrage, die prüft, ob als Name *Netscape* vorliegt und ob die Versionsnummer kleiner als 4.06 ist. Ist dies der Fall, wird der folgende Programmblock betreten. Liegt ein anderer Browser (z.B. Microsoft Internet Explorer) oder ein Netscape-Browser mit einer höheren Versionsnummer vor, wird der *else*-Teil am Ende des Codes betreten. Dort wird über *getFullYear()* die vierstellige Jahreszahl ermittelt.

Im Programmblock wird zuerst über *getYear()* die Jahreszahl ermittelt. In der *if*-Abfrage wird festgestellt, ob das Ergebnis dieser Methode kleiner oder gleich 99 ist. Es braucht jetzt nur noch die Ziffer 19 davorgesetzt zu werden.

Ist die Zahl größer als 99 (z.B. 101), dann wird der *else*-Block betreten. Die erste Ziffer muss abgeschnitten werden. Dazu können Sie *substring()* oder *slice()* verwenden. Um dies zu ermöglichen, muss die Variable *jahr* erst in einen String umgeändert werden. Dazu kommt die Methode *toString()* zum Einsatz. Damit liegt das Ergebnis als String vor und kann in der nächsten Zeile über die Methode *slice()* bearbeitet werden:

```
jahr=jahr.slice(1);
```

Die Methode *slice()* arbeitet ähnlich wie *substring()*. Die Methode schneidet aus einem String einen Teil heraus. Im Unterschied zu *substring()* braucht bei *slice()* nur die Zeichenposition angegeben zu werden, ab der die Methode das Ausschneiden beginnen soll. Die Methode schneidet dann bis zum Ende des Strings aus, und das Ergebnis wird wieder der Variablen *jahr* zugeordnet. Hier wird ab der Zeichenposition 1 ausgeschnitten, d.h., das erste Zeichen (Position 0!) wird nicht mit ausgeschnitten. Damit ist die Jahreszahl nun endlich zweistellig! Abschließend muss nur noch 20 vor den String gesetzt werden, damit sich eine korrekte vierstellige Jahreszahl ergibt.

## Wie lange war der Internetsurfer auf der Webseite?

Mit JavaScript können Sie auf einfache Weise die Zeit ermitteln, die der Internetsurfer auf Ihren Webseiten verbringt. Und mehr noch: Sie können die verstrichene Zeit ständig anzeigen lassen, damit der Internetsurfer dies erkennen kann.

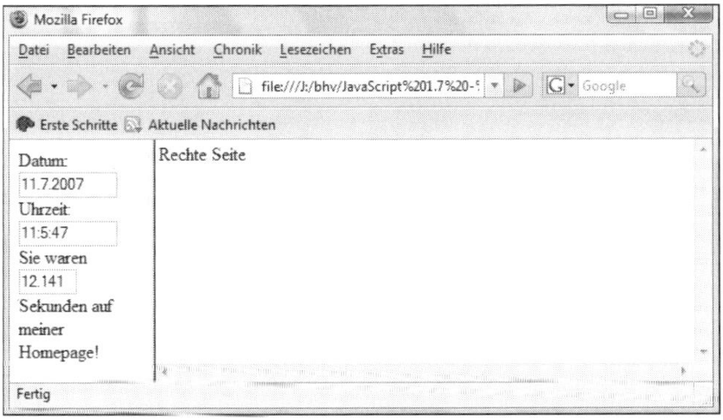


**Abb. 11.3: Die Anzahl der Sekunden, die der Internetsurfer auf der Homepage verbracht hat, hier in Firefox 2.0**

Im Folgenden wollen wir unsere Uhr auf der Homepage um eine weitere Anzeige erweitern, die die bisherige Besuchszeit des Internetsurfers anzeigt.

Der Code ist im Prinzip recht einfach. Wir brauchen nur eine Funktion in JavaScript, welche die Verweildauer berechnet. Dies muss in einer permanenten Schleife durchlaufen werden. Und so sieht der Code aus:

```
<!DOCTYPE html PUBLIC "-//W3C//DTD HTML 4.01 Transitional//EN" "http://www.w3.org/TR/html4/loose.dtd">
<html><head>
<meta http-equiv="Content-Type" content="text/html;charset=iso-8859-1">
<title>Homepage</title>
<script type="text/javascript">
   var anfangszeit= new Date();
   var startzeit=anfangszeit.getTime();
function uhr () {
   var jahr, monat, tag, stunden, minuten, sekunden, Differenz;
   var AktuellesDatum=new Date();
   var browser=navigator.appName;
   var version=parseInt(navigator.appVersion);
   if (browser=="Netscape" && version<4.06) {
      jahr=AktuellesDatum.getYear();
      if (jahr<=99) {
         jahr="19"+jahr;
       }
       else {
        jahr=jahr.toString();
        jahr=jahr.slice(1);
        jahr="20"+jahr;
       }
   }
   else {
       jahr=AktuellesDatum.getFullYear();
   }
   monat=AktuellesDatum.getMonth()+1;
   tag=AktuellesDatum.getDate();
   stunden=AktuellesDatum.getHours();
```

```
    minuten=AktuellesDatum.getMinutes();
    sekunden=AktuellesDatum.getSeconds();
    // Jetzt folgt die Berechnung der Besuchszeit
    Differenz= (AktuellesDatum.getTime()-startzeit)/
   1000;
    // Jetzt folgt die Ausgabe
    window.document.Datum.Date.value=tag+"."+monat+".
   "+jahr;
    window.document.Datum.Time.value=stunden+":"+
   minuten+":"+ sekunden;
    window.document.Datum.zeit.value=Differenz;
    // Jetzt folgt der neue Aufruf der Funktion
    window.setTimeout ('uhr()',1000);
}
</script></head>
<body onload="window.setTimeout ('uhr()',1000)">
<form name="Datum">
Datum: <input size="10" name="Date"><br>
Uhrzeit: <input size="10" name="Time"><br>
Sie waren <input size="4" name="zeit">
</form>
Sekunden auf meiner Homepage!
</body></html>
```

Im Folgenden sehen wir uns ganz genau den JavaScript-Code an, damit Sie die Details besser verstehen. Am Anfang des JavaScripts steht noch vor Beginn der Funktion:

```
var anfangszeit= new Date();
var startzeit=anfangszeit.getTime();
```

Dies ist für den Start besonders wichtig. *anfangszeit* ist ein neues Objekt (vom Typ *date)*, das wir über *new Date()* erzeugen. In diesem Objekt werden das aktuelle Datum und die aktuelle Zeit gespeichert. In der nächsten Zeile definieren wir eine neue Variable *startzeit,* der gleich ein Wert zugewiesen wird. Der Wert stammt aus dem soeben erzeugten Objekt *anfangszeit. getTime()* liefert die aktuelle Zeit. Diese Zeit wird in der Variablen *startzeit* gespeichert. Es ist die Zeit, zu der der Internetsurfer die Webseite betreten hat.

Danach folgt die erste JavaScript-Funktion *uhr()*. In dieser Funktion wird wie eben ein weiteres Objekt namens *AktuellesDatum* über *new Date()* erzeugt. Danach steht der bekannte Code für die Uhrzeit und das Datum. Die Besuchszeit wird ermittelt über:

```
Differenz=(AktuelleZeit.getTime()-startzeit)/1000;
```

Wir bilden hier die Differenz zwischen der aktuellen Zeit und der Startzeit, zu der der Internetsurfer unsere Seite betreten hat. *AktuellesDatum.getTime()* liefert die aktuelle Zeit, von der wir die Startzeit abziehen, die in der Variablen *startzeit* gespeichert ist. *getTime()* liefert genau genommen nicht die aktuelle Zeit, sondern die Millisekunden, die zwischen dem 01.01.1970 und der jetzigen Zeit verflossen sind. Leider stehen die Zeiten alle in Millisekunden, so dass wir das Ergebnis noch durch 1000 teilen müssen, um die Anzahl der Sekunden zu erhalten (1000 Millisekunden = 1 Sekunde). Dies wird dann in der Variablen *Differenz* gespeichert.

Jetzt muss die Differenz angezeigt werden. Dazu folgt der Aufruf:

```
window.document.datum.zeit.value=Differenz;
```

Der Aufruf gibt die Variable *Differenz* auf der Homepage aus. Das Formularfeld wird über *window.document.Datum.zeit* angesprochen. In diesem Feld wird die Besuchszeit ausgegeben.

## Erweiterungen

Unsere Zeitanzeige kann noch verbessert werden. Ein Hauptmanko der Anzeige sind die krummen Werte, die sich ergeben. Es würde für uns ausreichen, wenn die Sekundenanzahl 7 erscheint und nicht 7,45. Mit anderen Worten: Die Berechnung muss immer abgerundet werden. Dazu gibt es in JavaScript eine mathematische Funktion: *Math.floor()*.

Sie brauchen dazu in der Funktion *zeit()* nur eine Zeile zu verändern. Schreiben Sie die Zeile

```
Differenz=Math.floor (Differenz);
```

Dadurch wird die Variable *Differenz* neu belegt, und zwar mit ihrem eigenen mathematisch gerundeten Inhalt (über *Math.floor()*).

## Minuten

Wenn der Besucher lange auf der Homepage war, informiert die Anzeige mit 462 Sekunden zwar über die Aufenthaltsdauer – aber das könnten wir auch in Minuten und Sekunden umrechnen. Die Änderungen betreffen nur den JavaScript-Code:

```
<script type="text/javascript">
   var anfangszeit= new Date();
   var startzeit=anfangszeit.getTime();
function uhr () {
   var jahr, monat, tag, stunden, minuten, sekunden,
  Differenz, sec;
   var Minuten=0;
   var AktuellesDatum=new Date();
   var browser=navigator.appName;
   var version=parseInt(navigator.appVersion);
   if (browser=="Netscape" && version<4.06) {
      jahr=AktuellesDatum.getYear();
      if (jahr<=99) {
         jahr="19"+jahr;
      }
      else {
        jahr=jahr.toString();
        jahr=jahr.slice(1);
        jahr="20"+jahr;
      }
   }
   else {
       jahr=AktuellesDatum.getFullYear();
   }
   monat=AktuellesDatum.getMonth()+1;
   tag=AktuellesDatum.getDate();
```

```
   stunden=AktuellesDatum.getHours();
   minuten=AktuellesDatum.getMinutes();
   sekunden=AktuellesDatum.getSeconds();
   // Jetzt folgt die Berechnung der Besuchszeit
   Differenz= (AktuellesDatum.getTime()-startzeit)/
  1000;
   Differenz=Math.floor (Differenz);
    if (Differenz>59) {
       Minuten=Math.floor ((Differenz-30)/60);
       sec=Differenz-(Minuten*60);
     }
    else {
        sec=Differenz;
     }
   // Jetzt folgt die Ausgabe
   window.document.Datum.Date.value=tag+"."+monat+".
  "+jahr;
   window.document.Datum.Time.value=stunden+":
  "+minuten+"
  :"+sekunden;
   window.document.Datum.zeit.value=Minuten + " min " +
  sec + " sec";
   // Jetzt folgt der neue Aufruf der Funktion
   window.setTimeout ('uhr()',1000);
}
</script>
```

Am Anfang der Funktion *uhr()* werden zwei neue Variablen definiert: *Minuten* und *sec.* In *Minuten* wird die Anzahl der vergangenen Minuten gespeichert, in *sec* die verbleibenden Sekunden. Danach beginnt eine *if*-Abfrage. Wenn der Wert in der Variablen *Differenz* größer als 59 ist, müssen wir im folgenden Block die Minuten und die verbleibenden Sekunden berechnen. Ansonsten ist die Anzahl der Minuten gleich null. Dies geschieht über

```
Minuten=Math.floor (Differenz/60);
sec=Differenz-(Minuten*60);
```

In der ersten Zeile werden die Sekunden durch 60 geteilt, was die Minuten ergibt. Das Ganze wird dann über *Math.floor()*

gerundet. Danach werden die verbleibenden Sekunden in der Variablen *sec* berechnet.

Es schließt sich der *else*-Block an. Dieser wird ausgeführt, wenn der Wert der Variablen *Differenz* kleiner als 59 ist. Es braucht keine Minute berechnet zu werden, und die Variable *sec* bekommt den Wert von *Sekunden* zugewiesen.

Nach dem Ende der *if-else*-Abfrage wird der aktuelle Wert in das Formular geschrieben. Dazu wird *window.document. Datum.zeit* etwas modifiziert:

```
window.document.Datum.zeit.value=Minuten + " min " + sec +
    " sec";
```

Nach dem Gleichheitszeichen folgt die Variable *Minuten,* dann das Pluszeichen und die Zeichenkette »min«. Dies gibt nach den Minuten die Zeichen *min* aus. Genauso wird mit den Sekunden verfahren. Nach dem Pluszeichen stehen die Variable *sec* (und nicht etwa *Sekunden,* die nur die gesamten abgelaufenen Sekunden angibt!) und die Zeichenkette »sec«.

Bevor Sie sich jetzt die Seite im Browser ansehen, vergrößern Sie noch das Formularfeld am Ende der Seite, damit die Minuten und Sekunden auch angezeigt werden können. Im HTML-Code müsste es dann heißen:

```
<input size="12" name="zeit">
```

## Die Uhrzeit, das Datum und die Besuchszeit in die Statusleiste setzen

Mit Ihrem bisherigen Wissen können Sie ohne Probleme das Datum, die Uhrzeit und die Besuchszeit in die Statusleiste des Webbrowsers setzen. Die Ausgabe in den Formularen können Sie sich sparen, denn die Statusleiste bietet genügend Platz, der oft nicht genutzt wird. Sie entfernen die Formularfelder im HTML-Code und ersetzen die Zeile mit den Ausgaben in den Formularfeldern im Skriptcode durch folgende Zeilen:

```
ausgabe="Datum: "+tag+"."+monat+"."+jahr+" - Zeit:
    "+stunden+":"+minuten+":"+sekunden+ " - Besuchszeit:
```

```
    "+Minuten + " min " + sec + " sec";
window.status=ausgabe;
```

Zu Beginn des Skriptcodes müssen Sie noch die Variable *ausgabe* definieren. Diese wird hier genutzt, um einen String zu erzeugen, der die einzelnen Werte aneinanderhängt. Anschließend erhält die Eigenschaft *window.status* den Wert dieses Strings. Danach wird die Funktion erneut aufgerufen.

TIPP

Beachten Sie bitte die Sicherheitseinstellungen Ihres Browsers. Standardmäßig ist die Änderung der Statusleiste nicht möglich, kann aber aktiviert werden. Lesen Sie dazu bitte den Abschnitt »Sicherheit bei JavaScript und im Browser« im Kapitel 2.

# Einen Timer setzen

Mit den bisher beschriebenen Methoden ist es für Sie auch kein großes Unterfangen mehr, einen Timer zu erstellen, der die noch verbleibenden Stunden, Minuten und Sekunden bis zu einem festgesetzten Zeitpunkt zählt. Sie müssen zu Beginn des Codes nur einen Zeitpunkt festlegen, der die noch verbleibende Zeit berechnet.

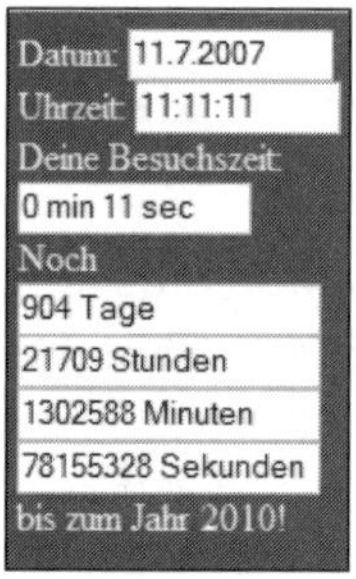


**Abb. 11.4:**
**Der Timer zählt die Tage, Stunden, Minuten und Sekunden bis zum 01.01.2010**

Dieses Beispiel basiert auf dem Code der letzten Uhr. Sie werden sehen, dass Sie nur die weiteren Formulare im HTML-Code hinzufügen und einige Routinen in den JavaScript-Code schreiben müssen. Die Änderungen betreffen wieder nur den linken Frame. In dem ersten Formular werden die noch verbleibenden Tage bis zum Jahr 2010 angezeigt, in dem darunter liegenden Formular die Stunden, danach die Minuten und abschließend die gesamten Sekunden bis zu diesem Datum.

```
<!DOCTYPE html PUBLIC "-//W3C//DTD HTML 4.01
  Transitional//EN" "http://www.w3.org/TR/html4/
  loose.dtd">
<html><head>
<meta http-equiv="Content-Type" content="text/
  html;charset=iso-8859-1">
<title>Homepage</title>
<script type="text/javascript">
   var anfangszeit= new Date();
   var startzeit=anfangszeit.getTime();
   var timer= new Date(2010,0,1,0,0,0);
function uhr () {
   var jahr, monat, tag, stunden, minuten, sekunden,
  Differenz, sec;
   var Minuten=0;
   var std, m, d, bis_zum_timer;
   var AktuellesDatum=new Date();
   var browser=navigator.appName;
   var version=parseInt(navigator.appVersion);
   if (browser=="Netscape" && version<4.06) {
      jahr=AktuellesDatum.getYear();
      if (jahr<=99) {
         jahr="19"+jahr;
      }
      else {
        jahr=jahr.toString();
        jahr=jahr.slice(1);
        jahr="20"+jahr;
      }
   }
   else {
       jahr=AktuellesDatum.getFullYear();
   }
   monat=AktuellesDatum.getMonth()+1;
   tag=AktuellesDatum.getDate();
```

```
  stunden=AktuellesDatum.getHours();
  minuten=AktuellesDatum.getMinutes();
  sekunden=AktuellesDatum.getSeconds();
  // Jetzt folgt die Berechnung der Besuchszeit
  Differenz= (AktuellesDatum.getTime()-startzeit)/
 1000;
  Differenz=Math.floor (Differenz);
  if (Differenz>59) {
     Minuten=Math.floor (Differenz/60);
     sec=Differenz-(Minuten*60);
   }
  else {
      sec=Differenz;
  }
  // Jetzt folgt die Ausgabe
  window.document.Datum.Date.value=
 tag+"."+monat+"."+jahr;
  window.document.Datum.Time.value=
 stunden+":"+minuten+"
:"+ sekunden;
  window.document.Datum.zeit.value=Minuten + " min " +
 sec + " sec";
  // Jetzt noch die Zeit bis 2006 berechnen
  bis_zum_timer=Math.floor((timer.getTime()-
 AktuellesDatum.getTime())/1000);
  m=Math.floor(bis_zum_timer/60);
  std=Math.floor(m/60);
  d=Math.floor(std/24);
  window.document.Datum.Tage.value=d+" Tage";
  window.document.Datum.Stunden.value=std+" Stunden";
  window.document.Datum.Minuten.value=m+" Minuten";
  window.document.Datum.Sekunden.value=bis_zum_timer+"
 Sekunden";
// Jetzt folgt der neue Aufruf der Funktion
  window.setTimeout ('uhr()',1000);
}
</script></head>
<body link="yellow" vlink="lime" bgcolor="red"
  text="#ffffff" onload="window.setTimeout
  ('uhr()',1000)">
<form name="Datum">
Datum: <input size="10" name="Date"><br>
```

```
Uhrzeit: <input size="10" name="Time"> <br>
Deine Besuchszeit: <input size="12" name="zeit"><br>
Noch <br>
<input size="17" name="Tage">
<input size="17" name="Stunden">
<input size="17" name="Minuten">
<input size="17" name="Sekunden">
bis zum Jahr 2006!
</form></body></html>
```

Dem HTML-Code werden nur noch vier weitere Formularfelder hinzugefügt. Das erste Feld dient der Ausgabe der Tage, das zweite ist für die Anzahl der Stunden, das dritte Feld für die Minuten und das letzte für die Sekunden. Alle vier Felder bekommen einen Namen, der selbsterklärend ist.

Hier finden sich einige wichtige Erweiterungen, um die Zeit bis zur Jahrtausendwende genau berechnen zu können. Gleich zu Anfang – bevor die Funktion *uhr()* beginnt – wird noch ein neues Objekt *timer* erzeugt:

```
var timer= new Date(2010,0,1,0,0,0);
```

Dieses unterscheidet sich ein wenig von den anderen Objekten, die Sie über *new Date()* erzeugt haben. Denn Sie können einem Objekt Vorgaben machen. In diesem Fall geben Sie dem Objekt *timer* ein Datum vor, das in diesem Objekt gespeichert wird. Dazu wird das Datum in Klammern gesetzt. Dies geschieht in der Form

```
new Date(Jahr, Monat, Tag, Stunde, Minute, Sekunde);
```

Wir wollen diesem Objekt das Datum 01.01.2010 vorgeben, das wir in Klammern dazuschreiben . Beachten Sie aber wieder, dass der Monat nicht auf *1* gesetzt wird, sondern auf *0.* Der Monat Januar hat in der JavaScript-Zählung die Ziffer 0, während 1 Februar bedeuten würde.

Zu Beginn der Funktion *uhr()* werden nach den bekannten Variablen noch neue Variablen definiert:

```
var std, m, d, bis_zum_timer;
```

Diese Variablen werden für die Ausgaben in den vier Formularfeldern benötigt.

Die Berechnung der noch verbleibenden Zeit erfolgt im Code nach der Ausgabe von Datum, Uhrzeit und Besuchszeit. Zuerst werden die Sekunden bis zum Jahr 2010 berechnet:

```
bis_zum_timer=Math.floor((timer.getTime()-
    AktuellesDatum.getTime())/1000);
```

*timer.getTime()* ermittelt die Millisekunden, die zwischen dem 01.01.1970 und dem 01.01.2010 verflossen sind. Davon werden die Millisekunden abgezogen, die von *AktuellesDatum.getTime()* ermittelt werden (dies sind die Sekunden zwischen dem 01.01.1970 und dem aktuellen Datum). Die Differenz ergibt die noch verbleibenden Millisekunden. Das Ergebnis wird durch 1000 geteilt (dies ergibt die Sekunden) und über *Math.floor* gerundet. Damit sind die Sekunden bekannt, die in der Variablen *bis_zum_timer* gespeichert werden.

Die Anzahl der Minuten wird berechnet durch

```
m=Math.floor(bis_zum_timer/60);
```

und die Stunden durch die Zeile

```
std=Math.floor(m/60);
```

sowie die restlichen Tage durch

```
d=Math.floor(std/24);
```

Damit ist alles berechnet, und im JavaScript-Code werden die Daten im Formular ausgegeben. Danach wird die Funktion *uhr()* erneut aufgerufen.

# UTC

Eine erhebliche Erweiterung ist bei JavaScript 1.3 durch die Verwendung von UTC hinzugekommen. UTC steht für *Universal Coordinated Time* und ist auch unter dem Namen GMT *(Greenwich Mean Time)* oder Weltzeit bekannt. Datum und

Uhrzeit können nun ab JavaScript 1.3 als UTC-Zeit ausgegeben werden oder weiterhin wie bekannt als Lokalzeit, die im Computer eingestellt ist.

**Abb. 11.5:**
**Lokale Zeit (oben) und Weltzeit (unten)**

Die Weltzeit UTC hängt natürlich von der eingestellten Lokalzeit im Computer ab. Bei der Installation Ihres Betriebssystems müssen Sie die Zeitzone einstellen, in der Sie sich befinden. Deutschland liegt in der Zeitzone MEZ (Mitteleuropäische Zeit) bzw. MESZ (Mitteleuropäische Sommerzeit). UTC und MEZ unterscheiden sich durch eine Stunde, UTC und MESZ durch zwei Stunden. Wenn Sie JavaScript verwenden, wird dies automatisch berücksichtigt.

Um die Weltzeit einzusetzen, ist kein neues *Date*-Objekt erforderlich. Sie ermitteln die Zeit wie gewohnt:

```
var AktuellesDatum=new Date ();
```

Zu dem *Date*-Objekt sind eine Reihe neuer Methoden für UTC hinzugekommen. Die wichtigsten sind:

| Methoden | Funktion |
|---|---|
| *getUTCFullYear ():* | Ermittelt die vierstellige Jahreszahl in der Weltzeit. |
| *getUTCMonth ():* | Ermittelt den Monat in der Weltzeit. |
| *getUTCDate ():* | Ermittelt den Tag in der Weltzeit. |
| *getUTCDay ():* | Ermittelt den Tag der Woche in der Weltzeit. |

| Methoden | Funktion |
|---|---|
| *getUTCHour ():* | Ermittelt die Stunde in der Weltzeit. |
| *getUTCMinutes ():* | Ermittelt die Minuten in der Weltzeit. |
| *getUTCSeconds ():* | Ermittelt die Sekunden in der Weltzeit. |
| *getUTCMilliseconds ():* | Ermittelt die Millisekunden in der Weltzeit. |

**Tab. 11.1: Methoden für UTC**

Um also statt der Lokalzeit die Weltzeit zu ermitteln, ist folgender Code notwendig. Die Ausgabe erfolgt in einem Formular wie gewohnt:

```
Weltzeit_jahr=AktuellesDatum.getUTCFullYear ();
Weltzeit_monat=AktuellesDatum.getUTCMonth ()+1;
Weltzeit_tag=AktuellesDatum.getUTCDate ();
Weltzeit_stunden=AktuellesDatum.getUTCHours ();
Weltzeit_minuten=AktuellesDatum.getUTCMinutes ();
Weltzeit_sekunden=AktuellesDatum.getUTCSeconds ();
```

# Zusammenfassung

In diesem Kapitel wurden folgende Themen behandelt:

- wie Sie das aktuelle Datum und die aktuelle Uhrzeit ermitteln,
- wie Sie aus der Uhrzeit die Besuchszeit des Internetsurfers auf Ihrer Homepage ermitteln,
- wie Sie diese Daten in einem Formular ausgeben lassen,
- wie die einzelnen Methoden und Eigenschaften zum Auslesen von Stunden, Minuten und Sekunden lauten,
- warum Frames für eine ständige Anzeige der Zeit bestens geeignet sind.

## Fragen und Übungen

1. Warum muss bei der Berechnung der Besuchszeit eines Internetsurfers die Methode *Math.floor()* eingesetzt werden?
2. Warum muss vor einem neuen Aufruf der *uhr()*-Funktion *window.setTimeout('uhr', 1000)* gesetzt werden?
3. Wie wird ein neues Zeit-Objekt erzeugt?
4. Wo liegt der Unterschied zwischen *getYear()* und *getFullYear()*?

# 12 Mit Grafiken arbeiten: das Image-Objekt

In diesem Kapitel werden Sie lernen, wie Sie Grafiken auf einer Homepage mit JavaScript verändern, manipulieren, animieren und dynamische grafische Links erzeugen können. Diese sogenannten Rollover-Effekte sind im Web sehr verbreitet.

## Dynamische grafische Links

In diesem Kapitel werden Sie sehen, wie Sie einen grafischen Link dynamisch gestalten. Es handelt sich um eine Grafik auf einer Homepage. Wird diese mit der Maus angeklickt, wird eine andere Webseite aufgerufen.

**Abb. 12.1: Die Grafik kann angeklickt werden**

Fahren Sie mit der Maus auf die Grafik, dann wird eine andere Grafik angezeigt. In unserem Beispiel wird die Diskette gelb.

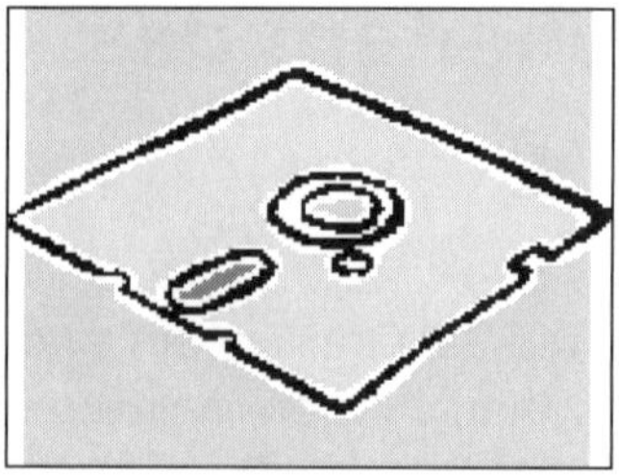

**Abb. 12.2: Die Maus befindet sich auf der Grafik – die Diskette wird gelb**

Wenn Sie die Grafik anklicken (um auf die entsprechende Webseite zu gelangen), wird eine dritte Grafik an dieser Stelle angezeigt: Die Diskette wird rot.

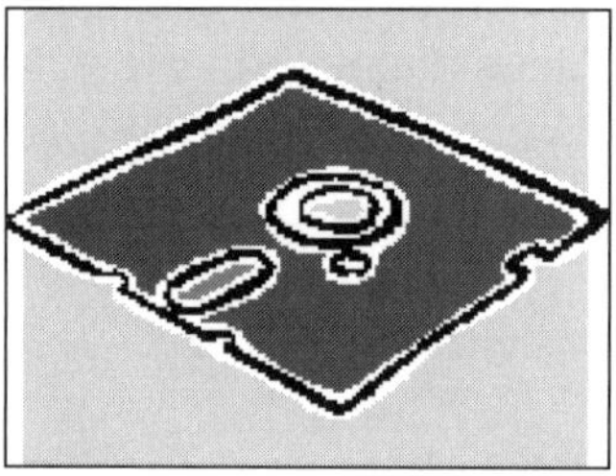

**Abb. 12.3: Die Grafik wurde angeklickt – die Diskette wird rot**

In diesem Beispiel sehen Sie, wie Sie mit Grafiken unter JavaScript arbeiten. Für dieses Beispiel sind drei Grafiken notwendig. Alle Grafiken sind identisch, nur die Farbe der Diskette wurde verändert. Und das Wichtigste: Im HTML-Code muss eine Grafik über das *<img>*-Tag eingebunden worden sein.

```
<!DOCTYPE html PUBLIC "-//W3C//DTD HTML 4.01
  Transitional//EN" "http://www.w3.org/TR/html4/
  loose.dtd">
<html><head>
<meta http-equiv="Content-Type" content="text/
  html;charset=iso-8859-1">
<title>Homepage</title>
<script type="text/javascript">
  var Disk1=new Image ();
  Disk1.src="disk1.gif";
```

```
  var Disk2=new Image ();
  Disk2.src="disk2.gif"
  var Disk3=new Image ();
  Disk3.src="disk3.gif";
function wechsel1 () {
  /* Über diese Funktion wird das Bild verändert, wenn
  sich die Maus auf dem Bild befindet - onmouseover */
  window.document.images[0].src=Disk2.src;
}
function wechsel2 () {
  /* Über diese Funktion wird das Bild verändert, wenn
  sich die Maus von dem Bild wegbewegt - onmouseout */
  window.document.images[0].src=Disk1.src;
}
function wechsel3 () {
  /* Über diese Funktion wird das Bild verändert, wenn
  das Bild angeklickt wird - onclick */
  window.document.images[0].src=Disk3.src;
}
</script></head>
<body>
<h2>Hier gibt's Shareware...</h2>
<a href="http://www.shareware.de" onmouseover="wechsel1
  ()" onmouseout="wechsel2 ()" onclick="wechsel3
  ()"><img src="disk1.gif"></a>
</body></html>
```

Sehen wir uns zuerst den HTML-Code an. Der grafische Link wird über die Codezeile

```
<a href="http://www.shareware.de" onmouseover="wechsel1 ()"
    onmouseout="wechsel2 ()" onclick="wechsel3 ()"><img
    src="disk1.gif"></a>
```

erzeugt. Als Grafik wird *disk1.gif* verwendet. Befindet sich die Maus auf der Grafik, wird durch den Eventhandler *onmouseover* die JavaScript-Funktion *wechsel1 ()* aufgerufen. Hierüber wird die erste Grafik durch die zweite Grafik ausgetauscht (nämlich *disk2.gif*). Die Diskette wird gelb. Dann kommt der Eventhandler *onmouseout* zum Einsatz. Verlässt die Maus die Grafik, wird die JavaScript-Funktion *wechsel2 ()* aufgerufen. Hier wird dann wieder die ursprüngliche Grafik *(disk1.gif)* angezeigt. Klickt der Internetsurfer schließlich auf die Grafik, wird über den Eventhandler *onClick* die JavaScript-Funktion *wechsel3 ()* aufgerufen. Hier wird dann die dritte Grafik *(disk3.gif)* angezeigt. Mehr ist im HTML-Code nicht notwendig.

Jetzt müssen wir uns noch den JavaScript-Code ansehen. Hier werden Sie einige neue Befehle vorfinden. Nach dem *<script>*-Tag wird ein neues Objekt vom Typ *Image ()* erzeugt. *Image* ist das Objekt, das eine Grafik allgemein definiert. Es kommt wieder der sogenannte Konstruktor zum Einsatz, den Sie schon bei dem *Date*-Objekt kennengelernt hatten. Dies ist unbedingt notwendig, damit Sie mit den Grafiken arbeiten können.

```
var Disk1=new Image ();
```

*Disk1* ist der neue Objektname. Über *new Image ()* erzeugen Sie das Objekt. In der nachfolgenden Zeile können Sie dem Objekt den Namen der Grafikdatei zuordnen:

```
Disk1.src="disk1.gif";
```

*src* steht hier für Source (engl. Quelle) und gibt den Dateinamen an, der in Anführungsstrichen folgt. *src* ist eine Eigenschaft des *Image*-Objekts. Genauso wird mit *Disk2* und *Disk3* verfahren. Zuerst wird ein Objekt erzeugt und danach über *src* der Dateiname zugewiesen. Dies ist notwendig, damit der Browser die Grafiken laden und später anzeigen kann.

Dann beginnt die erste JavaScript-Funktion *wechsel1 ().* Sie wird aufgerufen, wenn sich die Maus auf der Grafik befindet. Die Diskette wird dann gelb angezeigt. In dieser Funktion befindet sich nur ein Aufruf:

```
window.document.images[0].src=Disk2.src;
```

Über *window.document.images[0]* wird die Grafik im HTML-Code genau identifiziert. *window* bezieht sich auf das aktuelle Fenster, *document* auf das darin enthaltene HTML-Dokument und *images* auf die über *<img>* eingebundene Grafik. Wenn wir mehrere Grafiken hätten, müssten wir sie gezielt ansprechen können. Dazu dient die sogenannte Indexnummer, die sich in eckigen Klammern dahinter befindet *(images[0])*. In der JavaScript-Zählung bekommt die erste Grafik die Ziffer Null. Da wir aber nur eine Grafik verwenden, steht hier überall als Indexnummer *[0]*. Über *src* weisen wir eine andere Quelle zu, nämlich die, die in *Disk2.src* gespeichert ist. Dies ist *Disk2.gif.* Die Folge: Die Grafik wird sofort gewechselt.

Es schließt sich die JavaScript-Funktion *wechsel2 ()* an. Diese Funktion wird aufgerufen, wenn sich die Maus von der Grafik wegbewegt. Es muss also wieder die ursprüngliche Grafik *(disk1.gif)* dargestellt werden. Dazu dient die Zeile

```
window.document.images[0].src=Disk1.src;
```

Hier wird die »alte« Quelle, die in *Disk1.src* gespeichert ist, dem Bild zugewiesen und dargestellt (nämlich *disk1.gif)*. Die dritte JavaScript-Funktion heißt *wechsel3 ().* Sie wird aufgerufen, wenn die Grafik angeklickt wird. Die Diskette wird rot. Es wird also die Grafikdatei *disk3.gif* angezeigt. Dies geschieht in der Funktion über die Zeile

```
window.document.images[0].src=Disk3.src;
```

Eine typische Anwendung des Wechselns der Bilder wird bei Buttons eingesetzt. Oftmals sehen Sie in einem linken Navigationsframe eine Anzahl von Buttons. Gehen Sie mit der Maus auf einen dieser Buttons, verändert sich die Farbe. Klicken Sie ihn an, dann verändert er sich noch einmal. Dies ist eine typische Anwendung. Im Netz wird von diesen animierten Buttons sehr viel Gebrauch gemacht.

**TIPP**

Wenn Sie ein *Image*-Objekt erzeugen, achten Sie bei der Namensgebung für dieses Objekt darauf, dass der Name nicht mit dem Namen in dem Attribut *name* des *<img>*-Tags identisch ist. Im letzten Code wurden drei *Image*-Objekte *Disk1, Disk2* und *Disk3* erzeugt. Wenn Sie im HTML-Tag *<img>* das Attribut *name* mit der Einstellung *name="disk2"* verwenden *(<img src="disk2.gif" name="disk2">),* wird nicht die Grafik für den Urzustand angezeigt, sondern gleich die Grafik, die für den Zustand vorgesehen ist, wenn sich die Maus auf der Grafik befindet. Achten Sie darauf, unterschiedliche Namen im *name*-Attribut des *<img>*-Tags und für das *Image*-Objekt einzusetzen.

### Das Image-Objekt

Das *Image*-Objekt von JavaScript dient zum Ansprechen und Manipulieren von Grafiken. Dabei wird für jedes im HTML-Code gefundene *<img>*-Tag vom Browser ein eigenes *Image*-Objekt angelegt, das über die entsprechende Indexnummer angesprochen werden kann:

```
window.document.images[1]
```

spricht das zweite Bild an, das über *<img>* eingebunden wurde. Die Zählung beginnt bei 0 und die *<img>*-Tags werden in der Reihenfolge ihres Auftretens vom Browser durchnummeriert. Das Objekt verfügt fast nur über Eigenschaften, die jedoch fast alle nur ausgelesen, nicht aber verändert werden können. Die Eigenschaft *src* hatten Sie schon kennengelernt. Diese enthält den Dateinamen bzw. die URL einer Grafik. Diese Eigenschaft kann jederzeit verändert werden. Die folgenden Eigenschaften sind nur lesbar: *border* ermittelt, ob die Grafik über einen Rahmen verfügt, und *width* bzw. *height* gibt die Breite bzw. Höhe der Grafik aus. *name* stellt den Namen der Grafik fest, der im Attribut *name* des *<img>*-Tags vergeben wurde. Das *Image*-Objekt ist direkt dem Objekt *document* untergeordnet.

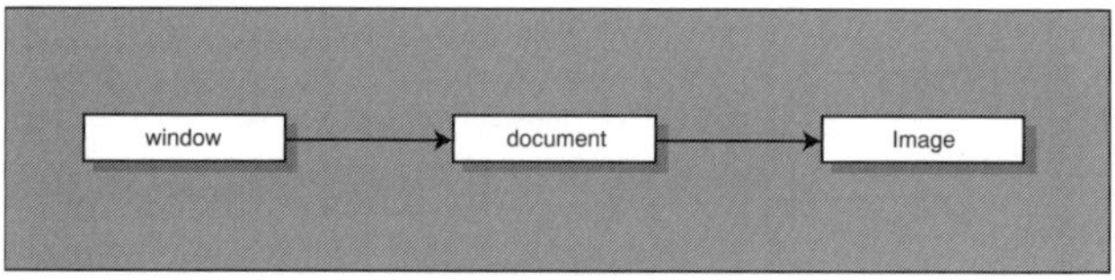


**Abb. 12.4: Objekthierarchie von *Image***

# Eine einfache Animation

In diesem Abschnitt werden Sie sehen, wie Sie eine einfache Animation mit Hilfe von zwei Grafiken erzeugen. Das notwendige Wissen haben Sie schon im letzten Abschnitt erworben.

**Abb. 12.5: Die Animation läuft – die »Lampen« scheinen zu blinken, hier in Firefox**

Diese Animation besteht aus zwei Grafiken, die sich oberhalb und unterhalb der Schrift »COMING SOON!« befinden. Die kleinen Lämpchen scheinen zu blinken. Die Grafiken werden im HTML-Code eingebunden und über eine JavaScript-Funktion animiert.

## Grafiken erstellen

Eine Grafik-Animation sieht folgendermaßen aus: Sie erstellen mehrere Grafiken, in denen die einzelnen Elemente immer versetzt erscheinen. Das spätere Abspielen der Bilder erzeugt den Eindruck einer Bewegung.

Die einzelnen Bilder der Animationen werden wie bei einer Art Daumenkino hintereinander abgespielt. Sie können die Geschwindigkeit selbst festlegen. Bevor Sie aber so weit sind, müssen Sie die einzelnen Grafiken erstellen. Dazu benutzen Sie ein Grafikprogramm wie beispielsweise *Paint Shop Pro (http://www.jasc.com)*. Das Programm ist sehr gut geeignet. In diesem Beispiel wollen wir eine Überschrift von Blinklichtern umgeben darstellen lassen. Die einzelnen Lichter sollen blinken, um auf die Überschrift aufmerksam zu machen. Dazu zeichnen Sie mit dem Malprogramm mehrere gefüllte Kreise abwechselnd in verschiedenen Farben. Alle Kreise mussen den gleichen Abstand und und die gleiche Größe haben. In diesem

Beispiel hat die Grafik eine Größe von 300 Pixel für die Breite und 30 Pixel für die Höhe.

Zeichnen Sie nun innerhalb des Bildes die einzelnen Kreise. Wählen Sie einen gefüllten Kreis und suchen Sie sich zwei verschiedene Farben aus (z.B. Gelb und Schwarz). Malen Sie einen Kreis gelb, den nachfolgenden schwarz. Fahren Sie so lange fort, bis die Grafik gefüllt ist. Speichern Sie diese Grafik unter dem Namen *T1.gif* in Ihrem Arbeitsverzeichnis. Erzeugen Sie nun eine zweite Grafik mit den gleichen Größenangaben und zeichnen Sie die gefüllten Kreise hier ebenfalls hinein. Zeichnen Sie die Kreise an den gleichen Stellen wie in der ersten Grafik. Vertauschen Sie jedoch die Farben. War an dieser Stelle in der ersten Grafik ein gelber Kreis, malen Sie nun einen schwarzen Kreis. Werden nämlich diese beiden Grafiken hintereinander abgespielt, ergibt sich der »Blink«-Effekt. Speichern Sie die Grafik unter dem Namen *T2.gif* in Ihrem Arbeitsverzeichnis.

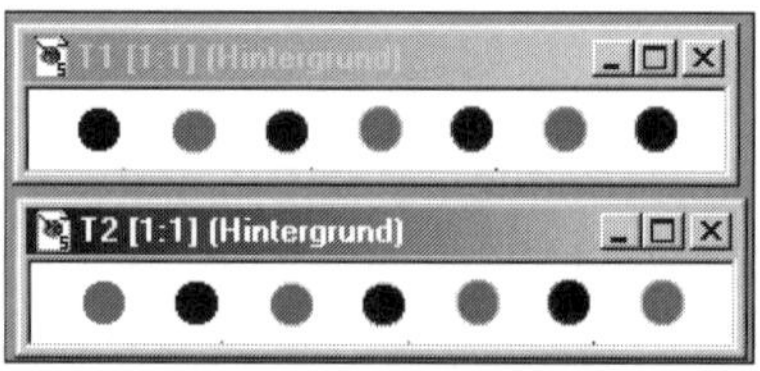


**Abb. 12.6: Die beiden Grafiken**

```
<!DOCTYPE html PUBLIC "-//W3C//DTD HTML 4.01
  Transitional//EN" "http://www.w3.org/TR/html4/
  loose.dtd">
<html><head>
<meta http-equiv="Content-Type" content="text/
  html;charset=iso-8859-1">
<title>Homepage</title>
<script type="text/javascript">
  var Disk1=new Image ();
  Disk1.src="T1.gif";
  var Disk2=new Image ();
  Disk2.src="T2.gif";
```

```
  var a;
function tausch1 () {
  //Jetzt werden die Grafiken getauscht
  window.document.images[0].src=Disk2.src;
  window.document.images[1].src=Disk1.src;
  window.setTimeout ('tausch2 ()',150);
}
function tausch2 () {
  //Die Bilder werden wieder getauscht
  window.document.images[0].src=Disk1.src;
  window.document.images[1].src=Disk2.src;
  //Nun wird die Funktion wieder aufgerufen
  window.setTimeout ('tausch1 ()',150);
}
</script></head>
<body bgcolor="white" text="black" onload="tausch1 ()">
<img src="T1.gif">
<h2>COMING SOON!</h2>
<img src="T2.gif">
</body></html>
```

Im HTML-Code steht nicht viel Neues. Dort befindet sich eine Überschrift:

```
<h2>Coming soon!</h2>
```

Das Tag *<h2>* erzeugt eine große und knackige Überschrift (»COMING SOON!«), die durch *</h2>* beendet wird. Umrahmt wird diese Überschrift durch die beiden Grafiken *T1.gif* und *T2.gif*, die über *<img>* eingebunden werden.

Auch hier finden Sie Bekanntes und Neues. Nach dem *<script>*-Tag werden die Grafik-Objekte erzeugt und jedem Objekt wird der Dateiname der Grafik zugewiesen. Danach beginnt die JavaScript-Funktion *tausch1 ().* Diese wird direkt im *<body>*-Tag über den Eventhandler *onload* aufgerufen.

Zu Beginn der Funktion werden gleich die beiden Grafiken getauscht:

```
window.document.images[0].src=Disk2.src;
window.document.images[1].src=Disk1.src;
```

Die erste Grafik (die sich oberhalb der Überschrift befindet) zeigt normalerweise *T1.gif* an. Über die erste Codezeile in der JavaScript-Funktion wird dieser Grafik *(window.document.images[0])* der zweite Dateiname *(Disk2.src)* zugewiesen, der *T2.gif* erhält. Dadurch wird die erste Grafik getauscht und *T2.gif* an deren Stelle angezeigt. Genauso funktioniert es mit der zweiten Grafik *(window.document.images[1])*, die unterhalb der Schrift steht. Sie wird gegen *T1.gif* getauscht *(Disk1.src)*. Danach wird über *window.setTimeout* die zweite Funktion *tausch2()* aufgerufen. Damit ein Blinkeffekt entsteht, müssen die Grafiken nun wieder zurückgetauscht werden. Dies geschieht in der zweiten Funktion:

```
window.document.images[0].src=Disk1.src;
window.document.images[1].src=Disk2.src;
```

Die erste Grafik bekommt wieder die ursprüngliche Grafik zugewiesen *(Disk1.src*, also *T1.gif)*. Dies wird auch mit der zweiten Grafik durchgeführt.

Sie sehen daran, dass sich die beiden Funktionen gegenseitig aufrufen. Das Wichtige dabei ist, dass dieser Aufruf über *window.setTimeout* mit einer Verzögerung von 150 ms erfolgt. Dies ist notwendig, damit die Lämpchen nicht zu schnell blinken. Hätten Sie dieses Tauschen der Bilder dagegen in eine Funktion geschrieben, würde der Blinkeffekt so schnell auftreten, dass ein gleichmäßiges Blinken gar nicht auffallen würde. Daher wurde das Tauschen der Grafiken in zwei Funktionen ausgelagert.

## Eine kompliziertere Animation

In diesem Abschnitt wollen wir eine etwas aufwendigere Animation mit JavaScript umsetzen. Dabei soll sich ein Pfeil auf der Homepage von rechts nach links bewegen und danach wieder zurückflitzen.

**Abb. 12.7: Der Pfeil flitzt von der einen zur anderen Seite, hier in Mozilla unter LINUX**

Die Animation hat Ähnlichkeiten mit der vorhergehenden. Dabei werden wieder Grafiken getauscht, und es muss immer die vorhergehende Grafik gelöscht werden, damit sich eine Bewegung des Pfeils auf der Seite ergibt. Der Trick bei dieser Animation: Wir binden über *<img>* vier Grafiken ein, die alle nebeneinander stehen. Alle Grafiken sind leer. Nacheinander wird nun in jede dieser Grafiken der Pfeil gesetzt, d.h., die Grafiken werden nacheinander getauscht. Danach muss natürlich noch die vorhergehende Grafik gelöscht werden, damit sich eine Bewegung ergibt.

## Die Grafiken erstellen

Für diese Animation brauchen wir drei Grafiken. Der Pfeil soll von der rechten zur linken Seite flitzen. Dort ändert er seine Richtung und bewegt sich von der linken zur rechten Seite. Die zweite Grafik zeigt den Pfeil in umgekehrter Richtung. Wir brauchen einen Pfeil, der einmal nach links und dann nach rechts zeigt. Die dritte Grafik ist eine leere Grafik. Wir benötigen sie, um ein Bild zu löschen. Alle drei Grafiken sollten eine Größe von 135*100 Pixel haben.

## Der Programmcode

```
<!DOCTYPE html PUBLIC "-//W3C//DTD HTML 4.01
  Transitional//EN" "http://www.w3.org/TR/html4/
  loose.dtd">
<html><head>
<meta http-equiv="Content-Type" content="text/
  html;charset=iso-8859-1">
<title>Homepage</title>
<script type="text/javascript">
  var bild1=new Image ();
  bild1.src="arr01.gif";
  var bild2=new Image ();
  bild2.src="arr02.gif";
  var leer=new Image ();
  leer.src="leer.gif";
  var a=3, b;
function start () {
 if (a>0) {
   a--;
      //Jetzt werden die Grafiken getauscht
      window.document.images[a].src=bild1.src;
      window.document.images[a+1].src=leer.src;
      window.setTimeout ('start ()', 100);
 }
 else {
   a=0;
      window.setTimeout ('zurueck ()',100);
 }
}
function zurueck () {
  // Der Pfeil bewegt sich nun in die andere Richtung
  a++;
   if (a<3) {
      window.document.images[a].src=bild2.src;
      window.document.images[a-1].src=leer.src;
      window.setTimeout ('zurueck ()', 100);
   }
   else {
      a=3;
      //Nun wird die Funktion wieder aufgerufen
```

```
        window.setTimeout ('start ()',0);
    }
}
</script></head>
<body onload="start ()">
<img src="leer.gif" width="135" height="100">
<img src="leer.gif" width="135" height="100">
<img src="leer.gif" width="135" height="100">
<img src="leer.gif" width="135" height="100">
<h2>Coming soon!</h2>
</body></html>
```

Es werden vier Grafiken nebeneinander eingebunden:

```
<img src="leer.gif" width="135" height="100">
```

Die Grafiken haben alle die gleiche Größe. In allen wird die Grafik *leer.gif* angezeigt. Dies ist einfach nur eine leere Grafik, die nichts enthält. Diese werden wir auch später zum Löschen des Pfeils benutzen. Im *<body>*-Tag wird die JavaScript-Funktion *start ()* aufgerufen.

Zu Anfang werden drei Grafik-Objekte definiert: *bild1* für die Grafik mit dem nach links zeigenden Pfeil *(arr01.gif)*, *bild2* für den nach rechts zeigenden Pfeil *(arr02.gif)* und *leer* für eine leere Grafik *(leer.gif)*. Danach werden noch zwei Variablen *a* und *b* definiert.

Wir müssen zuerst die Bewegung des Pfeils von rechts nach links umsetzen. Das heißt: Die Grafiken müssen getauscht werden. Da alle die Grafik *leer.gif* anzeigen, müssen wir nacheinander die Grafik durch den Pfeil *(arr01.gif)* tauschen. Wir müssen dabei mit der ganz rechten Grafik anfangen und enden mit der ganz linken Grafik. Sie könnten nun das Tauschen der Grafiken untereinander schreiben:

```
window.document.images[3].src=bild1.src;
window.document.images[2].src=bild1.src;
window.document.images[1].src=bild1.src;
window.document.images[0].src=bild1.src;
```

Einfacher geht dies, wenn Sie die Variable *a* herunterzählen lassen und *a* als Indexnummer verwenden.

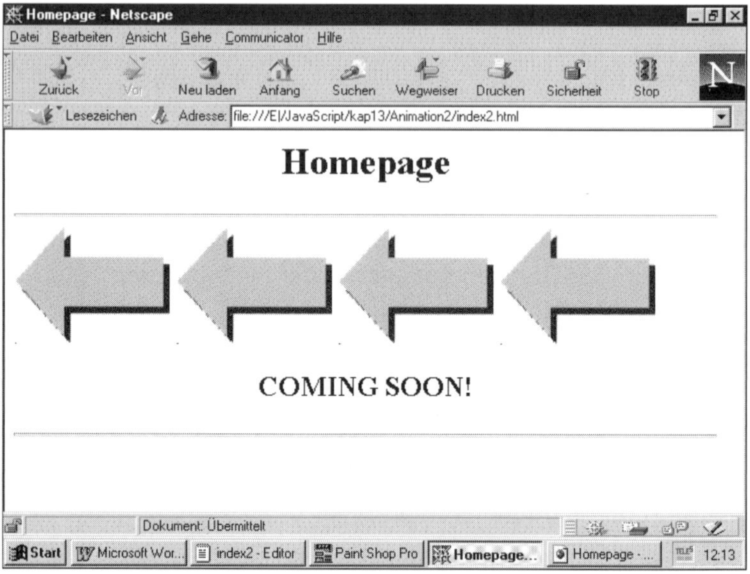


**Abb. 12.8: Das darf nicht sein: Die Grafiken werden nicht gelöscht, sondern alle hintereinander dargestellt**

Sie dürfen nun aber nicht vergessen, die vorhergehende Grafik zu löschen, denn sonst würde in allen vier Grafiken der Pfeil auftauchen. Deshalb wird nach dem Tauschen durch *arr01.gif* gleich wieder die Grafik *leer.gif* (in *leer.src* gespeichert) angezeigt. Es wird das vorhergehende Bild (das hat nämlich die Indexnummer *a+1)* getauscht:

```
window.document.images[a].src=bild1.src;
window.document.images[a+1].src=leer.src;
```

Damit das Herunterzählen aber nicht unendlich oft passiert (wir haben ja nur vier Grafiken eingebunden!), packen wir diesen Code in eine *if*-Abfrage, die gleich zu Beginn der Funktion prüft, ob die Variable *a* (die zu Anfang global definiert und mit dem Wert *3* versehen wurde) größer null ist. Die Variable *a* muss bei drei beginnen, da es sich um die ganz rechte Grafik handelt, die als letzte im HTML-Code via *<img>* eingebunden wurde. Durch diese »Schleife« werden die Grafiken nacheinander von rechts nach links durch *arr01.gif* (ist in *bild1.src* gespeichert) ersetzt. Das »Bewegen« der Bilder wird nur so lange durchgeführt, wie *a* größer null ist. Ist *a* gleich oder kleiner null, wird der *else*-Block ausgeführt. Dort wird *a* auf null gesetzt und über *window.setTimeout* die Funktion *zurueck ()* aufgerufen, die den Pfeil von links nach rechts bewegt.

Hier wird die Variable *a* hochgezählt. Dementsprechend müssen wir über eine *if*-Abfrage prüfen, ob *a* kleiner 3 ist (*a* darf nicht größer als drei werden, denn mehr Grafiken haben wir ja nicht!). Solange dies der Fall ist, wird der entsprechende Block ausgeführt:

```
window.document.images[a].src=bild2.src;
window.document.images[a-1].src=leer.src;
```

Das jeweils aktuelle Bild wird gegen *bild2* getauscht. Nun muss aber unbedingt noch das vorhergehende Bild gelöscht, d.h. gegen *leer.gif* getauscht werden. Es hat die Indexnummer *a-1*. Danach wird diese Funktion noch einmal aufgerufen. Erst wenn *a* größer oder gleich *3* ist, wird der *else*-Teil ausgeführt. Hier wird *a* auf *3* gesetzt und die Funktion *start* aufgerufen, die den Pfeil nun wieder von rechts nach links »bewegt«.

Konkret ergibt sich folgender Ablauf des Tauschens der Bilder. Mit sehr viel Tipparbeit sähe der Code folgendermaßen aus (nur für die Bewegung von rechts nach links!):

```
window.document.images[3].src=bild1.src;
window.document.images[3].src=leer.src;
window.document.images[2].src=bild1.src;
window.document.images[2].src=leer.src;
window.document.images[1].src=bild1.src;
window.document.images[1].src=leer.src;
window.document.images[0].src=bild1.src;
window.document.images[0].src=leer.src;
```

Für die umgekehrte Richtung von links nach rechts wäre noch einmal dieser Code, allerdings mit aufsteigender Indexnummer von *0* bis *3*, notwendig.

Sie können das Wechseln der Bilder noch weiter verlangsamen. Im Code wurde jeweils der Aufruf der Funktion über *window.setTimeout* mit einer Wartezeit von 100 ms durchgeführt. Erhöhen Sie diesen Wert, und die Animation läuft entsprechend langsam.

## Zusammenfassung

In diesem Kapitel wurden folgende Themen behandelt:

- wie Grafiken in JavaScript verwendet werden,
- wie Sie einfache Animationen mit JavaScript erstellen,
- wie Grafiken vertauscht werden können,
- wie Grafiken in JavaScript angesprochen werden.

## Fragen und Übungen

1. Kann ein JavaScript-Code Grafiken laden und anzeigen?
2. Wie kann eine Grafik von JavaScript aus angesprochen werden?
3. Wie wird in JavaScript ein neues Grafik-Objekt erzeugt?
4. Was bewirkt der Eventhandler *onMouseOut?*

# 13 Arrays

Bisher haben Sie intensiv mit Variablen gearbeitet. Diese sind aber begrenzt, und Sie können in einer Variablen nur einen Wert bzw. Inhalt speichern. Um mehrere Inhalte speichern zu können, müssen Sie zu einem neuen Typ greifen: dem sogenannten *Array*. In diesem Kapitel lernen Sie alles über Arrays in JavaScript.

## Was ist ein Array?

Hinter dem abstrakten Begriff *Array* verbirgt sich eine wunderbare und sehr nützliche Möglichkeit, Daten zu speichern. Der Begriff steht für *Feld,* und Sie erzeugen über ein Array mehrere Felder, in denen Daten stehen können. Wie in JavaScript üblich, ist der Inhalt nicht an einen Datentyp gebunden; es kann sich um Texte oder Zahlen handeln. Sie haben auf die einzelnen Felder Zugriff. Ein Array können Sie sich als eine einfache Tabelle vorstellen, die zunächst aus einer Zeile besteht. Die Anzahl der Spalten ist zunächst unwichtig, sie ist beliebig vergrößerbar. Die erste Spalte dient hier nur zur Beschriftung.

| Indexnummer | 0 | 1 |
|---|---|---|
| Inhalt des Arrays | »Hallo« | »Tschüs« |

**Tab. 13.1: Das Array als Tabelle**

Ein solches Array besteht aus nur zwei Feldern. Sie tragen die Nummern *0* und *1*. Wie in JavaScript üblich, werden diese als Indexnummern bezeichnet, die in der ersten Zeile aufgelistet sind. Über die Indexnummer haben Sie dann Zugriff auf den eigentlichen Inhalt.

Das Array bezeichnen wir mit dem Namen *test.* In JavaScript wird ein neues, zunächst leeres Array über das Schlüsselwort *new* erzeugt, gefolgt von dem *Array*-Objekt:

```
var test=new Array ();
```

Das Array *test* wird als Variable angelegt. Da es sich aber nicht um eine »normale« Variable handeln kann, müssen wir angeben, dass wir ein Array erzeugen wollen. Gleich bei der Definition des Arrays können wir die Inhalte festlegen:

```
var test=new Array ("Hallo","Tschüss");
```

Der Inhalt wird hier in Anführungsstrichen geschrieben und durch ein Komma getrennt. Den Inhalt können Sie nun beispielsweise in einer Dialogbox ausgeben. Zusätzlich kommt die Indexnummer zum Einsatz:

```
alert (test[1]);
```

Diese Zeile gibt in der *alert*-Dialogbox den String *Tschüs* aus. *alert (test[0]);* würde den String *Hallo* ausgeben.

Jetzt erkennen Sie auch den tieferen Sinn der Indexnummern, die Sie bisher in JavaScript kennengelernt haben: Bilder können Sie innerhalb von JavaScript über *images[indexnummer]* ansprechen. Das *Image*-Objekt ist im Prinzip auch ein Array. Das Gleiche gilt für das *Form*-Objekt und das *elements*-Array für die Formulare.

Ein Array können Sie sich wie eine Tabelle vorstellen. Ein einfaches Array besteht aus zwei Zeilen: der Kopfzeile (sie enthält die Indexnummer) und der zweiten Zeile, die den konkreten Inhalt enthält. Diese wird auch als Zelle bezeichnet. Dieser Begriff ist bei der Tabellenkalkulation und bei Datenbanken sehr verbreitet. Auch diese Anwendungen arbeiten mit der Tabellenform. Die Anzahl der Spalten ist variabel. Hängen Sie so viele Spalten aneinander, wie Sie möchten, und trennen Sie sie Spalten durch Kommata.

Nach diesem theoretischen Beispiel wollen wir eine konkrete Anwendung mit einem Array programmieren.

# Ein einfaches Array: eine Diashow

Ein Beispiel, das Ihnen die Anwendung von Arrays verdeutlicht, ist eine kleine Diashow. Es werden nacheinander automatisch mehrere Bilder angezeigt. Dies ist im Prinzip nichts Besonderes, mit Ihrem vorhandenen Wissen könnten Sie dies schon programmieren. Wenn Sie Arrays verwenden, reduziert sich der JavaScript-Code jedoch erheblich. In diesem Beispiel werden acht Bilder hintereinander abgespielt. Nach zwei Sekunden erscheint jeweils ein neues Bild.

```
<!DOCTYPE html PUBLIC "-//W3C//DTD HTML 4.01
  Transitional//EN" "http://www.w3.org/TR/html4/
  loose.dtd">
<html><head>
<meta http-equiv="Content-Type" content="text/
  html;charset=iso-8859-1">
<title>Homepage</title>
<script type="text/javascript">
var bild=new Image ();
var dia=new Array ("cover8.jpg", "cover7.jpg",
  "cover6.jpg", "cover5.jpg", "cover4.jpg",
  "cover3.jpg", "cover2.jpg", "cover1.jpg");
var a=-1;
function diashow () {
 a++;
 window.document.images[0].src=dia[a];
 if (a==7)
  {
   a=-1;
  }
 window.setTimeout ('diashow ()', 2000);
}
</script></head>
<body onload="window.setTimeout ('diashow()', 2000)">
<h1> Meine Bücher:</h1>
<img src="cover5.jpg"></body></html>
```

Zu Beginn des Codes wird ein *Image*-Objekt erzeugt. Dies ist notwendig, damit wir das Bild ansprechen und tauschen können. Im HTML-Code ist ein Bild über *<img>* eingebunden.

Danach erfolgt die Definition des Arrays:

```
var dia=new Array ("cover8.jpg", "cover7.jpg",
     "cover6.jpg", "cover5.jpg", "cover4.jpg",
     "cover3.jpg", "cover2.jpg", "cover1.jpg");
```

Es kommt wieder der Konstruktor zum Einsatz. Das Array bekommt den Namen *dia* und enthält die Dateinamen der acht Bilder. Jeder Dateiname steht in Anführungsstrichen und ist durch ein Komma vom nächsten getrennt. Wir benötigen noch eine Zählervariable *a*, die auf *-1* gesetzt wird.

In der Funktion *diashow,* die über *onload* im *<body>*-Tag aufgerufen wird, findet das eigentliche »Abspielen« der Diashow statt. Genau genommen wird das Bild ausgetauscht. Dazu wird die Variable *a* am Beginn immer um eins hochgezählt. Danach folgt die entscheidende Codezeile:

```
window.document.images[0].src=dia[a];
```

Der Eigenschaft *src* des *Image*-Objekts ordnen wir einen neuen Wert zu. Es handelt sich dabei um den Dateinamen des Bildes. *dia* spricht das Array an, und die Indexnummer ist in der Variablen *a* gespeichert, die bei jedem Aufruf der Funktion um eins nach oben gezählt wird.

Anschließend müssen wir nur noch prüfen, ob die Variable *a* den Wert *7* hat, denn dann muss die Diashow wieder von vorne beginnen. Ist dies der Fall, bekommt *a* den Wert *-1.* Am Ende der Funktion wird die Funktion selbst nach zwei Sekunden erneut aufgerufen. Das Array *dia* können Sie sich in einer Tabelle folgendermaßen vorstellen.

| Index-nummer | 0 | 1 | 2 | 3 | 4 | 5 | 6 | 7 |
|---|---|---|---|---|---|---|---|---|
| Inhalt | cover1. jpg | cover2. jpg | cover3. jpg | cover4. jpg | cover5. jpg | cover6. jpg | cover7. jpg | cover7. jpg |

**Tab. 13.2: Das Array als Tabelle**

## Das Objekt Array

Das Objekt *Array* ist keinem Objekt untergeordnet. Es enthält einige interessante Methoden, über die Arrays bearbeitet werden können. So hängt die Methode *concat ()* mehrere Arrays aneinander, und *join ()* führt mehrere Elemente eines Arrays zu einem String zusammen. *pop ()* entfernt Elemente aus dem Array, und *push ()* setzt neue Elemente in das Array ein. *sort ()* sortiert die enthaltenene Elemente, und *slice ()* schneidet Teile aus dem Array aus.

# Eine erweiterte Tabelle

Als Nächstes nehmen wir eine erweiterte Tabelle in Angriff. Dabei kann diese nur eine einfache Form haben und eine klassische Datenbank (MySQL, Access, dBase usw.) nicht ersetzen. Wir werden zuerst eine Tabelle einsetzen, die wir dann im nächsten Abschnitt weiter verfeinern werden. Dazu verbessern wir unseren Passwortschutz aus Kapitel 6. Wir fragen zuerst nach einem Benutzernamen und dann nach dem Passwort. Das Passwort ist in einem Array gespeichert, das über den Benutzernamen angesprochen wird. Ist der Benutzername vorhanden und das Passwort korrekt, dann wird eine bestimmte Seite aufgerufen. Um die Sicherheit zu erhöhen, lagern Sie dies in eine separate Datei mit dem Namen *code.js* aus. Der nachfolgende Programmcode listet nur diese Datei auf.

```
var pw=new Array ();
var Eingabe, passwort;
pw["nicole"]="58ok9";
pw["michael"]="80#fom";
pw["susanne"]="mm43rt7";
function abfrage () {
  Eingabe=prompt ("Name?");
  Eingabe=Eingabe.toLowerCase ();
  if (Eingabe=="nicole" || Eingabe=="michael" ||
      Eingabe=="susanne") {
       passwort=prompt ("Passwort?");
```

```
            passwort=passwort.toLowerCase ();
            if (passwort==pw[Eingabe]) {
                  alert ("OK!");
                  location.href="start.html";
               }
            else {
                 alert ("Das war nix!");
               }
        }
    else {
         alert ("Benutzer nicht vorhanden!");
        }
}
```

Zu Anfang wird ein neues Array festgelegt, das den Namen *pw* erhält. Das Array wird bei der Definition noch nicht mit Werten belegt, es ist noch leer. Danach folgt die Definition der beiden Variablen *Eingabe* und *passwort.* Erst danach wird der Inhalt des Arrays bestimmt. Der entscheidende Unterschied ist nun, dass keine Indexnummern, sondern Namen verwendet werden.

```
pw["nicole"]="58ok9";
```

Das erste Feld in dem Array (das normalerweise die Indexnummer *0* erhält), bekommt den Namen *nicole* und einen String zugewiesen. Dieser String *(58ok9)* ist das Passwort. *nicole* ist ein Benutzername, es folgen noch zwei weitere Namen, denen auch noch ein String zugewiesen wird.

Danach folgt die Funktion *abfrage (),* die im HTML-Code im *<body>*-Tag von *onload* aufgerufen wird. Zuerst muss der Benutzername eingegeben werden, danach wird die Eingabe in Kleinbuchstaben umgewandelt. Danach folgt eine *if*-Abfrage, die prüft, ob der eingegebene Name mit einem Benutzernamen identisch ist. Ist dies der Fall, blendet sich eine zweite Dialogbox ein, in der das Passwort eingegeben werden muss. Danach wird die Eingabe ebenfalls in Kleinbuchstaben umgewandelt. Dann folgt die entscheidende *if*-Abfrage:

```
if (passwort==pw[Eingabe])
```

Hier wird geprüft, ob das eingegebene Passwort *(passwort)* mit dem in dem Array gespeicherten Passwort identisch ist. Der eingegebene Name ist ja in *Eingabe* gespeichert, daher muss er hier nur in eckigen Klammern eingesetzt werden *(pw[Eingabe])*. Ist das Passwort korrekt, bestätigt dies eine Dialogbox, und eine Seite wird aufgerufen. Andernfalls wird eine Fehlermeldung ausgegeben.

Das Array verwendet hier Namen statt Indexnummern. Das Array können Sie sich in Tabellenform mit zusätzlicher Indexnummer folgendermaßen vorstellen:

| Index-nummer | 0 | 1 | 2 |
|---|---|---|---|
| Name | nicole | michael | susanne |
| Inhalt | 58ok9 | 80#fom | mm43rt7 |

**Tab. 13.3: Das Array in Tabellenform**

Sie können das Array natürlich nun mit weiteren Informationen versehen, d.h. weitere Benutzer und deren Passwörter eingeben. Auch die Länge der Passwörter steht Ihnen frei. Für den Benutzernamen könnten Sie auch Vor- und Nachnamen verwenden.

TIPP

Diesen Passwortschutz können Sie natürlich auch mit dem Passwortschutz aus Kapitel 6 kombinieren. Dort musste nur ein Passwort eingegeben werden, es bestand keine Möglichkeit, nach einem Benutzer zu fragen. Dieses Beispiel hier könnten Sie noch um maximal drei Eingabeversuche erweitern. Benutzen Sie dazu den Code aus dem früheren Kapitel.

# Zweidimensionale Arrays

Die bisherigen Arrays sind sogenannte eindimensionale Arrays, weil der konkrete Inhalt eines jeden Feldes in nur einer Zeile gespeichert wird. Sollen mehrere Informationen gespeichert werden, ist dies nicht ausreichend. Wenn Sie mit einer Tabellenkalkulation oder einer Datenbank arbeiten, dann geben Sie die Daten in der Regel in einer Tabelle ein, die aus mehreren Spalten und mehreren Zeilen besteht. Bisher war unsere »Tabelle« eindimensional. Jetzt werden wir ein Array erstellen, das wie eine Tabelle aus mehreren Zeilen und Spalten besteht.

Eine typische Anwendung dafür ist eine Adresstabelle. Sie können in JavaScript eine solche Tabelle programmieren und selbst abfragen. Diese kann natürlich nur eine einfache Form haben - professionelle Datenbanken, die relational arbeiten und via SQL abgefragt werden, können dadurch nicht ersetzt werden.

Die Adresstabelle baut auf dem Code aus dem letzten Abschnitt auf. Wir wollen mehrere Daten von verschiedenen Benutzern speichern. Dazu gehören:

- Benutzername
- Vorname, Nachname
- Straße
- PLZ, Ort
- Telefon
- E-Mail
- Passwort

Das Array stellen Sie sich als folgende Tabelle vor, in der sich schon einige Daten befinden:

| | | 0 | 1 | 2 |
|---|---|---|---|---|
| 0 | Benutzername | nicole | michael | susanne |
| 1 | Name | Nicole Neben | Michael Seeboerger-Weichselbaum | Susanne Schwarz |
| 2 | Straße | Ottostr. 12 | Gurkenweg 13 | Bonner Platz 1 |
| 3 | Ort | 53001 Bonn | 53000 Bonn | 53001 Bonn |

| | | 0 | 1 | 2 |
|---|---|---|---|---|
| 4 | Telefon | 0228-00200 | 0228-000000 | 0228-003215 |
| 5 | E-Mail | Nicole@ seebi.de | Michael@ seebi.de | Susi@seebi.de |
| 6 | Passwort | 58ok9 | 80#fom | mm43rt7 |

**Tab. 13.4: Die Daten für das Array als Tabelle**

Wir wollen diese Tabelle abfragen und das Ergebnis in mehreren Formularelementen ausgeben lassen. Dazu wird zu Anfang eine Dialogbox eingeblendet, in der wir den Benutzernamen eingeben können. Das Skript fragt die Tabelle, d.h. die einzelnen Elemente des Arrays ab und erledigt die Ausgabe.

**Abb. 13.1: Die Ergebnisse einer Abfrage**

Der Code ist komplizierter als die bisherige einfache Abfrage. Der HTML-Code sieht folgendermaßen aus:

```
<!DOCTYPE html PUBLIC "-//W3C//DTD HTML 4.01
  Transitional//EN" "http://www.w3.org/TR/html4/
  loose.dtd">
<html><head>
<meta http-equiv="Content-Type" content="text/
  html;charset=iso-8859-1">
```

```
<title>Homepage</title>
<script type="text/javascript" src="daten.js">
</script>
<script type="text/javascript" src="db.js">
</script></head>
<body bgcolor="papayawhip" onload="abfrage ()">
Die Benutzerdaten:
<form name="Benutzer">
<table border="0">
<tr><td>Benutzername</td>
<td align="left"><input type="text"
  name="Benutzername"></td></tr>
<tr><td>Name</td>
<td align="left"><input type="text" name="Nachname"></
  td></tr>
<tr><td>Straße</td>
<td><input type="text" name="Strasse"></td></tr>
<td>Ort</td>
<td><input type="text" name="Ort"></td></tr>
<tr><td>Telefon</td>
<td><input type="text" name="FON"></td></tr>
<tr><td>E-Mail</td>
<td><input type="text" name="Mail"></td></tr>
<tr><td>Passwort</td>
<td><input type="text" name="Passwort"></td></tr>
</table></form></body></html>
```

In dem HTML-Code findet sich nicht allzu viel Neues. Es werden die Formularelemente erzeugt. Das Skript ist aus der HTML-Datei ausgelagert worden. Die Funktion *abfrage ()* fragt das Array ab und befindet sich in der Datei *db.js.* Achten Sie aber einmal auf die *<script>*-Tags. In diesem Beispiel tauchen zwei *<script>*-Tags auf:

```
<script type="text/javascript" src="daten.js">
</script>
<script type="text/javascript" src="db.js">
</script>
```

Wir verwenden zwei Dateien. *daten.js* enthält die Definition des Arrays und die konkreten Inhalte. *db.js* fragt das Array ab. Der

Grund für diese beiden unterschiedlichen Dateien ist ganz einfach: Die Wartung und Pflege der Tabelle wird dadurch erheblich einfacher. Kommen neue Benutzer zur Tabelle hinzu, brauchen Sie diese nur in die Datei *daten.js* aufzunehmen. Die Abfrage der Tabelle bleibt davon unangetastet. Wir werden uns nun beide Dateien genau ansehen.

### Das zweidimensionale Array erzeugen

In der Datei *daten.js* wird das Array definiert, und hier werden auch die Daten in die einzelnen Felder geschrieben. Der Code sieht folgendermaßen aus:

```
var Eingabe, a, b, d=0;
var db=new Array (3);
for (a=0; a<3; a++) {
   db[a]=new Array (7);
  }
db[0][0]="nicole";
db[0][1]="Nicole Neben";
db[0][2]="Ottostr. 12";
db[0][3]="53001 Bonn";
db[0][4]="0228-00200";
db[0][5]="Nicole@seebi.de";
db[0][6]="58ok9";
db[1][0]="michael";
db[1][1]="Michael Seeboerger-Weichselbaum";
db[1][2]="Gurkenweg 13";
db[1][3]="53000 Bonn";
db[1][4]="0228-000000";
db[1][5]="Michael@seebi.de";
db[1][6]="80#fom";
db[2][0]="susanne";
db[2][1]="Susanne Schwarz";
db[2][2]="Bonner Platz 1";
db[2][3]="53001 Bonn";
db[2][4]="0228-003215";
db[2][5]="Susi@seebi.de";
db[2][6]="mm43rl7";
```

Zu Beginn werden die Variablen *Eingabe, a* und *b* definiert. Diese werden wir später benötigen. Danach wird das Array *db* definiert:

```
var db=new Array (3);
```

Die Ziffer in Klammern richtet ein Array ein, das aus drei Spalten besteht (und das die Indexnummern *0* bis *2* bekommt). Dieses Array ist nach wie vor eindimensional. Von sich aus kennt JavaScript keine zweidimensionalen Arrays. Aber mit einem Trick ist es möglich, zweidimensionale (und mehrdimensionale) Arrays zu erstellen. Jede einzelne Zelle definieren wir wieder als ein Array, das als Zeilen fungiert. Daher die *for*-Schleife:

```
for (a=0; a<3; a++) {
   db[a]=new Array (7);
  }
```

Wir brauchen insgesamt sieben Zeilen. Aus jeder einzelnen Zelle wird ein neues Array, das aus sieben Zellen besteht. *a* wird bis auf drei hochgezählt, und jeder einzelnen Zelle wird ein weiteres Array zugewiesen. Dadurch haben wir nun eine Tabelle erzeugt, die aus drei Spalten und sieben Zeilen besteht. Der Zugriff auf eine bestimmte Zelle erfolgt dann folgendermaßen:

```
db[x][y]
```

Dabei bestimmt *x* die Spalte und *y* die Zeile. Wir müssen nun mit den Indexnummern arbeiten. *x* steht für einen gesamten Datensatz und *y* für die einzelnen Felder. Anschließend wird die Tabelle mit den konkreten Inhalten gefüllt:

```
db[0][0]="nicole";
```

Die erste Indexnummer legt den Datensatz *0* fest, der den ersten Benutzer kennzeichnet. Die zweite Indexnummer *0* gibt die Zeile *0* an, d.h. den Benutzernamen. *db[0][1]="Nicole Neben"* legt den Inhalt der Zelle des ersten Datensatzes fest, wobei die Indexnummer wieder *0* ist und Zeile *1* den kompletten Namen enthält. *db[0][2]="Ottostr. 12"* legt den Inhalt der zweiten Zeile (die Straße) des ersten Datensatzes fest. So wird auch mit den weiteren Daten verfahren. Nachdem alle Zellen des ersten Datensatzes mit Inhalt gefüllt sind, werden die Zellen des zweiten Datensatzes (Indexnummer 1) nacheinander wieder mit den Daten versehen. Anschließend werden die Daten für den dritten Datensatz nacheinander festgelegt. Damit ist die Tabelle mit Daten versehen. Nun muss sie nur noch abgefragt werden.

## Die Tabelle abfragen

Das Abfragen der Tabelle erfolgt in der Datei *db.js.* Der Code lautet:

```
function abfrage () {
  Eingabe=prompt ("Name?");
  Eingabe=Eingabe.toLowerCase ();
  for (a=0; a<3; a++) {
    if (Eingabe==db[a][0]) {
       d=1;
       for (b=0; b<7; b++) {
window.document.forms[0].elements[b].value=db[a][b];
        }
      break;
      }
   }
if (d==0) {
     alert ("Benutzer ist nicht vorhanden!");
   }
}
```

Zu Beginn der Funktion wird eine Dialogbox eingeblendet, in der der Name desjenigen Benutzers eingegeben werden soll, dessen Ergebnisse auf dem Bildschirm erscheinen sollen. Anschließend beginnt eine *for*-Schleife. Sie zählt die Variable *a* bis drei hoch. Dies ist die Zählervariable für die Spalten. Danach folgt eine *if*-Abfrage:

```
if (Eingabe==db[a][0])
```

Hier wird geprüft, ob *Eingabe* mit dem Benutzernamen (der in der Zeile *0* einer jeden Spalte gespeichert ist) identisch ist. Wenn dies der Fall ist, wird der nachfolgende Block betreten.

Dort befindet sich wieder eine *for*-Schleife, in der über die Variable *b* die einzelnen Zeilen der Spalte *a* abgefragt und in den Formularfeldern ausgegeben werden:

```
window.document.forms[0].elements[b].value=db[a][b];
```

Es schließt sich *break* an, damit die erste *for*-Schleife abgebrochen wird.

Am Ende wird noch der Inhalt der Variablen *d* geprüft. Diese Variable ist in der Datei *daten.js* definiert und mit *0* initialisiert. Wird der Benutzername gefunden, dann wird *d* vor der zweiten *for*-Schleife auf *1* gesetzt. Am Ende wird geprüft, ob *d* den Wert *0* besitzt. Ist dies der Fall, d.h. wurde der Benutzername nicht gefunden, dann wird eine Dialogbox ausgegeben, die darauf hinweist, dass der Benutzer nicht gefunden wurde.

## Das Array durchsuchen

Das bisherige Skript suchte nur nach einem bestimmten Benutzernamen. Es wäre sinnvoller, in dem Array nach einem beliebigen Begriff suchen zu lassen, beispielsweise nach dem Passwort oder der Telefonnummer. Wurde der Begriff gefunden, werden in den Formularen sämtliche Daten angezeigt. Zusätzlich sollte noch der Schaltknopf *Abbrechen* aktiviert werden. Die Änderungen betreffen nur die Funktion *abfrage* in der Datei *db.js:*

```
function abfrage () {
 Eingabe=prompt ("Suchbegriff?");
 if (Eingabe!=null) {
  Eingabe=Eingabe.toLowerCase ();
  for (a=0; a<3; a++) {
    for (b=0; b<7; b++) {
      if (Eingabe==db[a][b]) {
        d=1;
        for (c=0; c<7; c++) {
  window.document.forms[0].elements[c].value=db[a][c];
        }
```

```
            break;
          }
        }
      }
    if (d==0) {
      alert ("Suchbegriff ist nicht vorhanden!");
    }
  }
}
```

Nach der Eingabe des Suchbegriffs wird zuerst geprüft, ob die Variable *Eingabe* überhaupt einen Inhalt besitzt. Ist der Inhalt *null,* dann wurde der Button *Abbrechen* angeklickt. Der nachfolgende Programmteil wird nicht ausgeführt.

Anschließend beginnt die erste *for*-Schleife, die die Spalten durchzählt. Danach beginnt eine zweite *for*-Schleife. Diese ist neu und zählt die einzelnen Zeilen. Zuerst wird *a* also auf *0* gesetzt, danach wird *b* von *0* bis *6* hochgezählt. Dann folgt eine *if*-Abfrage, in der geprüft wird, ob der Inhalt der Zelle, die durch die beiden Variablen *a* und *b* nun genau spezifiziert wird, mit der Eingabe identisch ist:

```
if (Eingabe==db[a][b])
```

Wenn dies der Fall ist, ist in *a* die Indexnummer der Spalte gespeichert, in der der Inhalt gefunden wurde. *d* wird auf 1 gesetzt, und in der dritten *for*-Schleife, in der *c* von *0* bis *6* hochgezählt wird, erfolgt die Ausgabe des gesamten Datensatzes:

```
window.document.forms[0].elements[c].value=db[a][c];
```

Der Rest des Codes ist unverändert.

## Drei- und mehrdimensionale Arrays

Ein- und zweidimensionale Arrays dürften am häufigsten eingesetzt werden. Es ist aber ohne Probleme auch möglich, dreidimensionale Arrays zu erzeugen. Sie können sich das veranschaulichen, wenn Sie sich eine Tabellenkalkulation vorstellen.

Dort ist eine Tabelle zweidimensional, die dritte Dimension wird durch mehrere Tabellen bestimmt, die über eine separate Indexnummer angesprochen werden können. In JavaScript sieht dies folgendermaßen aus:

```
db[1][0][4]="Text";
```

Die erste Indexnummer *(1)* spricht die Tabelle an, die zweite Indexnummer bezeichnet die Spalte *(0)* und die dritte spezifiziert die Zeile *(4)*. Ein dreidimensionales Array wird ähnlich wie das zweidimensionale Array erzeugt:

```
var a,b;
var AnzahlTabellen=3;
var AnzahlSpalten=10;
var AnzahlZeilen=7;
var db=new Array (AnzahlTabellen);
for (a=0; a<AnzahlTabellen; a++) {
   db[a]=new Array (AnzahlSpalten);
     for (b=0; b<AnzahlSpalten; b++) {
         db[a][b]=new Array (AnzahlZeilen);
      }
 }
```

Das Erzeugen dieses dreidimensionalen Arrays baut auf dem Code zum Erzeugen eines zweidimensionalen Arrays auf. Zu Anfang wird die Variable *AnzahlTabellen* definiert, in der die Anzahl der Tabellen gespeichert wird. Die Variable *db* wird als Array mit der Anzahl von Elementen gespeichert, die in *AnzahlTabellen* steht. Danach folgt die erste *for*-Schleife. Es werden die Spalten erzeugt und in der zweiten *for*-Schleife die Zeilen.

Auf diese Weise ist es möglich, mehrere Tabellen zu verwenden. Denkbar ist sogar eine Verkettung der Tabellen. In der ersten Tabelle stehen die Personendaten, in der zweiten Tabelle beispielsweise die bestellten Produkte. Die Einträge können über einen sogenannten Primärschlüssel miteinander verknüpft werden, der eine Art von »Kundennummer« darstellt und in beiden Tabellen auftaucht. Dies ist das Prinzip der relationalen Datenbanken, die auf einer Verknüpfung von zwei oder mehr Tabellen basieren.

Durch Anwendung des obigen Codes können Sie auch höherdimensionale Arrays erzeugen. Es kommt jeweils eine Dimension hinzu. Der Aufwand dafür nimmt allmählich zu, und je höher die Dimension wird, umso unübersichtlicher wird der Code.

## Zusammenfassung

In diesem Kapitel wurden folgende Themen behandelt:

- was Arrays sind,
- was Arrays von herkömmlichen Variablen unterscheidet,
- wie Arrays erstellt werden können,
- was ein- und zweidimensionale Arrays sind,
- dass mehrdimensionale Arrays möglich sind.

## Fragen und Übungen

1. Erläutern Sie den Unterschied zwischen einem Array und einer Variablen.
2. Können Sie Strings und Ganzzahlen in einem Array speichern?
3. Erstellen Sie einen Code, der ein zweidimensionales Array erzeugt, das über vier »Spalten« und vier »Zeilen« verfügt.

# 14 DOM und DHTML

Netscape hat mit dem Communicator 4 und Microsoft mit dem Internet Explorer 4 im Jahr 1997 eine neue Technologie eingeführt, die ganz fantastische Möglichkeiten erlaubt. Unter dem Namen DHTML ist es möglich, von JavaScript aus HTML-Tags zu verändern. Dazu gehört beispielsweise das Bewegen von HTML-Tags über die Website. Bilder können so viel einfacher animiert werden, als es über die klassischen GIF-Animationen oder Flash-Filme umgesetzt wird. DHTML war nie ein Standard, sondern »nur« die Steuerung von HTML durch JavaScript. Hinzu kam, dass der JavaScript-Code zum Verändern der HTML-Tags, deren Inhalte und deren Attribute für Netscape und für den Internet Explorer unterschiedlich programmiert wurde.

Dies führte zum Standard DOM *(Document Object Model)* des W3-Konsortiums. DOM ist keine Programmiersprache, sondern definiert Objekte und Methoden, die von einer Programmiersprache implementiert werden müssen, damit von dieser aus HTML-Tags (oder auch XML-Tags) manipuliert werden können.

DOM wird von vielen Programmiersprachen unterstützt, so auch von JavaScript. Der IE ist ab Version 5.0 DOM-kompatibel, Netscape ab Version 6, Mozilla bzw. Firefox ab 1.0 und Opera ab Version 4. Damit kann ein einheitlicher Code erstellt werden, der in jedem Browser funktioniert. Das nennt man auch Cross-Browser-Programmierung.

Sehen Sie sich auch einmal meine Webseite im Internet an *(http://www.seebi.de)*. Dort sehen Sie in der Bildmitte ein Logo, um das sich mehrere Links bewegen (siehe Abbildung 14.1).

Die Links sind nichts anderes als Grafiken, die über DOM (für IE ab 5, Netscape ab 6, Mozilla 1.x, Firefox 1.x/2.x, Opera ab 4) und DHTML (NC 4 und IE 4) bewegt werden. Genauer gesagt wird hier die Position der einzelnen Grafiken im *<img>*-Tag über einen universellen JavaScript-Code permanent verändert, so dass sich der Eindruck einer Drehbewegung ergibt.

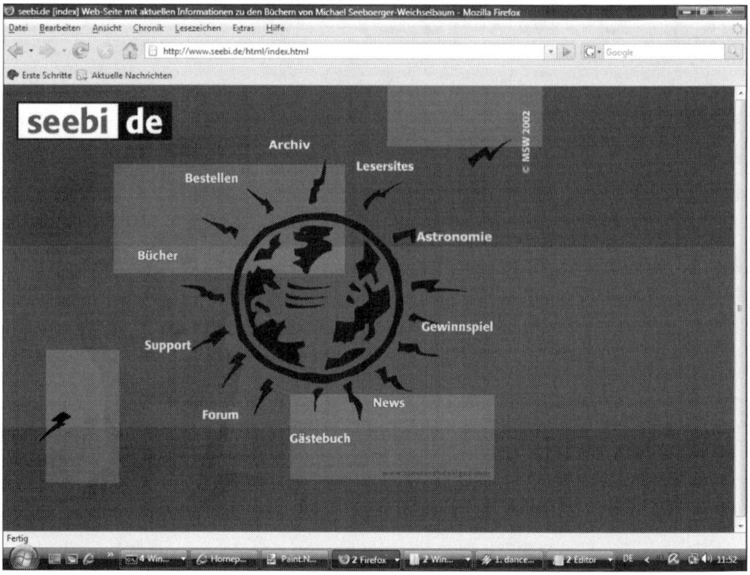


Abb. 14.1: Links bewegen sich im Kreis: *http://www.seebi.de*

# Ein erstes DOM-Beispiel

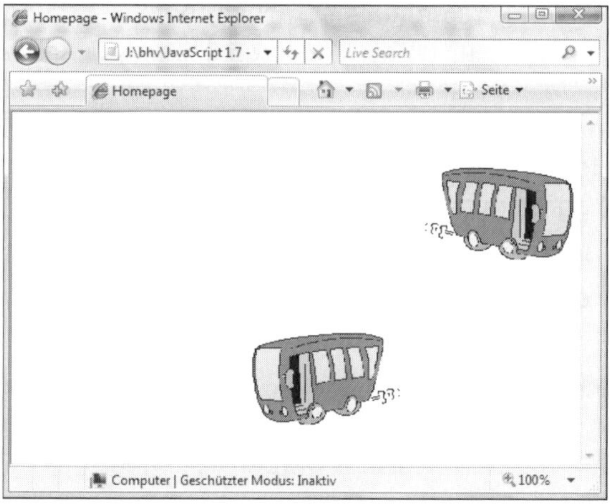


Abb. 14.2: Zwei Busse bewegen sich über die Webseite

In diesem Abschnitt werden Sie lernen, wie Sie DOM in den Browsern einsetzen und diese über JavaScript steuern können. Dazu wollen wir auf einer Homepage zwei Grafiken integrieren. Diese werden wir mit JavaScript über die ganze Homepage steuern.

```
<!DOCTYPE html PUBLIC "-//W3C//DTD HTML 4.01 Transitional//EN" "http://www.w3.org/TR/html4/loose.dtd">
<html><head>
<meta http-equiv="Content-Type" content="text/html;charset=iso-8859-1">
<title>Homepage</title>
<script type="text/javascript">
var a=0;
function bewegen () {
 if (a<600) {
  a++;
  window.document.getElementById("Bus1").style.left=a;
  window.document.getElementById("Bus1").style.top=50;
  window.document.getElementById("Bus2").style.left=600-a;
  window.document.getElementById("Bus2").style.top=200;
  window.setTimeout ('bewegen ()', 20);
 }
}
</script></head>
<body bgcolor="white" onload="bewegen ()">
<div id="Bus1" style="position:absolute">
<img src="bus2.gif">
</div>
<div id="Bus2" style="position:absolute">
<img src="bus.gif">
</div></body></html>
```

Dieser Code enthält zwei *<div>*-Tags mit zwei Grafiken. Die eine Grafik bewegt sich von rechts nach links, die untere Grafik von links nach rechts. Im Prinzip verändert der JavaScript-Code kontinuierlich die Position der beiden *<div>*-Tags (in denen sich die Grafiken befinden). Dazu besitzt jedes *<div>*-Tag ein Attribut *id*, das eine Art von Namen für das Tag vergibt. Der Wert des *id*-Attributs muss einmalig sein und darf innerhalb der HTML-Datei nur einmal vorkommen, ansonsten kann von JavaScript aus das Tag nicht identifiziert werden.

In beiden *<div>*-Tags wird das Attribut *style* verwendet:

```
style="position:absolute"
```

Dies teilt dem Browser mit, dass die beiden Tags absolut auf dem Bildschirm platziert werden. In JavaScript werden exakte Pixelkoordinaten angegeben. Der Ursprung des Koordinatensystems befindet sich in der linken oberen Ecke des sichtbaren Bereiches im Browserfenster. Die beiden Tags werden durch einen JavaScript-Code bewegt. Die Funktion heißt *bewegen ()* und wird im *<body>*-Tag über den Eventhandler *onload* aufgerufen.

Zu Beginn der Funktion werden zwei Variablen definiert, mit denen gearbeitet wird. Das erste *<div>*-Tag soll sich von links nach rechts bewegen, d.h. von der x-Koordinate 0 bis zur x-Koordinate 600. Dazu wird die Variable *a* verwendet, die vor der Funktion als globale Variable definiert wurde. Die Variable wird um eins nach oben gezählt. Solange *a* kleiner als 600 ist *(if (a<600))*, werden beide Tags bewegt, und anschließend wird die Funktion wieder aufgerufen. In dem darauf folgenden Programmblock wird das erste Tag bewegt:

```
window.document.getElementById("Bus1").style.left=a;
window.document.getElementById("Bus1").style.top=50;
```

*window* spricht das Browserfenster an, *document* das darin angezeigte HTML-Dokument. Die Methode *getElementById()* gehört zum *document*-Objekt und spricht ein konkretes HTML-Tag anhand seines *id*-Attributs an (daher auch der Name!). *Bus1* spricht das Tag mit dem Namen *Bus1* an.

Die Positionsänderung erfolgt über das *style*-Objekt. Dieses besitzt die Eigenschaft *left* und setzt das Tag an die Position mit der X-Koordinate *a*. Die nächste Zeile setzt über die Eigenschaft *top* die Y-Koordinate des Layers. Dieser Wert ist immer fest: 50. Anders als bei Grafikanimationen wird hier die Grafik verschoben. Dadurch braucht die Grafik an der vorherigen Position nicht gelöscht zu werden. Wie eine Klarsichtfolie wird sie einfach an eine neue Position geschoben. Dies ist übrigens ähnlich wie bei den sogenannten *Sprites,* die in den achtziger Jahren auf fast allen Heimcomputern (C-64, Atari, Amiga) vorhanden waren.

TIPP

Achten Sie unbedingt auf die korrekte Schreibweise, wenn Sie in JavaScript das Tag ansprechen möchten. Haben Sie im *<div>*-Tag *id="TestLayer"* geschrieben, dann müssen Sie den Namens in der Methode *getElementById()* auch exakt so schreiben *(TestLayer)*. Würden Sie statt *TestLayer* jetzt *testlayer* verwenden, würde der Browser eine Fehlermeldung ausgeben. Denn das Skript versucht, das Tag mit dem Namen *testlayer* anzusprechen, das aber nicht existiert, da das Tag den *id*-Wert *TestLayer* besitzt.

Anschließend wird noch das zweite Tag bewegt:

```
window.document.getElementById("Bus2").style.left=600-a;
window.document.getElementById("Bus2").style.top=200;
```

Die y-Angabe bleibt immer gleich (200), nur die x-Koordinate wird verändert. Damit ist die Animation perfekt. Danach wird die Funktion erneut aufgerufen. Erst wenn *a* größer 600 ist, wird der Block der *if*-Abfrage nicht mehr durchlaufen. Die Layer bleiben stehen.

Dieser Code funktioniert übergreifend in allen modernen Webbrowsern: IE ab 5, Netscape ab 6, Mozilla 1.x, Opera ab 4. Lediglich im IE 4 und NC 4 funktioniert dieser Code nicht. Dies liegt daran, dass die Programmierung in diesen beiden Browsern wieder anders erfolgt. Heute sind diese Browserversionen nur noch sehr vereinzelt im Einsatz. Es lohnt sich nicht mehr, diese Browser zu unterstützen und für sie einen eigenen Code zu erstellen. Alle Versionen vor IE 4 und NC 4 unterstützen kein DHTML und DOM.

## Vermeiden Sie for-Schleifen!

Sie könnten auf die Idee kommen, das Hochzählen der Variablen durch eine *for*-Schleife zu ersetzen. Dies liegt nahe, ist aber für diese Bewegungen nicht praktikabel. Die Funktion könnte man auch folgendermaßen ersetzen:

```
function bewegen () {
  var a;
  for (a=0; a<600; a++) {
   window.document.getElementById("Bus1").style.left=a;
   window.document.getElementById("Bus1").style.top=50;
   window.document.getElementById("Bus2").style.left=600-a;
   window.document.getElementById("Bus2").style.top=200;
  }
}
```

Die beiden Tags werden korrekt bewegt. Aber durch das Ausführen der *for*-Schleife wird der gesamte Browser lahmgelegt, da er mit der Ausführung der *for*-Schleife beschäftigt ist. Verwenden Sie Links, können diese nicht mehr angeklickt werden. Erst wenn die *for*-Schleife beendet ist, ist dies wieder möglich. Bei diesem einfachen Beispiel mag das noch nicht ins Gewicht fallen, doch wenn Sie viele Tags einsetzen, die sich überlagern und bewegen, ist es nicht sehr schön, dass der Browser auf Eingaben des Anwenders nicht reagiert. Vermeiden Sie deshalb *for*-Schleifen zur Bewegung von Tags.

Die Funktion, in der die Variable nach jedem Aufruf hochgezählt wird, hat denselben Effekt. Dadurch, dass Sie auch *window.setTimeout()* verwenden, gibt es immer noch kurze Wartezeiten, in denen der Browser auf Eingaben reagieren kann. Im obigen Beispiel wurde eine Wartezeit von 20 ms eingestellt. Sie können diesen Wert verändern, damit sich die Tags schneller bewegen. Gleichzeitig brauchen Sie die Variable *a* nicht um eins hochzuzählen, sondern können durchaus um zwei oder fünf hochzählen. Dadurch wird die Koordinate stärker geändert und die Grafiken bewegen sich entsprechend schneller.

# Eine Endlosanimation

Das Verschieben der Tags kann nun noch verbessert werden, so dass sich eine Endlosanimation ergibt. Wenn die Tags jeweils den Bildschirmrand erreicht haben, kehren die Busse um und fahren wieder zurück. Dazu vertauschen Sie einfach die Tags und setzen sie jeweils an eine neue Position. Gleichzeitig sollten Sie die Bildschirmauflösung des Internetsurfers ermitteln, damit der Bus auch entsprechend an den Rand des Bildes gesetzt wird. Der Code soll natürlich in allen modernen Browsern funktionieren. Sie brauchen für die Vor- und Zurück-Bewegung je eine Funktion.

```
<!DOCTYPE html PUBLIC "-//W3C//DTD HTML 4.01
  Transitional//EN" "http://www.w3.org/TR/html4/
  loose.dtd">
<html><head>
<meta http-equiv="Content-Type" content="text/
  html;charset=iso-8859-1">
<title>Homepage</title>
<script type="text/javascript">
var a=0;
var breite=screen.width;
function vor () {
  var div1= window.document.getElementById("Bus1");
  var div2= window.document.getElementById("Bus2");
  if (a<breite) {
   a+=10;
   div1.style.left=a;
   div1.style.top=50;
   div2.style.left=600-a;
   div2.style.top=200;
   window.setTimeout ('vor ()', 20);
  }
  else {
   div1.style.left=0;
   div1.style.top=200;
   div2.style.left=breite;
   div2.style.top=50;
   window.setTimeout ('zurueck()', 20);
```

```
  }
}
function zurueck(){
  var div1= window.document.getElementById("Bus1");
  var div2= window.document.getElementById("Bus2");
  a-=10;
  if (a>0) {
   div1.style.left=breite-a;
   div1.style.top=200;
   div2.style.left=a;
   div2.style.top=50;
   window.setTimeout ('zurueck()', 20);
  }
  else {
   div1.style.left=0;
   div1.style.top=50;
   div2.style.left=breite;
   div2.style.top=200;
   window.setTimeout ('vor()', 20);
  }
}
</script></head>
<body bgcolor="white" onload="vor()">
<div id="Bus1" style="position:absolute">
<img src="bus2.gif">
</div>
<div id="Bus2" style="position:absolute">
<img src="bus.gif">
</div></body></html>
```

Im HTML-Code hat sich nicht viel verändert. Lediglich im *<body>*-Tag wird über den Eventhandler *onload* die Funktion *vor()* aufgerufen. Nach dem *<script>*-Tag werden zwei globale Variablen definiert. *a* dient wieder zum Hochzählen, während in der Variablen *breite* die Bildschirmbreite gespeichert wird.

```
var a=0;
var breite=screen.width;
```

Die Funktion *vor()* bewegt die Tags in eine Richtung. Dazu befindet sich in der Funktion eine *if*-Abfrage, die prüft, ob die Variable *a* kleiner als *breite* (also die Bildschirmbreite) ist. Ist dies der Fall, wird der entsprechende Block ausgeführt. Die beiden Tags werden bewegt und am Ende wird wieder die Funktion *vor ()* aufgerufen.

Der Trick, der hier angewendet wird, liegt in den Variablen *div1* und *div2*, die am Beginn der Funktion *vor()* definiert werden:

```
var div1= window.document.getElementById("Bus1");
var div2= window.document.getElementById("Bus2");
```

In den Variablen *div1* und *div2* wird jeweils das Rückgabeobjekt der Methoden *getElementById()* gespeichert, d.h. das konkrete HTML-Element. Denn je nach Browser werden die entsprechenden Objekte in diesen Variablen gespeichert. Dadurch verkürzt sich in den Funktionen *vor()* und *zurueck()* der Code.

Dann folgt die *if*-Abfrage. Ist *a* größer oder gleich *breite,* dann wird der *else*-Block ausgeführt. Die beiden Tags werden in den Positionen getauscht. Danach wird die Funktion *zurueck ()* aufgerufen.

```
function zurueck(){
  var div1= window.document.getElementById("Bus1");
  var div2= window.document.getElementById("Bus2");
  a-=10;
  if (a>0) {
   div1.style.left=breite-a;
   div1.style.top=200;
   div2.style.left=a;
   div2.style.top=50;
   window.setTimeout ('zurueck()', 20);
  }
  else {
   div1.style.left=0;
   div1.style.top=50;
   div2.style.left=breite;
   div2.style.top=200;
   window.setTimeout ('vor()', 20);
  }
}
```

In der Funktion *zurueck ()* wird die Variable *a* heruntergezählt. Entsprechend prüft die *if*-Abfrage, ob *a* größer *0* ist. Ist dies der

Fall, dann werden die Tags wie bekannt bewegt. Die Funktion wird danach wieder aufgerufen. Ist *a* kleiner oder gleich *0*, dann werden die Tags wieder getauscht und die Funktion *vor ()* aufgerufen.

## Ein Bannertext als Layer

Bisher waren Textticker nur mit Java möglich, oder Sie mussten wie in Kapitel 8.2 einen Bannertext in einem Formular ausgeben. Der Internet Explorer besitzt das *<marquee>*-Tag, das aber wieder nicht im Netscape-, Mozilla- und Opera-Browser funktioniert und zudem kein HTML-Standard des W3-Konsortiums ist.

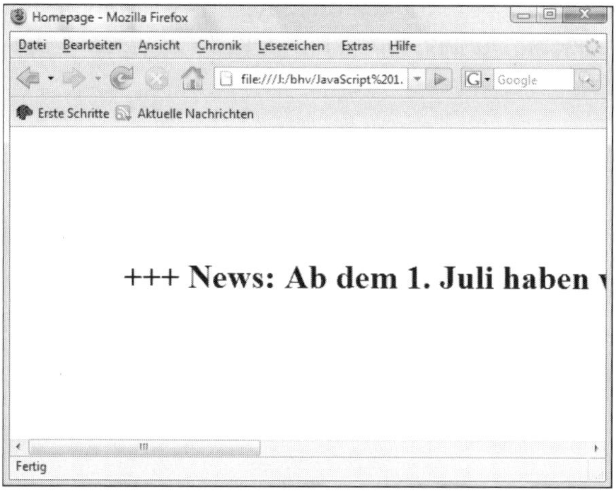


**Abb. 14.3: Ein Bannertext**

```
<!DOCTYPE html PUBLIC "-//W3C//DTD HTML 4.01 Transitional//EN" "http://www.w3.org/TR/html4/loose.dtd">
<html><head>
<meta http-equiv="Content-Type" content="text/html;charset=iso-8859-1">
<title>Homepage</title>
```

```
<script type="text/javascript">
var breite=screen.width+20;
var a=breite;
function bewegen() {
  var lay1=window.document.getElementById
  ("Textticker");
  a-=5;
  if (a>-1500) {
   lay1.style.left=a;
   lay1.style.top=100;
   window.setTimeout ('bewegen()', 20);
  }
  else {
   a=breite;
   window.setTimeout ('bewegen()', 20);
  }
}
</script></head>
<body bgcolor="white" onload="bewegen()">
<div id="Textticker" style="position:absolute ; white-
  space:nowrap">
<h1>+++ News: Ab dem 1. Juli haben wir eine neue Web-
  Seite mit neuem Outfit+++ </h1>
</div>
</body></html>
```

Im HTML-Code wird die Überschrift durch *<h1>* erzeugt. Sehr wichtig ist das Attribut *style* im *<div>*-Tag:

```
style="position:absolute ; left:-200px; top:-200px; white-
    space:nowrap"
```

Hier wird neben der absoluten Platzierung auch eine sogenannte Offscreen-Platzierung vorgenommen. Dies ist nötig, damit das Tag außerhalb des sichtbaren Bereiches platziert wird. Ansonsten würde das Tag für einen Bruchteil von einer Sekunde im sichtbaren Bereich des Browers aufblitzen – eine sehr unschöne Erscheinung! Die negativen Koordinatenangaben *left:-200px* und *top:-200px* setzen den Layer links oben außerhalb des Browsers.

Zusätzlich wird die Eigenschaft *white-space:nowrap* eingesetzt. Diese ist wichtig, damit der Text nicht umbrochen wird, sondern in einer geraden Linie steht. Dies wird in Netscape ab 6, Mozilla 1.x und OP ab 4 auch korrekt umgesetzt. Nur der IE 5.x unter Windows ignoriert dies, obwohl es sich um einen Standard handelt. IE 6 unterstützt die Eigenschaft *white-space*. Fehlt die Eigenschaft *white-space* im *style*-Attribute, dann wird der Text von allen Browsern umbrochen.

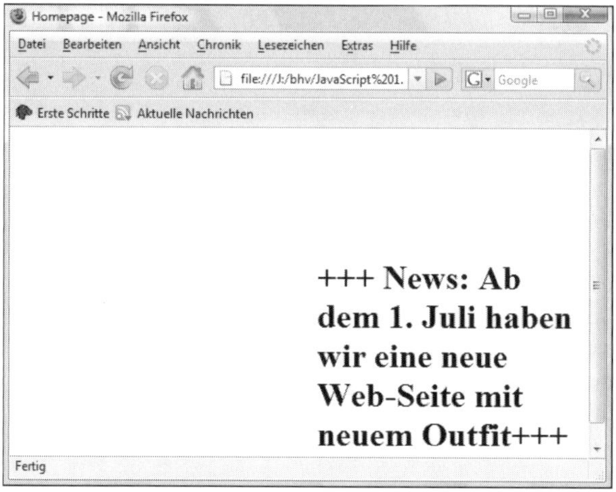


**Abb. 14.4: Unschön: Der Inhalt des Tags wird umbrochen, wenn die Eigenschaft *white-space* fehlt**

Dieser Umbruch kann aber speziell für IE 5.x umgangen werden, indem er explizit ausgeschaltet wird. Dazu wird die Eigenschaft *noWrap* genutzt. Zu Beginn der Funktion *bewegen()* wird auf den IE geprüft:

```
function bewegen() {
 var lay1=window.document.getElementById("Textticker");
if (navigator.appName=='Microsoft Internet Explorer' &&
   parseInt(version)>=4) {
 lay1.style.noWrap=true;
}
// Weiterer Code der Funktion bleibt unverändert
```

Hier wird über der Eigenschaft *noWrap* der Wert *true* zugewiesen. Dadurch wird der Zeilenumbruch ausgeschaltet. Die Eigenschaft *noWrap* funktioniert ab IE 4.

Als globale Variable wird *breite* definiert, die die Bildschirmbreite feststellt. Damit das *<div>*-Tag auch wirklich am rechten Bildschirmrand außerhalb des Bildes steht, werden noch 20 Pixel hinzuaddiert. Die Variable *lay1* speichert wieder das konkrete *<div>*-Tag.

Das Skript wird im *<body>*-Tag über *onload* gestartet, indem die Funktion *bewegen ()* aufgerufen wird. Hier wird die Überschrift bewegt. Die Variable *a* dient auch gleichzeitig als Zählervariable, die um fünf heruntergezählt wird. Dann folgt die *if*-Abfrage:

```
if (a>-1500) {
 lay1.style.left=a;
 lay1.style.top=100;
 window.setTimeout ('bewegen()', 20);
}
```

Zuerst wird geprüft, ob *breite* kleiner als *-1500* ist. Hier darf nicht auf null geprüft werden, denn dann würde die Überschrift anhalten, wenn ihre linke obere Ecke den Bildschirmrand (x-Koordinate ist dann null!) erreicht hat. Die Überschrift soll noch aus dem Bildschirm herauslaufen. Dazu wird auf *-1500* gesetzt. Dadurch ist sichergestellt, dass auch die rechte obere bzw. untere Ecke den sichtbaren Bereich verlassen hat.

Wenn *a* größer bzw. gleich -1500 ist, wird der *else*-Block betreten:

```
else {
 a=breite;
 window.setTimeout ('bewegen()', 20);
}
```

Der Variablen *breite* wird erneut die Breite des Bildschirms zugewiesen, und es werden noch 20 Pixel hinzuaddiert. Danach wird die Funktion wieder aufgerufen.

# Mehrere Texte gleichzeitig bewegen

In diesem Beispiel wandern permanent vier Schriftzüge *Neu!!!* über den Bildschirm. Im Hintergrund befindet sich dann der Rest der Webseite. Der Code ist ähnlich wie der Bannertext des letzten Abschnitts. Im HTML-Code sind vier *<div>*-Tags vorhanden und alle mit einem anderen *id*-Wert versehen:

```
<!DOCTYPE html PUBLIC "-//W3C//DTD HTML 4.01
  Transitional//EN" "http://www.w3.org/TR/html4/
  loose.dtd">
<html><head>
<meta http-equiv="Content-Type" content="text/
  html;charset=iso-8859-1">
<title>Homepage</title>
<script type="text/javascript">
 var a=-50, b=-50;
 var breite=screen.width+20;
 var lay1, lay2, lay3, lay4;
 function bewegen1() {
  lay1=document.getElementById("Text1");
  lay2=document.getElementById("Text2");
  lay3=document.getElementById("Text3");
  lay4=document.getElementById("Text4");
  a+=5;
  b+=5;
  if (a<=breite) {
   lay1.style.left=a;
   lay1.style.top=50;
   lay2.style.left=breite-a;
   lay2.style.top=200;
   lay3.style.left=250;
   lay3.style.top=b;
   lay4.style.left=300;
   lay4.style.top=-100+b;
   window.setTimeout ('bewegen1()', 20);
  }
  else {
   window.setTimeout ('bewegen2()', 20);
  }
}
```

```
  function bewegen2() {
   a-=5;
   b-=5;
   if (a>=0) {
    lay1.style.left=a;
    lay1.style.top=50;
    lay2.style.left=breite-a;
    lay2.style.top=200;
    lay3.style.left=250;
    lay3.style.top=b;
    lay4.style.left=300;
    lay4.style.top=-100+b;
    window.setTimeout ('bewegen2()', 20);
   }
   else {
    window.setTimeout ('bewegen1()', 20);
   }
 }
</script></head>
<body bgcolor="white" onload="bewegen1()">
<div id="Text1" style="position:absolute">
<h3>NEU!!!!</h3>
</div>
<div id="Text2" style="position:absolute">
<h3>NEU!!!!</h3>
</div>
<div id="Text3" style="position:absolute">
<h3>NEU!!!!</h3>
</div>
<div id="Text4" style="position:absolute">
<h3>NEU!!!!</h3>
</div>
</body></html>
```

Das Skript wird generell über den Eventhandler *onload* im *<body>*-Tag gestartet, indem die Funktion *bewegen1()* aufgerufen wird. In dieser Funktion wird die Variable *a* um fünf nach oben gezählt, solange sie kleiner oder gleich der Bildschirmbreite ist. Innerhalb des Blocks der *if*-Abfrage werden die *<div>*-Tags bewegt. Die Funktion wird wieder aufgerufen. Wenn die Variable größer als die Bildschirmbreite ist, wird der *else*-Teil ausgeführt, in dem die Funktion *bewegen2 ()* aufgerufen wird. Diese Funktion ist der ersten Funktion sehr ähnlich. Hier wird die Variable *a* heruntergezählt, solange sie größer als null ist. Es wird immer der Block ausgeführt, in dem die Tags verschoben werden, und die Funktion ruft sich wieder selbst auf. Der *else*-Block wird dann ausgeführt, wenn *a* kleiner null ist. Es wird dann wieder die Funktion *bewegen1 ()* aufgerufen.

# Ein Hauch von Präsentation

Eine andere interessante Anwendung ist der dynamische Aufbau einer Webseite. Die einzelnen Elemente einer Homepage flitzen von unterschiedlichen Seiten ein, bis die ganze Homepage aufgebaut ist.

**Abb. 14.5: Die Elemente dieser Seite – Überschrift, Bild, Liste und Text – fließen von unterschiedlichen Seiten ins Bild**

In dem nachfolgenden Beispiel kommen vier *<div>*-Tags zur Anwendung: Ein Tag enthält die Überschrift *(Panda-Homepage)*, das zweite Tag enthält die Grafik, das dritte den Text und das vierte eine ungeordnete Liste mit Links. Wird die Seite aufgerufen, ist sie zunächst leer. Alle *<div>*-Tags befinden sich außerhalb des Browserfensters und werden dadurch nicht angezeigt. Das erste *<div>*-Tag wird von links eingeschoben, das zweite kommt von rechts und das dritte kommt von unten. Das letzte *<div>*-Tag kommt von oben in das Fenster. Das ist eine sehr beeindruckende Art, die Webseite dynamisch aufzubauen. Nachdem die einzelnen Elemente aufgebaut worden sind, können Sie ganz normal weitersurfen. Um dies zu realisieren, sind vier Funktionen nötig, die die vier *<div>*-Tags bewegen.

```
<!DOCTYPE html PUBLIC "-//W3C//DTD HTML 4.01 Transitional//EN" "http://www.w3.org/TR/html4/loose.dtd">
<html><head>
<meta http-equiv="Content-Type" content="text/html;charset=iso-8859-1">
<title>Homepage</title>
<script type="text/javascript">
  var a=-50, b=1000;
  var breite=screen.width;
  var hoehe=screen.height;
  var lay1, lay2, lay3, lay4;
 function bewegen1(){
  lay1=document.getElementById("Ueberschrift");
  lay2=document.getElementById("Bild");
  lay3=document.getElementById("Text");
  lay4=document.getElementById("Liste");
  a+=10;
  if (a<(breite/2)) {
   lay1.style.left=a;
   lay1.style.top=20;
   window.setTimeout ('bewegen1()', 20);
  }
  else {
   a=breite+20;
   window.setTimeout ('bewegen2()', 20);
  }
}
function bewegen2() {
  a--10;
  if (a>100) {
   lay2.style.left=a;
```

```
   lay2.style.top=100;
   window.setTimeout ('bewegen2()', 20);
  }
  else {
   window.setTimeout ('bewegen3()', 20);
  }
}
function bewegen3() {
  b-=10;
  if (b>100) {
   lay3.style.left=300;
   lay3.style.top=b;
   window.setTimeout ('bewegen3()', 20);
  }
  else {
   b=-100;
   window.setTimeout ('bewegen4()', 20);
  }
}
function bewegen4() {
  b+=10;
  if (b<200) {
   lay4.style.left=300;
   lay4.style.top=b;
   window.setTimeout ('bewegen4()', 20);
  }
}
</script></head>
<body bgcolor="white" onload="bewegen1()">
<div id="Ueberschrift" style="position:absolute; left=-200px; top:-200px">
<h1><font color="black">Panda-Homepage</font></h1>
</div>
<div id="Bild" style="position:absolute; left=-200px; top:-200px">
<img src="Panda.gif">
</div>
<div id="Text" style="position:absolute; left=-200px; top:-200px">
<p>Hallo!!! Ich bin ein Panda und dies ist die erste Seite
```

```
<br>für einen Panda im Netz. Ich habe viele Hobbys
<br>und über die nachfolgende Liste könnt ihr mehr
<br>über mich erfahren:
</div>
<div id="Liste" style="position:absolute; left=-200px;
  top:-200px">
<ul>
<li><a href="hobby.html">Meine Hobbys</a>
<li><a href="bio.html">Meine Vergangenheit</a>
<li><a href="zukunft.html">Meine Zukunft im Zoo</a>
</ul></div></body></html>
```

In dem HTML-Abschnitt sind vier *<div>*-Tags enthalten. Das erste Tag enthält die Überschrift *(Panda-Homepage)*. Damit die Überschrift zuerst nicht sichtbar ist, wird sie außerhalb des Browserfensters platziert. Das zweite *<div>*-Tag ist das Grafikbild, das ebenfalls außerhalb des Fensters platziert wird. Das dritte *<div>*-Tag ist der mehrzeilige Text, der ebenfalls nicht dargestellt wird. Das vierte *<div>*-Tag ist eine ungeordnete Liste, die drei Links enthält.

Damit die vier *<div>*-Tags in das Browserfenster eingeschossen kommen, wird für jedes Tag eine separate JavaScript-Funktion verwendet *(bewegen1 ()* bis *bewegen4 ()*). Zuerst wird der Layer eins bewegt, der von links bis zur Bildmitte einfließt. Dies wird in der Funktion *bewegen1 ()* realisiert, die über den Eventhandler *onload* im *<body>*-Tag gestartet wird:

```
function bewegen1(){
  lay1=document.getElementById("Ueberschrift");
  lay2=document.getElementById("Bild");
  lay3=document.getElementById("Text");
  lay4=document.getElementById("Liste");  a+=10;
  if (a<(breite/2)) {
   lay1.style.left=a;
   lay1.style.top=20;
   window.setTimeout ('bewegen1()', 20);
  }
  else {
   a=breite+20;
   window.setTimeout ('bewegen2()', 20);
```

```
  }
}
```

Dazu wird in der *if*-Abfrage geprüft, ob *a* kleiner als *breite/2* ist. Erst wenn dieser Wert überschritten wird, ruft der *else*-Teil die nächste Funktion auf. Beachten Sie aber, dass die Überschrift nicht hundertprozentig in der Mitte steht. Denn zur Positionierung der Grafik wird ihre linke obere Ecke verwendet. Diese steht exakt in der Bildmitte, der Rest natürlich nicht.

Dann folgt die Grafik, die von rechts kommt, über die Funktion *bewegen2()*:

```
function bewegen2() {
  a-=10;
  if (a>100) {
   lay2.style.left=a;
   lay2.style.top=100;
   window.setTimeout ('bewegen2()', 20);
  }
  else {
   window.setTimeout ('bewegen3()', 20);
  }
}
und über die Funktion bewegen3() wird der Text
  eingeschoben:
function bewegen3() {
  b-=10;
  if (b>100) {
   lay3.style.left=300;
   lay3.style.top=b;
   window.setTimeout ('bewegen3()', 20);
  }
  else {
   b=-100;
   window.setTimeout ('bewegen4()', 20);
  }
}
```

Die ungeordnete Liste wird von oben durch die Funktion *bewegen4 ()* eingeschoben:

```
function bewegen4() {
  b+=10;
  if (b<200) {
   lay4.style.left=300;
   lay4.style.top=b;
   window.setTimeout ('bewegen4()', 20);
  }
}
```

## Tags ein- und ausschalten

Bisher haben Sie in diesem Kapitel Tags kennengelernt, die Sie untereinander verschoben haben. Nun werden Sie sehen, wie Sie Tags gezielt ein- und ausschalten können. Als Beispiel dient ein kleines Spaßprogramm.

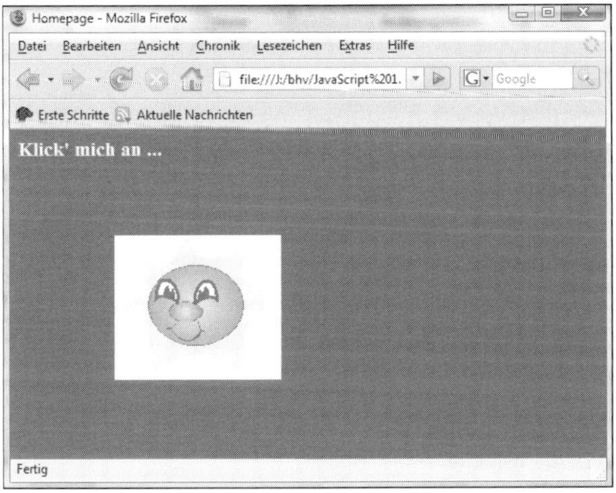


**Abb. 14.6: Die Sonne soll angeklickt werden**

Auf dieser Seite befindet sich eine Grafik – die kleine Sonne –, die angeklickt werden soll. Doch sobald sich die Maus auf der Grafik befindet, verschwindet die Sonne und wird an einer anderen Stelle angezeigt. Wenn der Internetsurfer versucht, die Sonne an der neuen Stelle anzuklicken, springt sie wieder zurück an die vorhergehende Position. Es ist praktisch unmöglich, die Sonne anzuklicken.

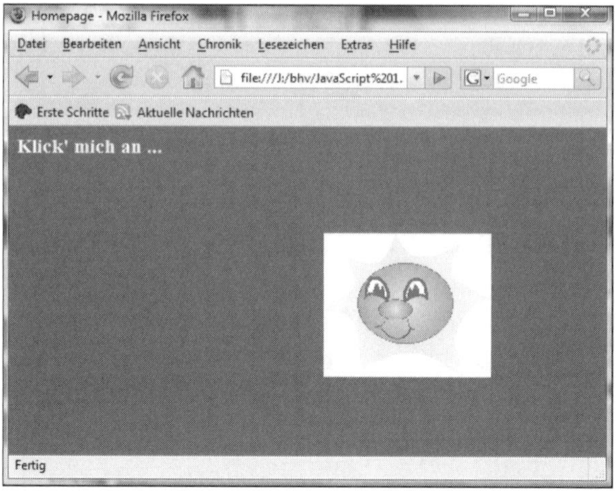


**Abb. 14.7: Die Sonne ist an eine andere Position gehüpft**

Hier kommen zwei *<div>*-Tags zum Einsatz. Beide enthalten die gleiche Grafik. Wird die Maus auf das erste Tag bewegt, wird dieses ausgeblendet und das zweite *<div>*-Tag (das sich an einer anderen Position befindet) angezeigt. Bewegt der Surfer nun die Maus auf die Grafik im zweiten Tag, wird dieses ausgeblendet und wieder das erste *<div>*-Tag angezeigt. Dieses Spielchen geht permanent weiter. Es ist unmöglich, auf die Grafik zu klicken.

Die beiden Bilder befinden sich in *<div>*-Tags, die im HTML-Code erzeugt werden:

```
<div id="Sun1" style="position:absolute; left:100px;
  top:100px; visibility:visible"
  onmouseover="Bild1_verstecken()">
<img src="sun.gif">
</div>
<div id="Sun2" style="position:absolute; left:300px;
  top:100px; visibility:hidden"
  onmouseover="Bild2_verstecken()">
```

```
<img src="sun.gif">
</div>
```

Die beiden <*div*>-Tag sind mit CSS-Angaben über das *style*-Attribut versehen. Sie werden absolut platziert und jeweils mit unterschiedlichen Koordinaten versehen. Das Wichtige ist aber die Eigenschaft *visibility*. Das Attribut *visibility* ist im ersten <*div*>-Tag auf *visible* und im zweiten Layer auf *hidden* gesetzt, d.h., das zweite Tag ist unsichtbar. Die Default-Einstellung eines Layers ist übrigens *visible.* Das heißt: Wenn Sie ein Tag mit CSS-Angaben definieren und die *visibility*-Eigenschaft nicht schreiben, dann wird das Tag immer angezeigt.

Wird die Maus auf das erste <*div*>-Tag gefahren, wird über den Eventhandler *onmouseover* die JavaScript-Funktion *Bild1_ verstecken ()* aufgerufen. Über diese Funktion wird das erste <*div*>-Tag (und damit auch das Bild) versteckt und das zweite <*div*>-Tag eingeblendet. Interessant dabei ist, dass der Eventhandler als Attribut in das <*div*>-Tag geschrieben wird. Wenn die Maus auf die Grafik des zweiten <*div*>-Tags gefahren wird, ruft der Eventhandler die JavaScript-Funktion *Bild2_verstecken ()* auf. Hier wird jetzt dieses Tag ausgeblendet und das erste <*div*>-Tag wieder eingeblendet:

```
<script type="text/javascript">
 var lay1,lay2;
 function Bild1_verstecken () {
  lay1=document.getElementById("Sun1");
  lay2=document.getElementById("Sun2");
  lay1.style.visibility="hidden";
  lay2.style.visibility="visible";
 }
 function Bild2_verstecken () {
  lay2.style.visibility="hidden";
  lay1.style.visibility="visible";
}
</script>
```

Das erste <*div*>-Tag mit dem *id*-Attribut *Sun1* ist normalerweise auf *visible* gesetzt. Durch die Eigenschaft *visibility* wird es versteckt, d.h. auf *hidden* gesetzt. Gleichzeitig wird das zweite

*<div>*-Tag mit dem *id*-Attribut *Sun2*, das versteckt ist, auf *visible* gesetzt und damit angezeigt. Die zweite Funktion *Bild2_verstecken ()* blendet entsprechend das zweite *<div>*-Tag aus und das erste wieder ein.

## Was kann alles animiert werden ?

Halten Sie sich jetzt fest: Fast jedes HTML-Tag ist von JavaScript aus manipulierbar. Auf die *<div>*-Tags können Sie sogar verzichten und das *style*-Attribut direkt z.B. in das *<img>*-Tag schreiben (oder auch in andere HTML-Tags), z.B.:

```
<img src="Panda.gif" id="Bild" style="position:absolute;
    left=-200px; top:-200px">
```

Stattdessen können Sie auch Überschriften über die Seite ziehen lassen. Auch Formulare, Tabellen und Image Maps sind denkbar. Wie Sie sehen, können Sie alle HTML-Tags kombinieren und diese bewegen:

- Java-Applets (über das *<object>*-Tag)
- Grafik *(<img>)*
- Text *(<p>, <div>, <span>)*
- Überschrift *(<h1> ... <h6>)*
- Eine ungeordnetenoder eine geordnete Liste *(<ul>, <ol>)*
- Formulare, die sich bewegen *(<form>, <input>)*
- Tabellen, die sich verändern *(<table>, <tr>, <td>, <th>)*
- Bildkarten (Image Maps)

Probieren Sie einmal die einzelnen HTML-Elemente durch und spielen Sie damit herum. Testen Sie neue Möglichkeiten. Sie werden sehen, wie fantastisch JavaScript hier sein kann!

## Zusammenfassung

In diesem Kapitel wurden folgende Themen behandelt:

- was DOM ist,
- dass HTML-Tags über die Methode *getElementyById()* angesprochen werden können,
- dass Tags über JavaScript bewegt und manipuliert werden,
- dass Tags versteckt und wieder angezeigt werden können.

## Fragen und Übungen

1. Wie werden Tags in ihrer Position verändert?
2. Wie wird ein Tag aus- und wieder eingeschaltet?
3. Wie werden Tags in JavaScript angesprochen?

# 15 Ajax

Eine sehr angesagte Programmiertechnologie ist Ajax. Der Hype, der Anfang 2005 begonnen hat, ist bis heute ungebrochen. Ajax wird als Basistechnologie des sogenannten Web 2.0 angesehen, auch wenn es sowohl von Web 2.0 wie auch von Ajax keine genaue Spezifikation gibt. Interaktive Webseiten, schnelleres Laden von Dokumenten, dynamisierte HTML-Dokumente, Communitys, Blogs und Mash-ups sind Bestandteile des Web 2.0.

## Was ist Ajax?

Die Technologie Ajax ist nicht neu, sondern setzt sich vielmehr aus einigen schon bestehenden Technologien zusammen. Ajax steht für *Asynchronous JavaScript and XML*. Der Name wurde von Jesse James Garrett von der amerikanischen Webagentur Adaptive Path geprägt. Garrett veröffentlichte Anfang 2005 einen Beitrag auf der Webseite der Agentur, in dem er die Vorzüge von JavaScript, XML und die Verbindung von beidem erläuterte. Dieses Dokument ist bis heute unter der folgenden Adresse einsehbar:

*http://www.adaptivepath.com/publications/essays/archives/000385.php*

Damit trat Garrett einen Hype los, der bis heute ungebrochen ist. Ajax war plötzlich in aller Munde, und jeder wollte seine Webpräsenz mit Ajax-Technologie versehen. Frameworks schossen aus dem Boden, die die Erstellung von Ajax-Anwendungen vereinfachen sollten.

Ajax ist nur ein Oberbegriff für den Einsatz von verschiedenen Technologien, die ineinander greifen:

- JavaScript und das Document Object Model DOM
- XML
- das JavaScript-Objekt *XmlHttpRequest*

Die Idee hinter Ajax besteht darin, dass der Webbrowser vom Webserver Daten anfordert, die in Form eines XML-Dokuments zurückgesendet werden. JavaScript wertet den Inhalt des Dokuments aus und fügt die Inhalte dynamisch in das aktuelle HTML-Dokument ein, das derzeit im Browser angezeigt wird.

> **TIPP** Keine Angst, wenn Sie noch keine Kenntnisse in XML haben. Anhang A gibt Ihnen einen Crashkurs in XML.

Dabei ist deutlich, dass JavaScript einen Schlüssel darstellt. Ohne JavaScript können die Inhalte des HTML-Dokuments nicht verändert werden. Das Einfügen der Inhalte aus dem XML-Dokument geschieht über das Document Object Model (DOM). Dieser vom W3-Konsortium verabschiedete Standard beschreibt, wie auf die Inhalte eines XML- oder HTML-Dokuments zugegriffen werden kann. Aktuelle Webbrowser unterstützen JavaScript und DOM. Die DOM-Spezifikation ist hier einsehbar:

*http://www.w3.org/DOM/*

Für das Absenden der Anfrage an den Server wird das vordefinierte JavaScript-Objekt *XmlHttpRequest* verwendet. Dieses Objekt war lange Zeit kein Standard, sondern wurde von Microsoft mit dem IE 5 im Jahr 1999 eingeführt. Da es die Basis von Ajax ist, hat das W3-Konsortium mittlerweile reagiert und eine Standardisierung des *XmlHttpRequest*-Objekts begonnen. Bis zum Redaktionsschluss des Buchs (Mitte August 2007) war das *XmlHttpRequest*-Objekt kein verabschiedeter Standard, sondern noch im sogenannten Working-Draft-Modus:

*http://www.w3.org/TR/XMLHttpRequest/*

# Ablauf einer Ajax-Anwendung

Der allgemeine Ablauf einer Ajax-Anwendung sieht folgendermaßen aus:

Über JavaScript wird mit Hilfe des JavaScript-Objekts *XmlHttpRequest* an den Webserver eine Anfrage nach einer XML-Datei gestellt, die auf dem Webserver vorhanden ist. Die Anfrage wird vom Server bedient, und über das HTTP-Protokoll wird die XML-Datei vom Server an den Client gesendet. JavaScript empfängt die XML-Datei und greift mit Hilfe des Document Object Models DOM auf ihre Inhalte zu. Es liest Daten aus den XML-Tags aus. Anschließend greift JavaScript wiederum mit Hilfe des DOM auf den Inhalt des aktuell im Browser befindlichen HTML-Dokuments zu und fügt an der gewünschten Stelle mit Hilfe von DOM die XML-Daten ein. Der Browser zeigt die Änderung sofort an.

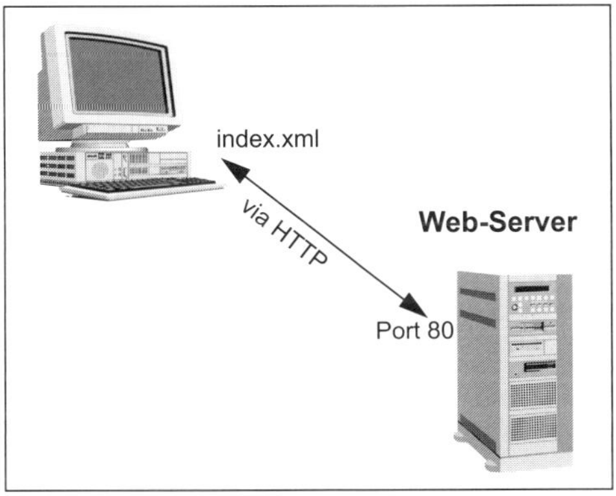


**Abb. 15.1: Anforderung einer XML-Datei vom Client aus**

Eine Ajax-Anwendung besteht minimal aus zwei Dateien:

- einer HTML-/XHTML-Datei mit JavaScript,
- einer XML-Datei, die Inhalte enthält, welche in die HTML- oder XHTML-Datei eingefügt werden sollen.

Der Übersichtlichkeit halber kann der JavaScript-Code auch in eine externe Datei mit der Dateiendung *.js* ausgelagert werden.

Aktuelle Browser unterstützen JavaScript, DOM und das *Xml-HttpRequest*-Objekt. Insbesondere die Unterstützung von *Xml-HttpRequest* ist wichtig, denn ohne dieses Objekt ist ein Absenden bzw. Empfangen der XML-Daten vom Server nicht möglich. Aus der nachfolgenden Tabelle können Sie die Unterstützung für das Objekt in den einzelnen Browser entnehmen.

| Browser | XMLHttpRequest-Objekt verfügbar ab Version |
|---|---|
| Internet Explorer | 5.0 |
| Mozilla | 1.0 |
| Firefox | 1.0 |
| SeaMonkey | 1.0 |
| Netscape | 6.0 |
| Konqueror | 3.2 |
| Opera | 8.0 |

**Tab. 15.1 Unterstützung von `XmlHttpRequest` in den einzelnen Browsern**

# Aufrufen der Ajax-Anwendung

Anders als die bisherigen JavaScript-Codes können Sie eine Ajax-Anwendung nicht über das Menü *Datei / Öffnen* in den Browser laden. Eine Ajax-Anwendung muss allgemein immer über das HTTP-Protokoll aufgerufen werden. Dies setzt allerdings die Installation eines Webservers voraus.

Die Installation ist nicht sonderlich kompliziert. Der bekannteste Webserver dürfte httpd der Apache Software Foundation sein, der allgemein als Apache-Server bezeichnet wird. Er ist kostenlos und lässt sich für Windows und LINUX leicht installieren. Anhang B beschreibt die Installation des Servers.

Dann werden die verwendeten HTML-, JS- und XML-Dateien in ein bestimmtes Verzeichnis des Webservers gelegt. Bei dem Apache-Server httpd ist dies das *htdocs*-Verzeichnis. Es befindet sich innerhalb des Apache-Installationsverzeichnisses. Unter Windows kann beispielsweise der Pfad so lauten:

*C:\Programme\Apache Software Foundation\Apache2.2\htdocs*

Bei anderen Webservern kann dieses Verzeichnis anders lauten. So kann bei dem Java-Server Apache Tomcat das Verzeichnis *ROOT* innerhalb von *webapps* verwendet werden. Beim IIS ist dies in der Regel das Verzeichnis *wwwroot* innerhalb von *Inetpub*.

Speichern Sie die Dateien zunächst immer im Verzeichnis *htdocs* des Apache-Servers httpd. Der Aufruf der Anwendung erfolgt im Browser nicht über das Menü *Datei / Öffnen*, sondern über das HTTP-Protokoll, z.B.:

*http://localhost/index.html*

Sie erhalten im Browser die Anzeige der entsprechenden HTML-Datei.

## Beispielanwendung

Das Grundgerüst sehen Sie anhand eines einfachen Beispiels. In einer HTML-Datei befinden sich eine Überschrift und ein Link. Wird der Link angeklickt, wird über Ajax eine XML-Datei geladen. In dieser XML-Datei befindet sich ein anderer Text, der als Überschrift gesetzt wird. JavaScript ändert die Überschrift. Sofort nach dem Anklicken des Links können Sie die Änderung im Browser sehen.

Die XML-Datei sieht so aus:

```
<?xml version="1.0"?>
     <text>Heute ist Dienstag!</text>
```

Die XML-Datei ist einfach aufgebaut. Sie enthält ein Wurzelelement *text*. Innerhalb von *<text> ... </text>* befindet sich der neue Text für die Überschrift.

Die nachfolgende HTML-Datei enthält den gesamten JavaScript-Code, der die XML-Datei lädt, den Inhalt aus der XML-Datei ausliest und in das entsprechende HTML-Element einfügt, das die Überschrift darstellt.

```
<!DOCTYPE html PUBLIC "-//W3C//DTD HTML 4.01
  Transitional//EN">
<html><head>
<meta http-equiv="Content-Type" content="text/
  html;charset=iso-8859-1">
<title>Ajax</title>
<script type="text/javascript">
 var file="basic.xml";
 var id="content";
 var request;
 var versions=new Array("MSXML2.XMLHttp.5.0",
  "MSXML2.XMLHttp.4.0", "MSXML2.XMLHttp.3.0",
  "MSXML2.XMLHttp", "Microsoft.XMLHttp");
 function ajaxManager() {
  if (document.getElementById) {
   if (window.XMLHttpRequest) {
    request=new XMLHttpRequest();
   }
   if(window.ActiveXObject){
    for (var i=0;i<versions.length;i++) {
     try{
      request = new ActiveXObject(versions[i]);
     }
     catch(exception){
     }
    }
   }
   if (request) {
    request.open("GET", file, true);
    request.onreadystatechange = processResponse;
    request.send(null);
   }
  }
```

```
  }
  function processResponse() {
   if (request.readyState == 4) {
    if(request.status == 200) {
     var
   xmltextelement=request.responseXML.getElementsByTagNa
   me("text")[0];
     var txt=xmltextelement.firstChild.nodeValue;
     var el =
   document.getElementById("b123").firstChild;
     el.nodeValue=txt;
    }
   }
  }
</script>
</head>
<body>
<div id="b123" style="font-size:15pt">Hier steht eine
   Überschrift</div>
<br/><br/>
<a href="javascript:ajaxManager()">Hier klicken</a>
</body>
</html>
```

Im HTML-Abschnitt befindet sich ein *<div>*-Tag, dessen Inhalt per Mausklick ausgetauscht werden soll. Dazu benötigen wir später im JavaScript-Code einen Zugriff auf dieses Tag. Dies werden wir mit Hilfe der DOM-Methode *getElementById()* durchführen, so dass wir ein *id*-Attribut im Element benötigen. Es folgt ein Hyperlink. Beim Anklicken des Hyperlinks wird die JavaScript-Funktion *ajaxManager()* aufgerufen.

Die Datei besteht im Wesentlichen aus zwei JavaScript-Funktionen: *ajaxManager()* und *processResponse()*. Die Funktion *ajaxManager()* erstellt ein Objekt von *XmlHttpRequest* und lädt die XML-Datei. Die Funktion *processResponse()* verarbeitet die XML-Datei weiter, d.h., sie liest den Inhalt aus der XML-Datei aus und fügt diesen in das entsprechende HTML-Element ein.

Vor der Funktion *ajaxManager()* wird die zu ladende XML-Datei in der Variablen *file* gespeichert. In der Variablen *request* wird das Objekt von *XmlHttpRequest* gespeichert. Dieses benötigen wir als globale Variable, da wir auch von der Funktion *processResponse()* darauf zugreifen müssen.

Die Funktion *ajaxManager()* scheint umfangreich zu sein. Der meiste Code der Funktion wird darauf verwendet, ein Objekt von *XmlHttpRequest* zu erstellen. Es müssen nämlich zwei verschiedene Verfahren verwendet werden:

- *XmlHttpRequest* für IE 7, Mozilla, Firefox, Netscape, Seamonkey, Opera und Konqueror
- *XmlHttpRequest* für IE 5, 5.5 und 6

Die beiden Verfahren unterscheiden sich leicht voneinander. Zuerst wird eine *if*-Abfrage verwendet, um zu prüfen, ob ein moderner Browser vorliegt, der minimal DOM (in der Version Level 1) unterstützt:

```
if (document.getElementById) {
```

Ältere Browser (Netscape 4.x, Opera 3.x, IE 3.x und 4) fallen hier sofort heraus. *getElementById()* ist eine wichtige Methode, über die wir einen Zugriff auf ein bestimmtes HTML-/XHTML- oder XML-Element haben können. Sie ist im DOM definiert. Durch die *if*-Abfrage erhalten wir eine Prüfung, ob der Browser DOM unterstützt.

Anschließend wird in einer zweiten *if*-Abfrage geprüft, ob der Browser das *XmlHttpRequest*-Objekt innerhalb des *window*-Objekts kennt:

```
if (window.XMLHttpRequest) {
 request=new XMLHttpRequest();
}
```

Diese Abfrage ist für die Browser IE 7, Mozilla, Firefox, Netscape, Seamonkey, Opera und Konqueror. Innerhalb der *if*-Abfrage wird ein Objekt von *XmlHttpRequest* über den Konstruktor *new XmlHttpRequest()* erstellt und in der Variablen *request* gespeichert.

Es schließt sich eine weitere *if*-Abfrage an, die die Browser IE 5, 5.5 und 6 bedient:

```
if(window.ActiveXObject){
```

Das Erstellen eines Objekts von *XmlHTTPRequest* für den IE ist etwas schwieriger, weil Microsoft mit jeder neuen IE-Version das entsprechende ActiveX-Objekt umbenannt hat. Dies liegt an dem zugrunde liegenden XML-Parser msxml von Microsoft, der seit IE 4.0 verwendet wird. Mit jeder neuen Version von msxml wurden entsprechende Änderungen vorgenommen. Bei einer Standardinstallation des IE (unter Windows bzw. Office) ist msxml enthalten. Allerdings kann man immer wieder andere msxml-Versionen mit IE-Versionen verwenden. Hinzu kommt, dass mit den Service Packs von Windows der IE bzw. msxml zusätzlich aktualisiert wird. Bei der Veröffentlichung von IE 6 im August 2001 war msxml in der Version 3.0 enthalten, nachträglich ließ sich aber auch msxml 4.0 (der ebenfalls 2001 veröffentlicht wurde) installieren (was auch später mit den Service Packs geschah).

msxml 5 ist eine spezielle Version, die nur in Office 2003 enthalten war und zunächst auch nicht separat von Microsoft heruntergeladen werden konnte. msxml 6 wurde im November 2005 veröffentlicht und kann unter Windows XP mit IE 6 bzw. 7 sowie Vista verwendet werden.

Durch die verschiedenen Kombinationsmöglichkeiten aus IE und msxml ist eine feste Zuordnung des XML-Parsers zu einer IE-Version nicht genau möglich. Aus diesem Grund ist es nicht sinnvoll, auf die IE-Version (z.B. 6.0) zu prüfen, denn es könnten beispielsweise bei IE 6 die Parser msxml 3, 4, 5 oder 6 verwendet werden – bei jeder dieser Versionen ist ja der ActiveX-Objektname jeweils unterschiedlich. Die Bezeichnung der Objekte können Sie der nachfolgenden Tabelle entnehmen.

| msxml-Version | ActiveX-Objekt |
|---|---|
| 1.0 | Microsoft.XMLHttp |
| 2.0 | MSXML2.XMLHttp |
| 3.0 | MSXML2.XMLHttp.3.0 |
| 4.0 | MSXML2.XMLHttp.4.0 |
| 5.0 | MSXML2.XMLHttp.5.0 |
| 6.0 | MSXML2.XMLHttp.6.0 |

**Tab. 15.2 Die Bezeichnung der ActiveX-Objekte für die verschiedenen msxml-Versionen ((Format?))**

Um alle Versionen abzudecken, müssen Sie von allen ActiveX-Objekten ein JavaScript-Objekt erzeugen. Verwenden Sie beispielsweise IE 5.5 mit msxml 2, so wirft das ActiveX-Objekt MSXML2.XMLHttp.4.0 für IE 6 mit msxml 4.0 einen Fehler aus. Daher muss dies in einen *try-catch*-Block gelegt werden. Die einzelnen ActiveX-Objektnamen legen wir daher in ein globales Array am Anfang des JavaScript-Codes:

```
var versions=new Array("MSXML2.XMLHttp.5.0",
    "MSXML2.XMLHttp.4.0", "MSXML2.XMLHttp.3.0",
    "MSXML2.XMLHttp","Microsoft.XMLHttp");
```

In der obigen *if*-Abfrage auf das ActiveX-Objekt durchlaufen wir eine *for*-Schleife, indem der Objektname des ActiveX-Objekts ausgelesen und versucht wird, ein Objekt davon zu erzeugen:

```
for (var i=0;i<versions.length;i++) {
 try{
  request = new ActiveXObject(versions[i]);
 }
 catch(exception){
 }
}
```

Im *try*-Block wird ein Objekt von *XmlHttpRequest* über den Konstruktor *new ActiveXObject()* erzeugt. Der Übergabeparameter ist der entsprechende Objektname des ActiveX-Objekts aus dem Array *versions*. Sollte beim Erstellen ein Fehler auftreten (z.B. durch eine unvollständige IE- bzw. msxml-Installation oder eine noch ältere IE-Version als 4), wird der *catch*-Block angesprungen. Dort wird keine Ausgabe erzeugt. Dies könnte man zwar in Form einer *alert()*-Dialogbox durchführen, das hat aber den Nachteil, dass beispielsweise bei der Verwendung des IE 5 auch die anderen Versionen durchgegangen werden und damit Ausgaben erfolgen würden – also ist es besser, hier keinerlei Ausgaben durchzuführen. Jetzt ist sichergestellt, dass ein ActiveX-Objekt erstellt wird (es sei denn, ActiveX ist ausgeschaltet).

Damit liegt jetzt in der Variablen *request* ein Objekt von *XmlHttpRequest* vor, egal welcher Browser verwendet wurde. Bevor die Funktion *ajaxManager()* beendet ist, wird die XML-Datei über das *XmlHttpReqest*-Objekt angefordert:

```
if (request) {
 request.open("GET", file, true);
 request.onreadystatechange = processResponse;
 request.send(null);
}
```

Zuerst wird in der *if*-Abfrage geprüft, ob in *request* etwas vorliegt. Sollte dies der Fall sein, wurde ein Objekt von *XmlHttpRequest* erfolgreich erzeugt, und die XML-Datei kann angefordert werden. Dazu wird die Methode *open()* eingesetzt. Sie verfügt über drei Übergabeparameter. Der erste Parameter ist *GET*. Dies bedeutet, dass das Objekt Daten vom Server anfordert und erhält. Der zweite Parameter gibt den Namen der XML-Datei an. Der dritte Parameter legt fest, ob die Übertragung asynchron erfolgt *(true)* oder nicht *(false)*. Hier sollte auf jeden Fall eine asynchrone Übertragung erfolgen, da ansonsten der Browser bei einer synchronen Übertragung auf die Daten so lange wartet und gerade bei großen XML-Dateien lahmgelegt sein könnte.

In der nächsten Zeile wird eine Callback-Funktion registriert. Dies geschieht über das Ereignis *onreadystatechange* und bedeutet, dass die angegebene Funktion *processResponse()*

aufgerufen wird, wenn der Status des *request*-Objekts sich verändert hat. Dies kann erfolgen, wenn die XML-Datei erfolgreich empfangen wurde oder die Daten fehlerhaft eingetroffen sein sollten. Dies wird in der Funktion *processResponse()* ausgewertet.

Über die *send()*-Methode wird die Anfrage konkret an den Server abgesendet. Der Übergabewert an *send()* kann ein Objekt sein, das weitere Daten für den Server bereithält. Wir benötigen dies in der Regel nicht, daher kann hier *null* übergeben werden.

Hat JavaScript die angeforderte XML-Datei vom Server empfangen (oder ist ein Fehler aufgetreten), wird die Funktion *processResponse()* aufgerufen:

```
function processResponse() {
  if (request.readyState == 4) {
   if(request.status == 200) {
    var xmltextelement=request.responseXML.getElementsByTagName("text")[0];
    var txt=xmltextelement.firstChild.nodeValue;
    var el = document.getElementById("b123").firstChild;
    el.nodeValue=txt;
   }
  }
}
```

In dieser Methode prüfen wir zuerst, ob die XML-Datei korrekt empfangen wurde. Dazu prüfen wir in der ersten *if*-Abfrage den Wert der Eigenschaft *readyState*. Wir prüfen hier auf den Wert 4, d.h., die Anfrage wurde abgesetzt und eine Antwort wurde komplett empfangen. Alle Daten sind vollständig. Anschließend prüfen wir in einer zweiten *if*-Abfrage auf die Eigenschaft *status*. Diese gibt den http-Statuscode an. Wir prüfen auf den Wert 200, d.h., die Anfrage wurde korrekt entgegengenommen und ausgeführt. Dies ist das bekannte »OK«. Erste wenn beide Eigenschaften diesen Wert haben, können wir sicher sein, das die XML-Datei empfangen wurde und wir auf ihre Daten zugreifen können.

Im nächsten Schritt verwenden wir Methoden aus dem Document Object Model DOM, um auf das Wurzelelement der XML-Datei zuzugreifen:

```
var xmltextelement=request.responseXML.
    getElementsByTagName("text")[0];
```

Der Zugriff erfolgt über die Methode *getElementsByTagName()*. Der Übergabeparameter ist der Name des auszulesenden XML-Elements (natürlich ohne spitze Klammern). Die Methode liefert ein Array zurück, das sämtliche gefundene Elemente enthält – auch wenn nur ein Element vorliegt. Wir haben in der XML-Datei nur ein *text*-Element, daher müssen wir auf das erste Array-Element zugreifen (Indexnummer 0!). Das Element speichern wir in der Variablen *xmltextelement*.

Die Methode *getElementsByTagName()* gehört zum *document*-Objekt, das hier durch das vordefinierte Objekt *responseXML* dargestellt wird. Dieses Objekt ist *request* (d.h. *XmlHttpRequest)* untergeordnet.

Jetzt müssen wir nur noch den Text des XML-Elements auslesen. Der Text innerhalb eines Elements ist ein sogenannter Textknoten, der als ein Kind (d.h. untergeordnetes Element) des *text*-Elements angesehen wird:

```
var txt=xmltextelement.firstChild.nodeValue;
```

Daher müssen wir über die Eigenschaft *firstChild* von dem *text*-Element in den Textknoten verzweigen und erst dann über die Eigenschaft *nodeValue* den konkreten Text auslesen. Dieser liegt jetzt in der Variablen *txt* vor. Wir können nun endlich den Text in das entsprechende Tag einsetzen:

```
var el = document.getElementById("b123");
```

Zuerst müssen wir das *<div>*-Tag ermitteln, in das der Text eingefügt werden soll. Hier verwenden wird die Methode *getElementById()*, die ein HTML-Element (oder auch XML-Element) auf der Basis des *id*-Attributs ermittelt. Im Gegensatz zu *getElementsByTagName()* ermittelt *getElementById()* nur ein Element, da der Attributwert von *id* innerhalb eines Dokuments nur einmal vorkommen darf. Wir übergeben den entsprechenden Attributwert und speichern das Element in *el*.

Im letzten Schritt tauschen wir jetzt den Text im ermittelten Element aus. Dies geschieht ähnlich wie das Auslesen des Textes aus dem Wurzelelement der XML-Datei:

```
el.firstChild.nodeValue=txt;
```

*el* repräsentiert das *<div>*-Tag. Der bestehende Text innerhalb von *<div> ... </div>* ist ebenfalls ein Textknoten, der als Kind des *div*-Elements angesehen wird. Daher müssen wir über *firstChild* vom *div*-Element in das erste Kind gehen und über *nodeValue* den konkreten Text austauschen. Wir weisen hier der Eigenschaft *nodeValue* einen neuen Wert zu, und zwar den Text aus der XML-Datei, der in *txt* vorliegt. Das Ergebnis: die Überschrift wird sofort ausgetauscht.

## innerHTML und innerText statt nodeValue

Im Code des letzten Beispiels wurde die Eigenschaft *nodeValue* verwendet, die den Inhalt des HTML-Tags veränderte. Dies ist korrekter Standard, denn das W3-Konsortium hat im DOM-Standard die Eigenschaft *nodeValue* dafür definiert.

In vielen anderen Ajax-Codes sieht man statt *nodeValue* zwei andere Eigenschaften:

- innerHTML
- innerText

Leider sind diese beiden Eigenschaften kein DOM-Standard. Es sind Erweiterungen, die mit dem IE 5.0 eingeführt wurden. Mittlerweile unterstützen auch andere Browser als der IE diese beiden Eigenschaften. Ich möchte Ihnen an dieser Stelle diese beiden Eigenschaften vorstellen. Zwar empfehle ich Ihnen, sie nicht einzusetzen, da sie kein DOM-Standard sind, aber es gibt viele Entwickler, die diese Eigenschaften trotzdem einsetzen.

Der Vorteil von *innerHTML* und *innerText* besteht darin, dass sie etwas einfacher zu handhaben sind als *nodeValue*. Bei *nodeValue* war es unbedingt erforderlich, in das Element über die Eigenschaft *firstChld* hineinzugehen. Dies entfällt bei *innerHTML* und *innerText*.

Zunächst sehen wir uns *innerHTML* an. Die Änderungen betreffen nur die Funktion *processResponse():*

```
function processResponse() {
  if (request.readyState == 4) {
   if(request.status == 200) {
    var
xmltextelement=request.responseXML.getElementsByTagNa
me("text")[0];
    var txt=xmltextelement.firstChild.nodeValue;
    var el = document.getElementById("b123");
    el.innerHTML=txt;
   }
  }
}
```

Über *getElementById()* wird wie bekannt das Element ermittelt und in *el* gespeichert. Dann wird der Eigenschaft *innerHTML* der Wert der Variablen *txt* zugewiesen. Die Eigenschaft *innerHTML* ersetzt den Inhalt des Elements, das in *el* gespeichert wird (also des entsprechenden *div*-Elements). Die Verwendung der Eigenschaften *firstChild* und *nodeValue* entfällt. Wenn Sie die Anwendung ausführen, stellen Sie keinen Unterschied zur Fassung mit *firstChild* und *nodeValue* fest.

Die Eigenschaft *innerHTML* ersetzt den Inhalt eines Elements. Dabei können Sie auch HTML-Tags verwenden – dies ist der Vorteil der Eigenschaft *innerHTML*. Also z.B. könnten Sie dies verwenden:

```
el.innerHTML="<h1>"+txt+"</h1>";
```

Hier wird ein String erstellt, der aus den *<h1>*-Tags und dem Wert der Variablen *txt* besteht. Auf diese Weise können Sie einfach HTML Tags von JavaScript aus erstellen. *innerHTML* wird neben dem IE auch von Mozilla, Firefox, SeaMonkey und Opera ausgeführt.

Die Eigenschaft *innerText* arbeitet ähnlich – nur können Sie hier keine HTML-Tags verwenden, sondern nur einfachen Text ohne HTML-Tags. Damit arbeitet *innerText* ähnlich wie *nodeValue*. Sie sparen bei *innerText* aber die Verwendung von *firstChild* ein:

```
el.innerText=txt;
```

Einen Unterschied in der Ausführung werden Sie nicht feststellen. Beachten Sie aber, dass *innerText* nur vom IE bis einschließlich Version 7 und Opera unterstützt wird. Mozilla, Firefox und SeaMonkey kennen diese Eigenschaft nicht.

Ich werde in diesem Buch nur standardkonformen Code verwenden. Dies stellt sicher, dass auch in zukünftigen Browserversionen der Ajax-Code ausführbar ist.

# Ein Wrapper

Insbesondere die Funktion *ajaxManager()* wird sich selten verändert. Sie erstellt ein Objekt von *XmlHttpRequest* und kann daher als Wrapper in eine externe *js*-Datei ausgelagert werden. Die Funktion *ajaxManager()* wird in die Datei *ajaxManager.js* ausgelagert und sieht so aus:

```
function ajaxManager() {
  var request;
  var versions=new Array("MSXML2.XMLHttp.6.0",
  "MSXML2.XMLHttp.5.0", "MSXML2.XMLHttp.4.0",
  "MSXML2.XMLHttp.3.0", "MSXML2.XMLHttp",
  "Microsoft.XMLHttp");
  if (document.getElementById) {
   if (window.XMLHttpRequest) {
    request=new XMLHttpRequest();
   }
   if(window.ActiveXObject){
    for (var i=0;i<versions.length;i++) {
```

```
      try{
       request = new ActiveXObject(versions[i]);
      }
      catch(exception){
      }
     }
    }
   }
  return request;
  }
```

Die Funktion erzeugt nur ein Objekt von *XmlHttpRequest*, das am Ende über *return* zurückgegeben wird. In der HTML-Datei wird die externe JS-Datei eingebunden:

```
<script type="text/javascript" src="ajaxManager.js"></
  script>
<script type="text/javascript">
 var file="basic.xml";
 var request;
 function init() {
  request=ajaxManager();
   if (request) {
    request.open("GET", file, true);
    request.onreadystatechange = processResponse;
    request.send(null);
   }
 }
 function processResponse() {
  if (request.readyState == 4) {
   if(request.status == 200) {
    var
  xmltextelement=request.responseXML.getElementsByTagNa
  me("text")[0];
    var txt=xmltextelement.firstChild.nodeValue;
    var el = document.getElementById("b123");
    el.firstChild.nodeValue=txt;
   }
  }
 }
</script>
```

Nach dem Einbinden der externen JavaScript-Datei folgt weiterer JavaScript-Code. Dieser besteht jetzt aus einer *init()*-Funktion und der bekannten *processResponse()*-Funktion. Die Funktion *processPresonse()* hat sich nicht verändert. Die *init()*-Funktion wird statt *ajaxManager()* vom Hyperlink aus aufgerufen:

```
<a href="javascript:init()">Hier klicken</a>
```

Die *init()*-Funktion ruft die Funktion *ajaxManager()* auf und speichert das zurückgegebene Objekt von *XmlHttpRequest* in *request*. Anschließend wird wie bekannt die XML-Datei über *open()* und *send()* angefordert. Diesen Code könnte man auch in die Funktion *ajaxManager()* auslagern. Allerdings wird sich dieser Teil öfters bei Ihnen verändern, indem Sie z.B. die Callback-Funktion umbenennen. Daher ist es sinnvoll, dies hier zu belassen.

# Tickertext

Das nachfolgende Beispiel zeigt einen Tickertext an. Dieser wird von JavaScript von rechts nach links bewegt. Der Inhalt des Tickertexts wird über Ajax realisiert: JavaScript lädt eine XML-Datei, die den konkreten Text für den Ticker enthält. Anschließend wird der Text in das entsprechende HTML-Tag eingefügt, und die Animation läuft ab.

Die XML-Datei sieht so aus:

```
<?xml version="1.0" encoding="UTF-8"?>
    <text>+++ Neue Produkte in unserem Online-Shop </text>
```

Die XML-Datei ist sehr einfach aufgebaut. Sie verfügt über ein Wurzelelement mit dem Namen *text*. Innerhalb von *<text> ... </ text>* befindet sich der konkrete Tickertext, der von JavaScript mit Hilfe von DOM eingefügt wird.

```
<!DOCTYPE html PUBLIC "-//W3C//DTD HTML 4.01
    Transitional//EN">
<html><head>
```

```
<meta http-equiv="Content-Type" content="text/html;charset=iso-8859-1">
 <title>Ajax</title>
 <script type="text/javascript" src="ajaxManager.js"></script>
 <script type="text/javascript">
  var file="tickertext.xml";
  var request;
  var breite=screen.width+20;
  var a=breite;
  function init() {
   request=ajaxManager();
   if (request) {
    request.open("GET", file, true);
    request.onreadystatechange = processResponse;
    request.send(null);
   }
  }
  function processResponse() {
   if (request.readyState == 4) {
    if(request.status == 200) { m
     var textelement=request.responseXML.getElementsByTagName("text")[0].firstChild;
     var txt=textelement.nodeValue;
     var el = document.getElementById("Textticker");
     el.firstChild.nodeValue=txt;
     animation();
    }
   }
  }
  function animation() {
   if (document.getElementById) {
    var lay1=window.document.getElementById("Textticker");
    lay1.style.noWrap=true;
    a-=5;
    if (a>-400) {
     lay1.style.left=a;
     lay1.style.top=20;
     window.setTimeout ('animation()', 40);
```

```
      }
      else {
       a=breite;
       window.setTimeout ('animation()', 40);
      }
    }
   }
  </script>
 </head>
 <body onload="init()">
  <div id="Textticker" style="position:absolute;left:-
   1000px;top:20px;font-size:15pt;white-space:nowrap">
   </div>
 </body>
 </html>
```

Im HTML-Abschnitt wird der Tickertext in einem *<div>*-Element notiert. Dieses ist zunächst noch leer und wird über CSS absolut platziert. Beachten Sie dabei, dass das Element zunächst an die x-Koordinate -1000 gesetzt wird, damit das Element außerhalb des sichtbaren Bereichs gesetzt wird.

Damit der Tickertext flexibel ist und von rechts nach links durchläuft, egal welche Bildschirmauflösung der Anwender eingestellt hat, ermitteln wir am Anfang die Breite des Monitors über die Eigenschaft *width* des *screen*-Objekts und addieren noch 20 Pixel hinzu, damit der Text explizit außerhalb des sichtbaren Bereichs platziert wird:

```
var breite=screen.width+20;
```

Anschließend weisen wir diesen Wert der Variablen *a* zu. Es ist eine Zählervariable, die als *x*-Koordinate eingesetzt wird und den Tickertext immer wieder an einer neuen Position im Browserfenser platziert.

In der Funktion *processResponse()* wird das *text*-Element aus der XML-Datei ausgelesen und am Ende der Funktion die *animation()*-Funktion aufgerufen, die den Tickertext in einer Schleife im sichtbaren Bereich des Browsers platziert:

```
function animation() {
  if (document.getElementById) {
   var
  lay1=window.document.getElementById("Textticker");
   lay1.style.noWrap=true;
   a-=5;
   if (a>-400) {
    lay1.style.left=a;
    window.setTimeout ('animation()', 40);
   }
   else {
    a=breite;
    window.setTimeout ('animation()', 40);
   }
  }
}
```

Zuerst wird wieder geprüft, ob der Webbrowser die Methode *getElementById()* unterstützt. Ist dies der Fall, ermitteln wir über die *getElementById()*-Methode das *<div>*-Tag. Dieses speichern wir in der Variablen *lay1*. Im nächsten Schritt wird die Eigenschaft *noWrap* des *style*-Objekts nochmals explizit auf *true* gesetzt. Dies ist nötig, damit der Text nicht umbrochen wird. Wir haben zwar im *<div>*-Tag direkt die CSS-Eigenschaft notiert, doch die stellt nur sicher, dass die Eigenschaft explizit gesetzt ist.

Anschließend wird die Zählervariable um den Wert 5 nach unten gezählt. In der Variablen befindet sich zunächst die Breite des Bildschirms plus 20 Pixel. In der *if*-Abfrage wird geprüft, ob *a* größer als -400 ist. Ist dies der Fall, wird der Tickertext an eine neue Position gesetzt. Dazu wird die Eigenschaft *left* des *style*-Objekts manipuliert:

```
lay1.style.left=a;
```

Die *y*-Koordinate (dies ist die Eigenschaft *top)* braucht nicht verändert zu werden, da der *top*-Wert im *<div>*-Tag schon angegeben wurde. Anschließend wird über die *setTimeout()*-Methode die *animation()*-Funktion nach 40 Millisekunden erneut aufgerufen. Die Variable *a* wird weiter heruntergezählt. Dieser Ablauf setzt sich so lange fort, bis *a* den Wert -400 erreicht hat. In diesem Fall wird der *else*-Zweig ausgeführt. Die Variable *a* wird auf den Wert von *Breite* gesetzt und die Funktion *animation()* erneut aufgerufen. Dadurch wird der Text wieder auf der rechten Seite platziert.

# Lösungen

## Kapitel 1

**1** Keine Lösungshinweise

**2** Keine Lösungshinweise

## Kapitel 2

**1** Es handelt sich um einen sogenannten Eventhandler. Dieser registriert, wenn ein Ereignis auftritt. Der Eventhandler *onmouseover* wird aufgerufen und ausgeführt, wenn sich die Maus über einem Element befindet. In diesem Kapitel handelte es sich um Links oder Grafiken.

**2** *window.status* gibt einen Text in der Statusleiste *(status)* des Browserfensters aus. Es gibt noch eine leichte Variante dieses Befehls: *window.defaultStatus.* Dieser gibt ebenfalls einen Text in der Statusleiste aus, aber nur dann, wenn der Browser keinerlei Ereignisse (Mausbewegungen, Klicken usw.) registriert.

**3** Die Hilfetexte funktionieren nur zusammen mit einem Link. Erstellen Sie entweder einen Textlink auf eine andere Webseite oder realisieren Sie einen grafischen Link, bei dem eine Grafik angeklickt werden muss.

**4** Ein JavaScript-Code wird in einer HTML-Datei innerhalb der Tags *<script>* und *</script>* programmiert. Ohne diese Tags kann der Browser den Code nicht als JavaScript-Code ansehen und ausführen.

**5** Hier gibt es keine festen Regeln, aber es ist sinnvoll, den JavaScript-Code vor das *<body>*-Tag innerhalb von *<head>* ... *</head>* zu setzen.

**6** Für Kommentare gibt es zwei Möglichkeiten: Einzeilige Kommentare werden eingeleitet durch *//,* mehrzeilige Kommentare werden durch /* eingeleitet und enden mit */. Kommentare sind sehr sinnvoll, denn sie erhöhen die Übersichtlichkeit des programmierten Codes.

## Kapitel 3

**1** Nein, denn es taucht ein deutscher Umlaut auf, der nicht verwendet werden kann. Korrekt müsste die Zeile lauten:

```
var Test_Variable_Buecher=34;
```

**2** *alert()* erzeugt eine Dialogbox mit nur einer Schaltfläche *(OK). prompt()* erzeugt eine Dialogbox mit zwei Schaltflächen *(OK, Abbruch). confirm()* erzeugt eine Dialogbox mit einem Texteingabefeld und zwei Schaltflächen.

**3** Die Schleife wird endlos durchlaufen und die zweite Dialogbox (»Das war die Schleife«) erscheint nie. Dies liegt an der Abbruchbedingung bei *while*. Da dort in Klammern *1!=0* (1 ungleich 0) steht, wird die Schleife pausenlos durchlaufen, weil die Aussage 1 ungleich 0 immer wahr ist.

**4** Dies öffnet ein neues Browserfenster.

**5** Verwenden Sie den JavaScript-Befehl *window.document.write()*. In Klammern und in Anführungsstriche setzen Sie dann den Text, der ausgegeben werden soll. Sie können auch HTML-Tags wie beispielsweise *<h1>* verwenden, um die Schriftgröße des Textes zu kontrollieren.

## Kapitel 4

**1** Ein Objekt wird durch bestimmte Eigenschaften beschrieben, die das Objekt definieren. Bei dem Objekt *Fernseher* wäre dies beispielsweise die Höhe, Breite, Tiefe, Farbe usw.

**2** Durch die Methoden, die auf die Daten eines Objekts zugreifen und diese manipulieren können. Aber auch durch die Eigenschaft selbst, indem dieser ein neuer Wert zugewiesen wird.

**3** Es ist eine Eigenschaft zu dem Objekt *Auto*.

**4** Die Eigenschaften eines Objekts legen das Objekt fest. Sie geben bei einem Auto beispielsweise die Farbe, die Größe, die Breite, die Höchstgeschwindigkeit usw. an. Diese Eigenschaften können über die Methoden verändert werden.

## Kapitel 5

**1** Nein, von vornherein besitzt ein separates Fenster die Symbole zum Schließen und Verkleinern (d.h. Iconisieren) des Fensters. Es brauchen keine speziellen Routinen geschrieben zu werden, die dies bearbeiten.

**2** Über *onLoad* wird eine JavaScript-Funktion direkt nach dem Laden gestartet. *onClick* kann überall dort verwendet werden, wo mit der Maus geklickt werden soll, beispielsweise bei Text- und Grafiklinks.

**3** Es sind drei Fehler vorhanden. Der erste Fehler steckt in *window.open()*. Die Attribute müssen in Anführungsstriche gesetzt werden:

*win=window.open("","Hallo","width=300,height=200, resizable=yes").*

Der zweite Fehler taucht bei *win.document.bgColor* auf. Der Farbcode muss ebenfalls in Anführungsstrichen gesetzt werden. Dies betrifft auch den dritten Fehler, der in *win.document.fgColor* auftritt.

## Kapitel 6

**1** –Diex i

**2** *toUpperCase()* setzt einen String in Großbuchstaben, während *toLowerCase()* den String in Kleinbuchstaben setzt.

3 Ein Inkrement ist ein Hochzähler, bei dem eine Variable immer um einen konstanten Faktor erhöht wird. Bei einem Dekrement wird eine Variable entsprechend um einen konstanten Faktor erniedrigt.

## Kapitel 7

1 *navigator.appCodeName* ermittelt den kurzen Codenamen des Browsers (bei Netscape beispielsweise *Mozilla)*, während *navigator.appName* den kompletten Namen des Browsers feststellt.

2 *screen.width* und *screen.height.*

3 Über *navigator.plugins[Index].name.*

4 *navigator.plugins[Index].name* ermittelt den Namen eines Plug-Ins, während *navigator.plugins[Index].filename* den Dateinamen inklusive des Pfades feststellt.

## Kapitel 8

1 Nein.

2 *message.length, message.substring()* und *window.status.*

3 Nein, im Schleifenkopf dürfen keine Kommata verwendet werden. Richtig wäre:

```
for (a=0; a<100; a=a+1)
```

## Kapitel 9

1 Dies geschieht über die Objekte *Form* und *elements*. Das Objekt *Form* spricht jedes einzelne Formular an, während *elements* die darin enthaltenen Elemente anspricht. Das konkrete Ansprechen geschieht dann über die entsprechende Indexnummer, z.B.:

```
window.document.forms[2].elements[3]
```

**2** Dies geschieht über die Eigenschaft *value* des Objekts *elements*, z.B.:

```
var inhalt=window.document.forms[2].elements[3]. Value;
```

**3** Der Fokus bedeutet, dass ein Element mit der Maus angeklickt wurde und nun Eingaben erwartet. Der Fokus kann von JavaScript aus über die Methode *focus()* gesetzt werden, z.B.:

```
window.document.forms[2].elements[3].focus();
```

**4** Dem konkreten Eingabefeld muss über *value* ein leerer String zugeordnet werden, z.B.:

```
window.document.forms[2].elements[3].value="";
```

## Kapitel 10

**1** Nein, denn das *Location*-Objekt ist nicht dem *document*-Objekt untergeordnet. Korrekt wäre:

```
window.location.href="bilder.zip";
```

oder

```
location.href="bilder.zip";
```

**2** AU wurde für SUN-Workstations entwickelt, während WAV bei Windows zum Einsatz kommt. Die Webbrowser können unter Windows XP beide Formate abspielen.

**3** Um Daten an eine Funktion übergeben zu können, muss bei der Funktionsdefinition im Funktionskopf die Variable genannt werden, mit der in der Funktion gearbeitet wird, beispielsweise *function browser (name)*. Die Variable *name* wird in der Funktion benötigt und muss übergeben werden. Die Funktion wird aufgerufen (z.B. über einen Eventhandler), und in Klammern wird dann das Datum übergeben, mit dem in der Funktion gearbeitet werden soll, beispielsweise *onClick–browser("Netscape");*

## Kapitel 11

**1** *Math.floor()* rundet das Ergebnis auf ganze Sekundenzahlen, da sonst krumme Werte (3,56) angezeigt werden würden.

**2** Dies erzeugt eine Wartezeit von 1000 Millisekunden (= 1 Sekunde), bevor die Funktion wieder neu aufgerufen wird.

**3** Über den Code:

```
var Zeit=new Date();
```

**4** *getYear()* ermittelt die Jahreszahl nur zweistellig (die letzten beiden Ziffern), während *getFullYear()* die Jahreszahl vierstellig ermittelt.

## Kapitel 12

**1** Ja, ein Laden ist möglich. Die Anzeige ist nur dann möglich, wenn eine andere Grafik im HTML-Code über *<img>* eingebunden wurde und diese durch die von JavaScript geladene Grafik ersetzt wird.

**2** Es gibt zwei Möglichkeiten. Entweder über eine Indexnummer, beispielsweise *window.document.images[0].src*, oder durch die Verwendung von Namen, die in dem *<img>*-Tag festgelegt wurden.

**3** Über *var bild=new Image ();*

**4** Der Eventhandler *onMouseOut* führt den Code aus, wenn die Maus das Objekt (Link, Grafik) verlässt.

## Kapitel 13

**1** In einer Variablen können nur eine Zahl (Ganzzahl oder Fließkommazahl), ein Boolscher Wert *(true, false)* oder ein String gespeichert werden. Sollen mehrere Werte gespeichert werden, müssen mehrere Variablen angelegt werden. Ein Array kann eine Vielzahl von einzelnen Werten enthalten, die unter einem Namen zusammengefasst sind. Ein Array kann Zahlen, Boolsche Werte und Strings gleichzeitig enthalten.

**2** Ja, ein Array kann diese Angaben gleichzeitig enthalten.

**3** Der Code lautet:

```
var b;
var arr=new Array (4);
for (b=0; b<3; b++) {
   arr[b]=new Array (4);
  }
```

## Kapitel 14

**1** Im JavaScript-Code wird ein Tag über die Eigenschaft *left* und *top* des *style*-Objekts an eine neue Position gesetzt.

**2** Im JavaScript-Code wird ein Tag über die Eigenschaft *visibility* des *style*-Objekts ein- oder ausgeblendet.

**3** Tags können in JavaScript über deren Namen angesprochen werden, die im *id*-Attribut des *<div>*- oder eines anderen Tags vergeben wurden. Dazu wird in JavaScript die Methode *getElementById()* des *document*-Objekts verwendet, an die der Wert des *id*-Attributs übergeben wird.

# Anhang A: XML

In diesem Kapitel finden Sie detailliertes Hintergrundwissen zu XML und die Begrifflichkeiten rund um das Thema XML.

## XML – ein Definitionsversuch

Die wichtigsten Fragen, die sich immer wieder stellen, lauten: Was ist XML? Was hat XML mit HTML zu tun? Gibt es Unterschiede und Gemeinsamkeiten? XML ist zunächst nichts anderes als ein einfaches, wohldefiniertes Format einer Textdatei. Man könnte es als das ASCII des 21. Jahrhunderts bezeichnen.

Gleichzeitig muss man sehen, dass XML zunächst nichts mit dem Internet zu tun hat. Man kann XML zwar auch im Internet, d.h. auf Webservern oder in Clients (also Webbrowsern) verwenden. Man kann XML aber auch völlig unabhängig vom Internet einsetzen. Es gibt viele Anwendungen, die XML als Konfigurationsdatei verwenden und damit die *ini*-Datei ersetzen. Dazu gehören beispielsweise die Serverprogramme WebSphere von IBM und die JSP-Engine Tomcat der Apache-Software Foundation.

1996 begann das W3-Konsortium, an der Extensible Markup Language XML zu arbeiten. Anfang 1998 wurde XML zum offiziellen Standard des W3-Konsortiums erhoben und liegt derzeit in der Version 1.0 vor. Der »Chefentwickler« von XML ist der Kanadier Tim Bray *(http://www.textuality.com/textuality.html)*, seine Co-Editoren sind Jean Paoli (Microsoft) und C. M. Sperberg-McQueen (Universität Chicago).

Am 06.10.2000 veröffentlichte das W3-Konsortium die sogenannte *Second Edition* der XML-1.0-Spezifikation. Hierbei handelt es sich um kein neues XML, sondern nur um Detailverbesserungen, Errata, Präzisierungen usw. der XML-1.0-Spezifikation. Eine revidierte Fassung von XML 1.0 ist die Version 1.1. Neu in XML 1.1 ist insbesondere die Definition des Zeilenendes für IBM-Mainframes.

Mit XML beginnt eine neue Form von »Sprachen«, die auch im Internet genutzt werden können. XML eröffnet die Basis für weitere Sprachen, die mit XML erstellt werden. Der Schlüssel dazu ist die Fähigkeit von XML, eigene Tags und Attribute selbst definieren und nutzen zu können. Dadurch kann das statische HTML nicht nur erweitert, sondern auch durchbrochen werden. Mehr zu den Unterschieden zwischen HTML und XML finden Sie im nächsten Abschnitt.

## XML und HTML – wo sind die Unterschiede?

Zwischen HTML und XML bestehen große Unterschiede. In diesem Abschnitt möchte ich die wichtigsten deutlich hervorheben:

1. Mit XML können Sie eigene Tags definieren, die Daten speichern können. Beispielsweise ist in XML Folgendes möglich:

   ```
   <Datensatz>
      <Name>Michael Seeboerger-Weichselbaum</Name>
   </Datensatz>
   ```

   Innerhalb von XML sind hier zwei Tags definiert *(<Datensatz>* und *<Name>)*, die in HTML natürlich nicht vorhanden sind. Das Tag *<Name>* speichert einen Text, der beispielsweise für eine Datenbank verwendet werden kann.

2. Mit XML können Sie zu jedem selbst definierten Tag auch ein Attribut selbst definieren. In HTML finden Sie beispielsweise das Tag *<IMG SRC="tomate.gif">*, das eine Grafik einbindet. *SRC* ist ein sogenanntes Attribut, das den Dateinamen enthält. Derartige Attribute können Sie mit XML selbst erstellen und auswerten. Beispielsweise:

```
<Datensatz typ="Privat">
   <Name>Michael Seeboerger-Weichselbaum</Name>
</Datensatz>
```

In diesem Beispiel wurde das Tag *<Datensatz>* mit dem Attribut *typ* versehen. Es gibt an, ob es sich um eine private oder um eine geschäftliche Adresse handelt.

3. Im Unterschied zu HTML kann XML viele neue Tags und Attribute definieren. Die Anzahl der Tags ist in XML nicht begrenzt. Bei HTML gibt es eine bestimmte Anzahl von Tags und Attributen, die verwendet werden dürfen. Nur Tags, die Bestandteil der HTML-Spezifikation des W3-Konsortiums sind, sind einsetzbar. Dadurch wird HTML sehr statisch, während XML beliebig erweitert werden kann.
4. XML lässt sich für viele Anwendungen im Internet einsetzen: als Datenbank, zum Dokumenten-Management oder auch zur Verwaltung von Einträgen, Listen usw.
5. XML trennt zwischen den Daten und der Darstellung der Daten im Browser. Während bei HTML beides eng zusammenhängt, ist XML nur für die Strukturierung der Daten zuständig. Die Ausgabe wird über XSLT – die Extensible Stylesheet Language Transformation – realisiert, die auch in diesem Buch vorgestellt wird.

Wenn Sie nun denken, dass Sie sich Ihr eigenes Tag definieren können (z.B. *<Ganzgross>)*, das im Webbrowser einen Text in einem bestimmten Font, einer Farbe und Punktgröße ausgibt, dann müssen Sie beachten, dass dies nicht die Aufgabe von XML ist:

1. XML soll HTML nicht ersetzen, sondern erweitern. HTML hat sich bewährt, und es ist nicht sinnvoll, beispielsweise zu den Tags *<h1>* bis *<h6>* noch ein weiteres Tag zu definieren, das eine Überschrift ausgibt. Es macht keinen Sinn, bestehende HTML-Tags durch neue XML-Tags auszutauschen.

2. XML strukturiert nur die konkreten Inhalte (Texte, Grafiken, Sounds usw.). Die Ausgabe dieser Inhalte übernimmt XSLT. Dazu können innerhalb von XSLT bestehende HTML-Tags genutzt oder die Cascading Style Sheets eingesetzt werden.

3. Im Gegensatz zu HTML achtet XML sehr genau auf die Syntax. Sie werden dies im Laufe des Buches noch sehen. Stößt ein Webbrowser innerhalb einer HTML-Datei beispielsweise auf das Tag *<Datensatz>*, ignoriert dieser Browser einfach dieses Tag. XML geht anders mit dem Tag um – ist es richtig definiert, wird der Inhalt vom Browser verarbeitet und eventuell über XSLT angezeigt.

4. Der Entwickleraufwand von Webseiten in XML ist höher, als wenn Sie die Seiten in HTML schreiben würden. Der Grund liegt darin, dass die Inhalte in XML logisch strukturiert und die Ausgaben dieser Inhalte über XSLT programmiert werden müssen. Für eine Webseite wären dann schon zwei Dateien (je für XML und XSLT) notwendig. Oftmals kommt noch eine dritte Datei hinzu, in der die Tags definiert werden.

# XML-Crashkurs

In diesem Abschnitt befassen wir uns mit den wichtigsten Bestandteilen von XML.

## Hallo XML!

Das erste XML-Beispiel ist recht einfach. Sie werden Ihr erstes Tag selbst erstellen:

```
<?xml version="1.0"?>
<ausgabe>Hallo XML!</ausgabe>
```

Auf den ersten Blick scheint der Code nicht sehr aufregend zu sein. Doch dieses einfache Beispiel zeigt Ihnen das Grundgerüst jeder XML-Seite. Denn hier haben Sie Ihr erstes eigenes Tag verwendet: *<ausgabe>*.

Jede XML-Datei wird mit dem *<?xml>*-Tag begonnen. Dies ist ähnlich wie bei HTML, wo jede HTML-Seite durch das Tag *<html>* eingeleitet wird. Jedes XML-Tag steht in spitzen Klammern. Das *<?xml>*-Tag weicht jedoch in einigen entscheidenden Punkten vom *<html>*-Tag ab:

1. Das Tag sollte in Kleinbuchstaben geschrieben werden.
2. Das Tag wird durch ein Fragezeichen eingeleitet und durch ein Fragezeichen abgeschlossen.
3. Das Attribut *version="1.0"* legt die genaue Version des XML-Codes fest.

Das *<?xml>*-Tag wird auch als *Prolog* bezeichnet. Innerhalb des Prologs werden Vordefinitionen vorgenommen, die dann später verwendet werden. Dies ist ähnlich wie bei HTML, wo es den sogenannten *Head* gibt *(<head></head>)*, in dem beispielsweise der Titel der Seite *(<title></title>)* angegeben wird oder bestimmte Style-Sheet-Definitionen *(<style></style>)* vorgenommen werden.

In dem Code taucht danach das erste eigene Tag auf: *<ausgabe>*. Dieses Tag ist selbst definiert. Nach dem Tag wird ein einfacher Text geschrieben *(Hallo XML!)* und das Tag durch *</ausgabe>* beendet. Die Ähnlichkeiten zu HTML sind sofort zu erkennen, denn auch in HTML gibt es dieses sogenannte *Abschluss-Tag*. In HTML wird beispielsweise eine Tabelle über das Tag *<table>* begonnen und über *</table>* beendet. Jedoch weicht XML auch in diesem Punkt von HTML deutlich ab:

1. Zu jedem Tag gibt es ein Abschluss-Tag. Würden Sie ein Tag *<tomate>* verwenden, müsste es mit *</tomate>* abgeschlossen werden. Einzige Ausnahme bildet das Tag *<?xml>*.
2. Beachten Sie die Groß- und Kleinschreibung des Tags. Lautet das Start-Tag *<ausgabe>*, dann muss das Abschluss-Tag auch *</ausgabe>* heißen und nicht *</Aus-*

*gabe>*. In HTML ist dies unerheblich, ein Tag kann in Groß- und Kleinbuchstaben geschrieben werden. So kann ein Start-Tag in Großbuchstaben stehen (z.B. *<FORM>)* und das Abschluss-Tag in Kleinbuchstaben (z.B. *</form>)*. Die Browser kommen mit dieser Schreibweise klar, nur bei XML würde eine Fehlermeldung ausgegeben.

Speichern Sie Ihre erste XML-Seite unter dem Namen *hallo.xml*. Achten Sie auf die Endung des Dateinamens. Sie dürfen hier nicht *.htm* oder *.html* verwenden.

## Kommentare in XML

Den XML-Code können Sie mit *Kommentaren* versehen. Diese Kommentare erleichtern das Lesen des Codes. So verstehen andere Programmierer den Code besser, und Sie finden sich auch noch nach Monaten in Ihrem Code zurecht. Kommentare in XML werden wie in HTML 4.0 eingefügt:

```
<!-- Jetzt kommt der Kommentar -->
```

Nach der geöffneten spitzen Klammer folgen ein Ausrufezeichen und zwei Gedankenstriche. Diese leiten den Kommentar ein. Dann folgt der konkrete Kommentar. Abgeschlossen werden die Bemerkungen über zwei Gedankenstriche und die geschlossene spitze Klammer. Halten Sie sich ganz exakt an diese Vorgabe, sonst erkennt der Browser den Code nicht als Kommentar und versucht ihn als XML-Code zu interpretieren. Dies würde unweigerlich zu einer Fehlermeldung führen:

```
<?xml version="1.0" ?>
<!-- Jetzt kommt etwas-->
<ausgabe>
<!-- Jetzt folgen die Daten -->
  Halli Hallo
</ausgabe>
```

## XML-Datei parsen und ansehen

Bevor wir uns mit den weiteren Elementen von XML befassen, sollten wir uns die XML-Datei erst einmal parsen und ansehen.

Beim Parsen lädt der XML-Parser die XML-Datei und prüft auf die Syntax der Datei und ob die XML-Regeln eingehalten werden.

Hier beginnt jetzt unser Problem: Ein Parser ist in der Regel kein eigenständiges Programm, das aufgerufen werden kann. Gleichzeitig muss man die verschiedenen Betriebssysteme berücksichtigen. Ich zeige Ihnen hier verschiedene Möglichkeiten für verschiedene Betriebssysteme, eine XML-Datei zu parsen und anzusehen.

Alle aktuellen Webbrowser besitzen einen XML-Parser. Dadurch kann man den Webbrowser zum Parsen und Prüfen einer XML-Datei »missbrauchen«. Laden Sie die erstellte XML-Datei in den Internet Explorer (oder einen anderen XML-fähigen Browser) und sehen Sie sich Ihren ersten XML-Code an.

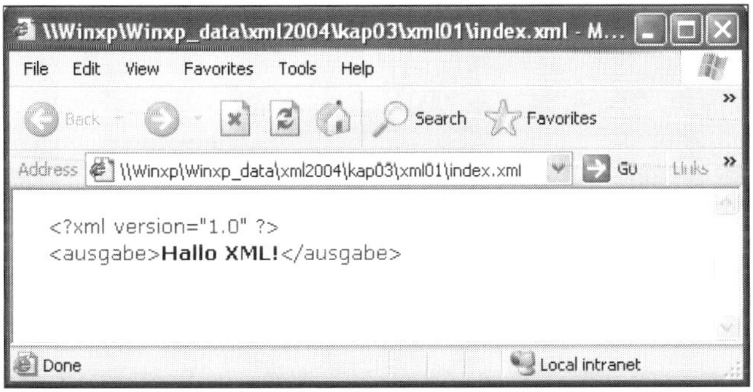


**Abb. A.1: Der erste XML-Code im IE unter Windows XP**

Sind Sie jetzt enttäuscht? Sie sehen im IE nur den Code angezeigt, den Sie gerade eingetippt haben. Wenn die XML-Datei korrekt geparst wurde, stellt der IE (und andere Browser) den nackten XML-Code dar. Sehen Sie sich die Ausgabe einmal genauer an. Das *<?xml>*-Tag wird komplett in Blau dargestellt, während von den beiden Tags *<ausgabe>* und *</ausgabe>* nur die spitzen Klammern und der Querstrich *(Slash)* in Blau ausgegeben werden.

Auch Netscape, Mozilla 1.x und Firefox 1.x/2.x geben den Inhalt der Datei im Browser aus, wenn diese korrekt geparst wurde. In Netscape 6/7 und im Opera-Browser dagegen erscheint nicht der Code, sondern der kleine Schriftzug *Hallo XML!* Diese Browser versuchen zur Darstellung der Tag-Inhalte einen Standard-Font zu verwenden – dies ist sehr unschön.

Verändern Sie einmal das Tag *<ausgabe>* und verwenden Sie stattdessen *<tomate>*. Achten Sie auf das korrekte Abschluss-Tag, das nun *</tomate>* lauten muss. Auch dies ist wieder korrekter XML-Code. Im IE wird dieser Code exakt angezeigt. Wenn Sie beispielsweise statt *</tomate>* das Tag *</Tomate>* schreiben, gibt der IE eine Fehlermeldung aus. Er erkennt nämlich, dass hier ein Abschluss-Tag verwendet wird, das als Start-Tag nicht definiert wurde.

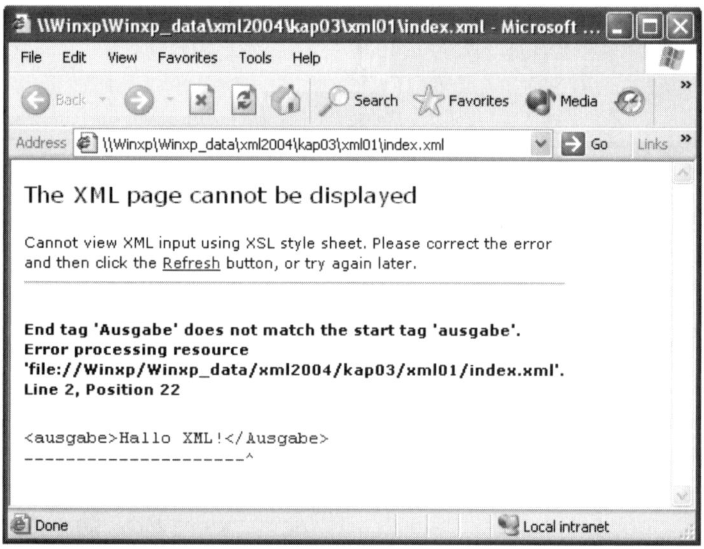


**Abb. A.2: Fehlermeldung im IE**

Wenn Sie eine XML-Datei laden, startet der Browser (egal, welchen Sie einsetzen) vor der Anzeige im Browser den Parser, der den XML-Quellcode durchgeht und die Syntax des Codes überprüft. Dieser Parser ist im Browser enthalten. Microsoft verwendet den eigenen Parser *msxml,* während Netscape und Opera auf *expat* von James Clark setzen. Der Parser zeigt bei Fehlern die genaue Position im Code an, so dass Sie leicht den Programmierfehler finden können.

## Der Dokumentenbaum

Im IE oder in vielen XML-Editoren können Sie sich nun wunderbar den gesamten Dokumentenbaum einer XML-Datei ansehen. Dabei können Sie sehr schön die einzelnen Tags und Unter-Tags erkennen. Sehen wir uns zuerst eine einfache XML-Datei an:

```
<?xml version="1.0" ?>
<ausgabe>
  <anzeige>Hallo XML!</anzeige>
</ausgabe>
```

Diese verfügt über ein Wurzelelement *(<ausgabe>)* und ein Unter-Tag *(<anzeige>)*, das normalen Text enthält.

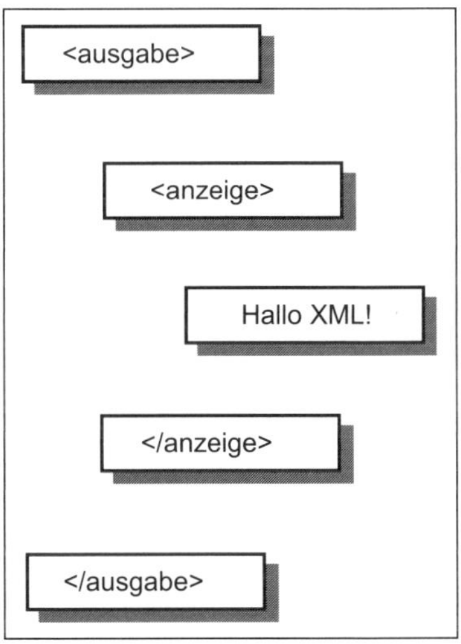


**Abb. A.3: Die Baumstruktur**

Das Wurzelelement besitzt ein Unter-Tag. Damit ist *<ausgabe>* nicht nur das Wurzelelement des Dokuments, sondern auch ein sogenannter *Knoten* (engl. *Node)*. Ein Knoten ist ein XML-Element, von dem ein oder mehrere Unter-Tags abgehen. Dies können Sie mit einem Baum vergleichen: Der Stamm ist das Wurzelelement, von dem weitere Äste abzweigen. Von jedem Ast gehen wiederum mehrere Äste ab. Sie kennen diese Darstellung auch vom Verzeichnisbaum des Windows-Explorers. Genauso verhält es sich mit den XML-Tags. Sie sind streng hierarchisch gegliedert. Jedes Tag hat ein übergeordnetes Tag, d.h., jedes untergeordnete Tag verfügt über einen Knoten bzw. Knotenpunkt.

Das Unter-Tag *<anzeige>* ist ein untergeordnetes Element von *<ausgabe>*. Man nennt ein derartiges Element *Kind* (engl. *child)*. *<anzeige>* selbst besitzt auch wieder ein Kind, in diesem Fall ist es »normaler« Text. Dies wird auch als sogenannter *Textknoten* bezeichnet. Der Text selbst wird ebenfalls als Child bezeichnet.

## Zeichensätze

Wenn Sie beispielsweise den Text *Schröder* innerhalb der Tags *<anzeige>* und *</anzeige>* schreiben, meldet Ihr Parser, Browser oder Editor einen Fehler. Dies liegt daran, dass dem Parser nicht mitgeteilt wurde, welcher Zeichensatz zugrunde gelegt werden soll. Ist dies nicht angegeben, geht der Browser von *UTF-8* aus, das mit den ersten 128 Zeichen des ASCII-Codes identisch ist. Problematisch wird es nur mit den *Sonderzeichen*. Diese müssen ins UTF-8-Format konvertiert werden.

| Sonderzeichen | UTF-8 |
|---|---|
| ä | ä |
| ö | ö |
| ü | ü |

| **Sonderzeichen** | **UTF-8** |
|---|---|
| Ä | Ä |
| Ö | Ö |
| Ü | Ü |
| ß | ß |

**Tab. A.1: Codierung in UTF-8**

Das UTF-8-Format (und die Erweiterung mit UTF-16) bedeutet, dass Zeichen zunächst mit 8 Bit konvertiert werden. Jedoch hat UTF-8 eine variable Bitlänge. Standardmäßig werden die Zeichen in 8 Bit codiert, und erst bei Bedarf werden mehr als 8 Bit verwendet. Dies hat den Vorteil, dass Speicherplatz gespart werden kann. Maximal können dadurch 2^16 (= 65.536) Zeichen codiert werden. Dies dürfte für die meisten Sprachen der Welt ausreichen. Deutsche Umlaute und Sonderzeichen sind darin enthalten, genauso wie skandinavische oder französische Zeichen.

Natürlich sind auch andere Zeichensätze möglich, die mit festen 8 Bit codieren. Um die Sonderzeichen der vielen verschiedenen Sprachen direkt verwenden zu können, muss das Attribut *encoding* im XML-Prolog verwendet werden. Viele Sprachen sind in diversen ISO-Normen festgelegt. Die westeuropäischen Sprachen, die alle gängigen Sonderzeichen der deutschen, französischen, spanischen und italienischen Sprache abdecken, sind ebenfalls ein ISO-Standard (ISO 8859-1). Dieser Standard ist auch unter dem Namen ISO-Latin-1 bekannt. Dieser Standard muss im *<?xml>*-Tag angegeben werden, damit der Browser die Inhalte eines Tags korrekt verarbeiten kann:

```
<?xml version="1.0" encoding="ISO-8859-1"?>
```

Über das Attribut *encoding* wird der genaue ISO-Standard angegeben, der die Zeichen definiert. Nun können Sie innerhalb der Tags auch die deutschen Sonderzeichen verwenden. Beispielsweise können Sie folgenden Datensatz eingeben:

```
<anzeige>Schröder</anzeige>
```

Möchten Sie beispielsweise kyrillische Buchstaben verwenden, muss das *<?xml>*-Tag lauten:

```
<?xml version="1.0" encoding="ISO-8859-5"?>
```

Es gibt noch weitere Sprachen, die über andere Sonderzeichen verfügen. Die entsprechenden ISO-Standards finden Sie in der nachfolgenden Tabelle.

| Standard | Zeichensatz |
|---|---|
| ISO-8859-1 | Westeuropa, Lateinamerika (Latin-1) |
| ISO-8859-2 | Osteuropa (Latin-2) |
| ISO-8859-3 | Südeuropa, restliche europäische Sprachen (Latin-3) |
| ISO-8859-4 | Skandinavien, Baltikum (Latin-4) |
| ISO-8859-5 | Kyrillisch |
| ISO-8859-6 | Arabisch |
| ISO-8859-7 | Griechisch |
| ISO-8859-8 | Hebräisch |
| ISO-8859-9 | Türkisch |
| ISO-8859-10 | Lappland, Eskimo |
| ISO-8859-15 | wie ISO-8859-1 (Latin-1), aber mit dem Euro-Zeichen |
| EUC_JP | Japanisch I |
| Shift_JIS | Japanisch II |
| ISO-2022-JP | Japanisch III |

**Tab. A.2: Die von XML unterstützten Sprachstandards**

## Entitäten

Die zweite Möglichkeit verändert nicht das Tag *<?xml>*, in dem der Zeichensatz-Typ eingestellt wird. Dieser wird nicht angerührt. Wenn Sie Sonderzeichen einsetzen, müssen Sie diese in codierter Form in den Text einfügen. Die Codierung wird auch in HTML (und XML) verwendet und hängt von der Sprache ab, die Sie einsetzen. Die Codierung ist in ISO-8859-1 genau festgelegt. Dies wird als *Entität* bezeichnet, ein Begriff, der mit XML eingeführt wurde. Jedes Sonderzeichen (aber auch jedes »normale« Zeichen) kann durch eine Codierung ausgedrückt werden.

Um den Satz

```
Änderungshinweise an den xmlguru, © by xmlguru 2004
```

in XML zu erstellen, müssen die Codierungen für die Sonderzeichen *Ä* und © verwendet werden. Im XML-Code müsste dann korrekt stehen:

```
<text>&#196;nderungshinweise an den xmlguru<br/>&#169; by
    xmlguru 2004</text>
```

Das Zeichen *Ä* wird durch die dezimale Entität *Ä* dargestellt und © durch *©*. Jede dieser Entitäten wird durch *&#* eingeleitet und durch ein Semikolon beendet.

| Sonderzeichen | Codierung |
|---|---|
| ä | ä |
| ö | ö |
| ü | ü |
| Ä | Ä |
| Ö | Ö |
| Ü | Ü |
| ß | ß |

**Tab. A.3: Einige deutsche Umlaute und deren Codierung durch Entitäten**

### Vergleich mit HTML

Auch in HTML können Sie Umlaute und Sonderzeichen codieren. Der Unterschied besteht nur darin, dass Sie in XML die dezimalen Entitäten benutzen müssen, während in HTML eine sogenannte *Namensentität* verwendet werden kann. Um beispielsweise den Buchstaben *Ä* zu codieren, können Sie unter HTML *Ä* verwenden. In XML ist dies nicht möglich, da die Namensentität *Auml* nicht definiert ist. Wenn Sie diese einsetzen, kommt es zu einer Fehlermeldung. Sie könnten sie nun mühselig selbst definieren – ein aufwendiges Verfahren, das nicht sehr praktikabel ist. Stattdessen sollten Sie bei XML zu den dezimalen Entitäten greifen.

### Besonderheiten

Bei XML gibt es einige besondere Zeichen, die Sie beachten müssen. Innerhalb eines Textes ist es nicht möglich, folgende Zeichen zu schreiben:

```
< > & " ' $
```

Der Grund ist ganz einfach. Diese Zeichen werden innerhalb des XML-Codes verwendet: die spitzen Klammern für die Tags und das *&*-Zeichen für die Entitäten. Würden Sie beispielsweise die spitze Klammer im Text einsetzen:

```
<text> Hier kommt die Klammer: < </text>
```

träte eine Fehlermeldung auf, da der Browser versucht, die geöffnete spitze Klammer als Beginn eines Tags zu interpretieren. Das Gleiche gilt für die geschlossene spitze Klammer. Das kaufmännische Und (*&*) wird für die Codierungen der Umlaute gebraucht, daher können Sie es auch nicht direkt in einem Text verwenden. Das Anführungszeichen (") und das Apostroph (') kommen bei Attributen zum Einsatz, und das Dollarzeichen (*$*) wird für Variablen genutzt, um diese innerhalb von XML auszulesen oder zu setzen.

Aber natürlich gibt es eine Möglichkeit, auch diese Zeichen zu verwenden. Sie müssen die Zeichen durch deren Codierung ersetzen. Sie können die dezimalen Entitäten verwenden. Es gibt bei diesen Sonderzeichen auch die Alternative, die *Namensentität* einzusetzen. Diese Sonderzeichen sind mit einer Namenscodierung innerhalb von XML vordefiniert, so dass Sie direkt über diese darauf zugreifen können.

Um den Satz

```
Ein Text wird in XML zwischen meinen selbst definierten Tags
    <text> ... </text> platziert
```

in XML zu erstellen, müssen Sie die Codierungen für die spitzen Klammern verwenden. Mit den dezimalen Entitäten würde dies so aussehen:

```
Ein Text wird in XML zwischen meinen selbst definierten
   Tags &#60;text&#62; ... &#60;/text&#62; platziert
```

Unter Verwendung der Namensentität sähe der Code so aus:

```
Ein Text wird in XML zwischen meinen selbst definierten
   Tags &lt;text&gt; ... &lt;/text&gt; platziert
```

| Zeichen | Dezimale Entität | Namensentität |
|---|---|---|
| < | < | < |
| > | > | > |
| & | &#38 | & |
| " | &#34 | " |
| ' | &#39 | &apos |

**Tab. A.4: Sonderzeichen und deren dezimale Entität bzw. Namensentität**

## CDATA

Für den Fall, dass Sie in ein XML-Element einen Inhalt schreiben möchten, der keinen XML-Regeln genügt, kann man den Parser anweisen, entsprechende Abschnitte zu überspringen. Erwägen Sie einmal folgenden XML Abschnitt:

```
<?xml version="1.0"?>
<ausgabe>
 <code>
  function start() {
   document.write("<br>Hallo");
  }
 </code>
</ausgabe>
```

Hier befindet sich innerhalb des *code*-Elements ein JavaScript-Code, der die XML-Regel verletzt (beachten Sie insbesondere das *<br>*-Tag). Ein Parsen schlägt fehl und der Parser meldet korrekterweise einen Fehler.

Um derartige Problem zu vermeiden – auch Skriptcode kann man in einer XML-Struktur festhalten –, sollte der entsprechende Abschnitt in einen CDATA-Abschnitt gepackt werden:

```
<?xml version="1.0"?>
<ausgabe>
 <code>
<![CDATA[
  function start() {
   document.write("<br>Hallo");
  }
]]>
 </code>
</ausgabe>
```

*CDATA* steht für *Character Data* und wird vom XML-Parser nicht geprüft. Der Inhalt, der sich zwischen *<![CDATA[* und *]]>* befindet, wird vom Parser übersprungen.

# Anhang B: Installation Webserver

In diesem Anhang wird die Installation des bekanntesten Webservers httpd der Apache Software Foundation beschrieben. Es handelt sich um ein Open-Source-Produkt. Die Installation wird für Windows (98/MT/ME/2000/XP/2003/Vista) und für LINUX behandelt.

In diesem Abschnitt befassen wir uns mit der Installation des Apache-Webservers. Dieser ist kostenlos und eine Grundvoraussetzung für die Nutzung von Ajax (oder anderen Sprachen wie PHP). Statt Apache kann auch ein anderer Webserver genutzt werden. Der Vorteil von Apache liegt darin, das dieser seit 1995 konsequent weiterentwickelt wurde und der am meisten eingesetzte Webserver im Internet ist. Der Apache-Server ist über diese URL erhältlich:

*http://httpd.apache.org/*

Auf dieser Site finden Sie den Webserver Apache für verschiedene Betriebssysteme zum Download, inklusive Sourcecode und Dokumentation. Für die Installation benötigen Sie nur die so genannten Binaries, d.h. die ausführbaren Dateien. Diese sind für die Betriebssysteme jeweils unterschiedlich. Die allgemeine URL zum Download von Apache lautet:

*http://www.apache.org/dist/httpd/binaries/*

Apache liegt derzeit in der Version 2.2.4 vor (Redaktionschluss dieses Buches: Mitte August 2007). Viele Webserver laufen noch mit der Version 1.3.x oder 2.0.x. Welche Version Sie installieren, liegt bei Ihnen.

## Installation unter Windows

Die Installation von Apache unter Windows 98/ME/NT/2000/XP/Vista ist relativ einfach, egal, ob Sie die Version 1.3.x oder

2.x installieren. Der Installationsablauf ist für beide Versionen identisch. Über diese URL können Sie die spezielle Fassung für Windows herunterladen:

*http://www.apache.org/dist/httpd/binaries/win32/*

Sie finden unter dieser Adresse diverse Dateien zum Download, httpd als *msi*-Datei (z.B. *apache_2.2.4-win32-x86-no_ssl.msi)*. Dazu muss bei Ihnen jedoch der Microsoft Windows Installer vorhanden sein.

Nach dem Download führen Sie die Datei aus. Während der Installation fragt Sie das Installationsprogramm nach einigen Serverinformationen. Installieren Sie Apache lokal auf Ihren Computer für einen Offline-Betrieb, geben Sie bei *Networkname* und *Servername* jeweils `localhost` ein. Bei der E-Mail-Adresse können Sie eine beliebige Adresse eingeben. Für den Offline-Betrieb ist dies nicht nötig.

Installieren Sie Apache für einen echten Online-Betrieb, tragen Sie beim *Networkname* den Namen der Domain ein (z.B. `seebi.de`) und beim *Servernamen* den Namen des Servers (z.B. `www.seebi.de`). Die E-Mail-Adresse sollte auch eine existierende Adresse sein.

Nach erfolgreicher Installation wird Apache automatisch gestartet. Es öffnet sich dazu die Eingabeaufforderung bzw. MS-DOS-Box. Zusätzlich finden Sie im Menü *Start / Programme* eine neue Gruppe mit dem Namen *Apache http Server* eingetragen. In dieser Gruppe können Sie jetzt den Apache-Server starten und stoppen. Rufen Sie dazu in der Gruppe den Eintrag *Control Apache Server / Start* bzw. *Stop* auf.

Jetzt führen wir einen ersten Test durch, ob die Installation erfolgreich war. Starten Sie dazu einen Webbrowser und geben in der URL-Leiste diese Adresse ein:

```
http://localhost
```

oder

```
http://127.0.0.1
```

Im Web-Browser sollte jetzt eine Apache-Standardseite zu sehen sein. Die Darstellung sollte so ähnlich sein wie in der nachfolgenden Abbildung. Die Installation war somit erfolgreich und Apache läuft.

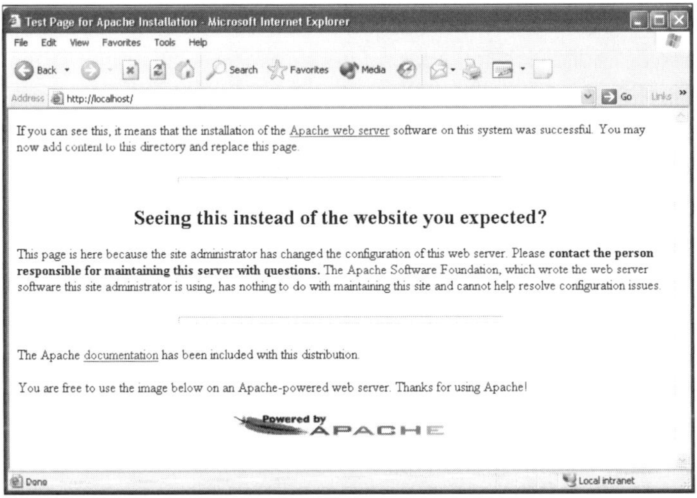


**Abb. B.1: Die Installation des Webservers httpd hat geklappt**

Anschließend sollten wir uns noch eine Apache-Datei ansehen. Es handelt sich um die Datei *httpd.conf*. Dies ist die Konfigurationsdatei für Apache. Normalerweise müssen Sie sich um diese Datei nicht kümmern. *httpd.conf* finden Sie in dem Apache-Installationsverzeichnis im Ordner *conf*. Öffnen Sie die Datei mit einem normalen Text-Editor. Suchen Sie in der Datei nach folgenden Zeilen:

```
#
# DocumentRoot: The directory out of which you will
  serve your
# documents. By default, all requests are taken from
  this directory, but
# symbolic links and aliases may be used to point to
  other locations.
#
DocumentRoot "C:/Programme/Apache224/Apache/htdocs"
```

Über den Eintrag *DocumentRoot* wird das Verzeichnis angegeben, in dem sich die HTML-Dateien befinden müssen, damit sie beim Aufruf über *localhost* ausgeliefert werden. Standardmäßig müssen sämtliche HTML-Dateien (und auch andere Dateien wie PHP- und XML-Dateien) in das Verzeichnis *htdocs* gepackt werden *(htdocs* steht für *HyperText Documents)*. Der Ordner befindet sich im Apache-Installationsverzeichnis. Über die Einstellung *DocumentRoot* kann das Verzeichnis, das die HTML-Dateien enthält, auch verändert werden. Geben Sie beispielsweise folgendes an

```
DocumentRoot "D:/htdocs"
```

sucht Apache beim Anfordern einer HTML-Datei in dem Verzeichnis *htdocs* auf der Festplatte mit dem Laufwerksbuchstaben *D* und liefert diese Dateien aus (wenn sie gefunden wurden). Sie können auch einen anderen Ordnernamen als *htdocs* verwenden (z.B. *www)*. Achten Sie nur darauf, dass Sie Ihre HTML-Dateien für Ajax in das Verzeichnis legen, das über *DocumentRoot* angegeben ist!

**Abb. B.2: Der Apache-Monitor in der Systray**

Wenn Sie Apache 2 installieren, erscheint in der Systray rechts unten die sogenannte *Apache-Konsole*. Hierüber können Sie sehen, welche Apache-Versionen installiert sind. Sie können verschiedene Versionen nebeneinander installieren und über die Konsole die gewünschte Version starten oder stoppen. Die nachfolgende Abbildung zeigt Ihnen die Konsole mit Apache 1.3.26 und Apache 2.0.40.

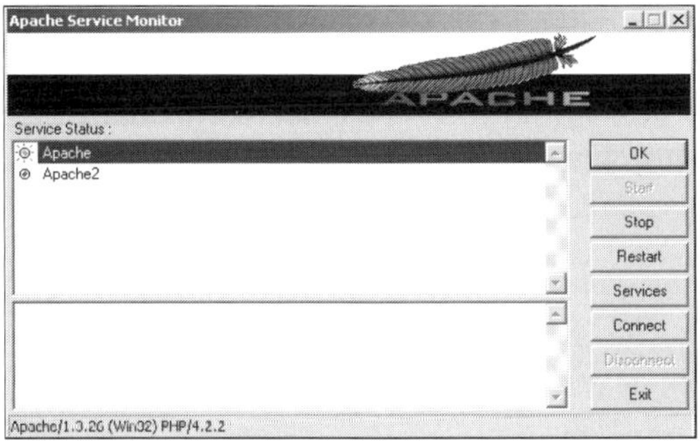


**Abb. B.3: Der Apache-Monitor**

# Installation unter SuSE LINUX

Die Installation unter SuSE LINUX kann sich sehr einfach gestalten, denn hierin ist Apache bereits enthalten. Starten Sie das Kontrollzentrum und klicken Sie auf der linken Seite den Eintrag *YaST2 Module* an. Klicken Sie auf den weiteren Eintrag *Software,* anschließend auf *Software installieren*. Sie werden nun aufgefordert, sich als Benutzer *root* zu identifizieren (falls Sie sich nicht als *root* eingeloggt haben), denn nur der *root* kann diese Installation durchführen. Nachdem Sie das *root*-Passwort eingegeben haben, startet *YaST2*. Hier können Sie jetzt einzelne Pakete und Programme nachträglich installieren. Wählen Sie links oben in der Rubrik *Gruppe* den Eintrag *Produktivität/Netzwerk/Web/Server* aus, indem Sie ihn doppelt anklicken. Rechts werden jetzt alle zu dieser Gruppe gehörigen Tools angezeigt. Der erste Eintrag sollte *Apache* sein. Wenn das Programm nicht installiert ist, sollte es nicht markiert sein. Klicken Sie zweimal auf den Eintrag, und es wird mit einem *x* markiert. Klicken Sie anschließend auf *Übernehmen* und dann auf *OK*. Apache wird jetzt nachträglich installiert. Führen Sie anschließend einen Neustart durch.

Der Webserver befindet sich in dem Verzeichnis */usr/sbin/*. Er wird standardmäßig bei jedem Start des Betriebssystems gestartet. Jetzt laden Sie in einen Text-Editor die Konfigurationsdatei *httpd.conf*, die sich in dem Verzeichnis */etc/httpd/* bzw. */usr/local//Apache2/* befindet. Sie können die Einstellung von *DocumentRoot* ändern, d.h. das Verzeichnis, in dem die HTML-Dateien abgelegt werden. Standardmäßig ist folgender Eintrag vorhanden:

*DocumentRoot /srv/www/htdocs/*

Nach der Installation von Apache sollten Sie die Installation testen. Starten Sie einen Webbrowser und geben Sie direkt in der URL-Leiste des Browser ein:

```
http://localhost
```

Damit sollte dann die Testseite des Apache-Servers zu sehen sein. Die nachfolgende Abbildung zeigt die Testseite im Firefox-Browser unter SuSE LINUX 10.2.

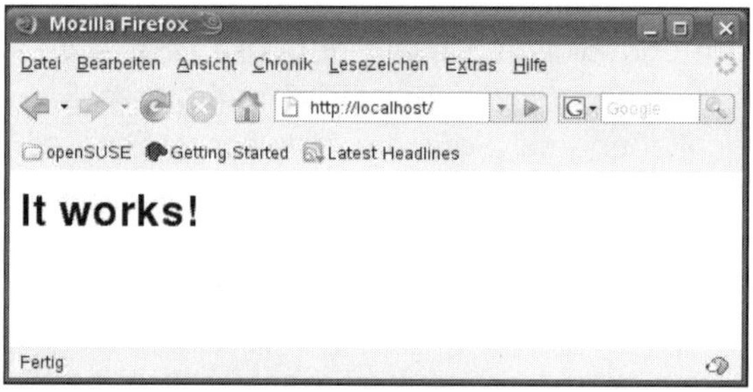


**Abb. B.4: Der Apache-Server läuft**

Sollte eine Fehlermeldung auftauchen oder das obige Bild nicht erscheinen, ist vermutlich Apache nicht gestartet worden. Sie müssen dies jetzt manuell durchführen. Gehen Sie in der Konsole als *root*-Benutzer in das Verzeichnis */usr/bin/* bzw. */usr/local/Apache2/bin* und starten Sie den Webserver über diesen Befehl:

```
apachectl start
```

Dann können Sie sich als *root*-Benutzer wieder ausloggen und als ein anderer Benutzer einloggen. Apache läuft weiterhin im Hintergrund.

# Anhang C: Die Eventhandler

Folgende Eventhandler existieren in JavaScript:

| *Eventhandler* | Beschreibung |
|---|---|
| *onClick* | Der angegebene JavaScript-Code wird ausgeführt, wenn die Maus gedrückt wird. |
| *onSubmit* | Code, der ausgeführt werden soll, wenn ein Formular über <*form*> übermittelt werden soll. |
| *onMouseOver* | Code, der ausgeführt werden soll, wenn sich die Maus auf einem Tag befindet. |
| *onBlur* | Code, der ausgeführt werden soll, wenn ein Feld den Fokus verliert. |
| *onChange* | Code, der ausgeführt werden soll, wenn der Inhalt eines Feldes verändert wurde. |
| *onFocus* | Code, der ausgeführt werden soll, wenn ein Feld den Fokus erhält. |
| *onSelect* | Code, der ausgeführt werden soll, wenn Text in einem Feld eingegeben werden soll. |
| *onLoad* | Code, der ausgeführt werden soll, wenn der HTML-Code vollständig geladen ist. |
| *onUnload* | Code, der ausgeführt werden soll, wenn ein HTML-Dokument verlassen wird. |
| *onAboard* | Code, der ausgeführt werden soll, wenn die Seite verlassen wird. |
| *onError* | Code, der ausgeführt werden soll, wenn eine Fehlermeldung aufgetreten ist. |
| *onMouseOut* | Code, der ausgeführt wird, wenn die Maus vom Tag wegbewegt wird. |
| *onReset* | Code, der ausgeführt werden soll, wenn der User einen Button zum Reset anklickt. |

| *Eventhandler* | Beschreibung |
| --- | --- |
| *onDblClick* | Der angegebene JavaScript-Code wird ausgeführt, wenn mit der Maus doppelt geklickt wurde. |
| *onDragDrop* | Code, der ausgeführt werden soll, wenn der User ein Objekt per Drag&Drop im Browserfenster verschiebt bzw. es hineinzieht. |
| *onKeyDown* | Code, der ausgeführt werden soll, wenn eine Taste gedrückt wurde. |
| *onKeyPress* | Wie *onKeyDown*. |
| *onMouseDown* | Code, der ausgeführt werden soll, wenn der User die Maustaste drückt. |
| *onMouseUp* | Code, der ausgeführt werden soll, wenn der User die Maustaste loslässt. |
| *onMove* | Code, der ausgeführt werden soll, wenn ein JavaScript das Browserfenster bewegt bzw. verschoben hat. |
| *onResize* | Code, der ausgeführt werden soll, wenn der User bzw. ein JavaScript die Größe des Browserfensters verändert hat. |

**Tab. C.1: Die wichtigsten Eventhandler**

# Anhang D: Webseiten für die JavaScript-Entwicklung

## Deutschsprachige Webseiten

| Adresse | Beschreibung |
|---|---|
| *http://de.dir.yahoo.com/Computer_und_Technik/Programmiersprachen/JavaScript/* | Yahoos JavaScript-Verzeichnis |
| *http://www.javascript-world.de/* | Linkliste zu JavaScript |
| *http://www.scriptindex.de/* | Scriptindex Online |
| *http://de.selfhtml.org/* | SelfHTML mit JavaScript-Tutorial |
| *http://rhirte.de/javascript/* | Umfangreicher JavaScript-Kurs |
| *http://www.traci.de/* | Tracis Scriptarchiv |
| *http://webmasterweb.de/* | Webmasters Web |
| *http://javatop.de/* | JavaTOP |
| *http://www.mywebaid.de/* | Michael Meyers JavaScripts |
| *http://www.netz-notizen.de/javascript/* | JavaScript-Notizen |
| *http://www.rheinbreitbach.net/js-menue* | Baumstruktur mit JavaScript |
| *http://www.geocities.com/Athens/3199/ws_web1.htm* | JavaScript-Workshop |
| http://www.xollo.de/ | Xollo's House mit JavaScript |
| *http://www.drweb.de/trickkiste/index-javascript.shtml* | Trickkiste JavaScript |
| *http://www.barmetler.de/js-tutorial/* | JavaScript-Tutorial für Einsteiger |

| Adresse | Beschreibung |
|---|---|
| *http://www.bingo-ev.de/~ub304/javscrpt/* | JavaScript für alle! |
| *http://www.jswelt.de* | JavaScript-Archiv |

**Tab. D.1: Deutschsprachiges Web**

# Englischsprachige Webseiten

| Adresse | Beschreibung |
|---|---|
| *http://dir.yahoo.com/Computers_and_Internet/Programming_and_Development/Languages/JavaScript/* | Yahoo's JavaScript List |
| *http://javascript.com/* | JavaScript.com |
| *http://www.javascripts.com* | JavaScripts.com |
| *http://www.javascriptcity.com/* | JavaScript City |
| *http://www.bodo.com/java.htm* | The Java House |
| *http://www.javascriptkit.com/* | JavaScript Kit |
| *http://www.geocities.com/SiliconValley/7116/* | The JavaScript Planet |
| *http://www.bloke.com/javascript/* | Cameron's JavaScript Stuff |
| *http://www.webreference.com/* | Webreference |
| *http://javascript.internet.com* | JavaScript.Internet.com |
| *http://www.scriptsearch.com/JavaScript/* | Script Search JavaScript |
| *http://www.chami.com/tips/javas-cript/* | JavaScript Index |
| *http://www.pageresource.com/jscript/index.html* | Pageresource JavaScript |
| *http://www.dynamicdrive.com/* | Dynamic Drive |

| Adresse | Beschreibung |
|---|---|
| *http://www.echoecho.com/javascript.htm* | Umfangreiches JavaScript-Tutorial |
| *http://javascript.about.com/compute/javascript/index.htm* | Focus on JavaScript |
| *http://www.hotscripts.com/JavaScript/* | Hotscript.com |

**Tab. D.2: Englischsprachige Webseiten**

# Und wie weiter?

Damit sind wir fast am Ende dieses Einsteigerseminars angelangt. Surfen Sie im Internet und geben Sie in den Suchmaschinen Schlüsselwörter wie *JavaScript, DOM* usw. ein, um neue Webseiten kennenzulernen, die diese Technologien einsetzen. Ich wünsche Ihnen dabei sehr viel Spaß und hoffe, dass dieses Einsteigerseminar eine nützliche Lektüre war. In diesem Sinne:

</script>

*Michael Seeboerger-Weichselbaum*

# Glossar

**ActiveX**
Von Microsoft favorisierte Programmiertechnologie, die als Konkurrent zu Java angesehen wird. Die Zukunft von ActiveX ist ungewiss.

**Ajax**
Eine Programmiertechnologie, die auf JavaScript basiert und zum Austausch von Daten das XML-Format verwendet.

**ANSI**
Diese Abkürzung steht für *American National Standards Institute* und beschreibt einen Code für die Darstellung von Zeichen innerhalb eines Betriebssystems. Windows verwendet den ANSI-Zeichensatzcode. Jeder Font basiert auf ANSI und enthält immer 256 Zeichen.

**Applet**
Ein Applet ist ein Java-Programm, das von einer HTML-Seite aus gestartet wird. Es wird über das Netz in den Rechner geladen und dort ausgeführt. Im Gegensatz zu einer Applikation ist ein Applet nicht selbstständig lauffähig. Es kann nur von einem Browser oder vom Appletviewer aufgerufen werden.

**ASCII**
Diese Abkürzung steht für *American Standardcode for Information Interchange* und beschreibt einen Code für die Darstellung von Zeichen innerhalb eines Betriebssystems. ASCII ist veraltet und wurde in den achtziger Jahren vom Betriebssystem MS-DOS verwendet.

**Attribut**
Dies ist ein Zusatz zu einem Tag, der nähere Informationen über den Inhalt des Tags geben kann. Ein Attribut wird innerhalb des Tags geschrieben.

**Bitmap**
Dies bezeichnet eine Pixelgrafik, in der jedes am Monitor angezeigte Bild Bildpunkt für Bildpunkt gespeichert wird.

**Browser**
Programm zum Anzeigen von HTML-Dateien.

**Cascading Style Sheets (CSS)**
Definition einer Vorlage, über die Texte auf der Webseite ausgegeben werden können.

**CDATA** Dies ist eine Abkürzung für *Character Data.* Hierüber können in einer DTD, einem XML-Dokument oder einer XSL-Datei Abschnitte definiert werden, die vom Parser nicht analysiert werden sollen. Beispielsweise werden JavaScript-Abschnitte als CDATA-Abschnitte definiert.

**Cliparts** Dies sind vorgefertigte Grafiken, die Sie für Texte, Präsentationen oder Webseiten verwenden können.

**Compiler** Dies ist ein Programm, das einen Programmiercode (»Sourcecode«) in eine Form übersetzt, die vom Prozessor bzw. Betriebssystem direkt ausgeführt wird. Für das Erstellen von Java-Applets und Applikationen muss nach dem Programmieren der Code kompiliert werden. Bei Java werden aus dem Sourcecode dann eine oder mehrere *class*-Datei(en). Dies ist der Bytecode, der vom Webbrowser (bei einem Applet) oder von einem Interpreter (bei einer Applikation) direkt ausgeführt werden kann.

**DHTML** Abkürzung für *Dynamic HTML.* Über diese Technologie, die mit dem Netscape Communicator 4 und dem Internet Explorer 4 eingeführt wurde, besteht die Möglichkeit, Elemente einer Webseite als Layer zu definieren und diese unabhängig von der Webseite durch JavaScript zu steuern.

**DOM** Die Möglichkeit, eine XML-Datei so zu verarbeiten, dass alle Elemente in Form eines Dokumentenbaumes im Arbeitsspeicher zur Verfügung stehen. DOM ist die Abkürzung für *Document Object Model*.

**ECMAScript** Definiert die Grundbestandteile einer Skriptsprache.

**Editor** Programm, über das der Quellcode eines Skripts oder einer HTML-Seite erstellt wird.

**Eigenschaft** Zentraler Bestandteil eines Objekts, über den das konkrete Objekt genau beschrieben wird.

**Eventhandler** Führt eine JavaScript-Funktion aus, wenn das entsprechende Ereignis eintritt. Ein Eventhandler ist beispielsweise *onClick* oder *onLoad.*

**FAQ**
Das Kürzel steht für *Frequently Asked Questions* und ist eine Zusammenstellung von häufig gestellten Fragen und Antworten. FAQs werden als Textdateien auf Webseiten gestellt, um Anwendern schnelle Lösungen für häufig auftretende Probleme zu geben.

**Frame**
Eine von Netscape im Navigator 2 eingeführte Erweiterung von HTML, die mittlerweile in den HTML-Standard eingeflossen ist. Es handelt sich dabei um einzelne Fenster innerhalb einer Webseite, die voneinander unabhängig sind.

**Freeware**
Ein kostenloses Programm. Es ist auch keine Registrierungsgebühr zu entrichten.

**FTP**
Abkürzung für *File Transfer Protocol.* Dieser Dienst des Internets ist für das Überspielen von binären Daten geeignet, beispielsweise von Webseiten und Grafiken auf einen Webserver. Um diesen Dienst zu nutzen, ist in der Regel ein FTP-Programm notwendig.

**GIF**
Ein Grafikformat, das im Internet sehr verbreitet ist. GIF steht für *Graphics Interchange Format* und kann auf den verschiedensten Betriebssystemen gelesen werden. Es arbeitet mit nur 256 Farben.

**GIF-Animation**
In einer GIF-Datei sind mehrere Grafiken gespeichert, die hintereinander abgespielt werden. Es ergibt sich der Eindruck eines ablaufenden Films. Zum Erstellen von GIF-Animationen ist ein separates Programm erforderlich.

**HTML (Hypertext Markup Language)**
Ein Format, in dem Hypertext erzeugt und gespeichert werden kann. Wird vom W3-Konsortium standardisiert.

**HTTP (Hypertext Transfer Protocol)**
Ein Protokoll zur Übertragung von Informationen über ein Netzwerk.

**Hypertext**
Text, in dem durch Querverweise Verbindungen zu weiteren Informationen hergestellt werden. Wurde 1987 erstmalig als »Hypercard« auf dem Apple Macintosh eingeführt.

**Image Map** Es handelt sich um ein Bild, das mehrere anklickbare Bereiche besitzt. Beim Anklicken eines bestimmten Bereichs wird vom Webbrowser eine bestimmte Webseite aufgerufen.

**ISO** Diese Abkürzung steht für *International Standards Organisation.* Das ist ein internationales Normungsinstitut, welches unter anderem auch Zeichencodes normt, wie z.B. ISO-8859-1 (ISO-Latin-1). Die ISO-Codes enthalten jeweils 255 Zeichen.

**Java** Programmiersprache, die von Sun Microsystems entwickelt wurde und für Bewegung auf der Webseite in Form von Java-Applets sorgt. Als Java-Applikation sind diese Programme überall dort lauffähig, wo ein Java-Interpreter zur Verfügung steht.

**JavaScript** Dies ist eine Skriptsprache, die mit dem Netscape Navigator 2 erschienen und im Internet sehr populär ist. Der Programmiercode wird direkt in den HTML-Code geschrieben und ist einfacher als Java.

**Java Development Kit (JDK)** Dies ist das Softwarepaket der Firma Sun Microsystems zur Entwicklung von Java-Programmen. Es enthält diverse Entwicklungswerkzeuge.

**JPG** Ein Grafikformat, das im Internet sehr verbreitet ist. JPG steht für *Joint Photographic Experts Group* und kann auf den verschiedensten Betriebssystemen gelesen werden. Es arbeitet mit bis zu 16,7 Millionen Farben.

**JScript** JavaScript-kompatible Skriptsprache von Microsoft, die nur im Internet Explorer lauffähig ist.

**Konstruktor** Erzeugt in JavaScript ein neues Objekt.

**Layer** Mit DHTML eingeführte Technologie, bei der ein bestimmtes Element als eine Schicht definiert wird, die unabhängig von den HTML-Elementen ist und über JavaScript gesteuert werden kann.

**Mailingliste** Es handelt sich um eine Liste von E-Mails, die automatisch verschickt werden. Man muss sich dazu zuerst bei einem Listserver oder Majordomo per E-Mail anmelden. Dann bekommt man regelmäßig E-Mails zugeschickt. In einer Mailingliste zu Java sind nur Themen rund um Java vorhanden. Eine solche Mailingliste wird oft von Firmen eingesetzt, um über neue Produkte, Updates usw. zu informieren.

**Methode**

Die Methoden einer Klasse beschreiben das mögliche Verhalten der Objekte einer Klasse. Durch den Aufruf einer Methode kann der Zustand eines Objekts gelesen oder verändert werden.

**MIME**

Abkürzung für *Multipurpose Internet Mail Extension.* Durch die Angabe verschiedener Typen ist es möglich, diese per E-Mail zu verschicken und anhand ihrer Dateiendung zu identifizieren.

**Newsgroups**

Dies sind öffentliche Foren, in denen über viele Themen diskutiert wird. In Newsgroups werden E-Mails öffentlich geschrieben, damit jeder mitlesen kann.

**Objekt**

Während eine Klasse eine Menge von Dingen beschreibt, beschreibt ein Objekt ein einzelnes Ding dieser Menge. Ein Objekt besteht also aus Werten, die den Variablen der Klasse des Objekts zugeordnet sind und damit einem der möglichen Zustände der Objekte dieser Klasse entsprechen.

**Parser**

Ein Parser ist ein Algorithmus, der zu einem vorgegebenen Satz (Wort) entscheidet, ob dieser zu einer Sprache gehört, die meist durch eine Grammatik implizit vorgegeben ist. Ein Interpreter ist eine Parsererweiterung. Neben der Satzanalyse (also dem Ableitungsversuch) erfolgt beispielsweise die Berechnung und Speicherung von Variablenwerten, Befehlen und des ganzen Programms. Der Interpreter berechnet (interaktiv) den »Wert« des Strukturbaums, der von dem Parser geliefert wird.

**Plug-In**

Ein kleines Programm, das im Webbrowser benötigt wird, um bestimmte Daten anzeigen zu können. Beispielsweise wird ein Plug-In benötigt, um Flash-Animationen darstellen zu können.

**PNG**

Es handelt sich um ein Grafikformat, das Bilder besonders stark komprimiert speichert und die Vorteile von GIF und JPG in sich vereint. PNG steht für *Portable Network Graphics.* Dieses Format ist derzeit noch nicht sehr verbreitet.

**Tag** Ein HTML-Befehl, z.B. *<h1>* oder *</script>.*

**TCP/IP** Unter der Bezeichnung TCP/IP werden mehrere Protokolle zusammengefasst, die den Transport von Informationen über ein Netzwerk regeln.

**Unicode** Java verwendet den Unicode, um char- und String-Variablen intern darzustellen. Der Unicode ordnet jedem Zeichen eine Folge von 16 Bits zu. Es können also 65536 verschiedene Schriftzeichen und Symbole dargestellt werden.

**URL** Dies ist eine Adressenangabe für eine bestimmte Ressource im Internet, beispielsweise eine Webseite im WWW. URL steht für Uniform Resource Locator.

**VBScript** Dies ist eine Skriptsprache ähnlich wie JavaScript, die jedoch nur im Internet Explorer 3 oder höher ausgeführt werden kann. Sie orientiert sich stark an Visual Basic. Wie JavaScript wird der Code von VBScript direkt in den HTML-Code geschrieben.

**W3-Konsortium** Dieses Gremium übernimmt die Standardisierung von HTML und allen weiteren damit verbundenen Bereichen (z.B. CSS, XML, PNG).

**Webbrowser** Ein Programm zum Anzeigen von Webseiten.

**XHTML** Nachfolger von HTML 4. Dabei handelt es sich um die Neudefinition von HTML in XML, das viel stärker auf die Syntax achtet als das frühere HTML.

**XML** Meta-Beschreibungssprache, über die eigene Tags definiert werden können. XML steht für *Extensible Markup Language* und wurde Anfang 1998 vom W3-Konsortium standardisiert.

# Index

## Symbole



## A



## B



## C

## D



## E



## F

## L



## M



## N



## O